第15辑

首都法学论坛

谢海霞 主编

中国政法大学出版社
2018·北京

图书在版编目（CIP）数据

首都法学论坛. 第15辑/谢海霞主编. —北京:中国政法大学出版社, 2018. 12
ISBN 978-7-5620-8691-8

Ⅰ. ①首…　Ⅱ. ①谢…　Ⅲ. ①法学—文集　Ⅳ. ①D90-53

中国版本图书馆CIP数据核字(2018)第270163号

出 版 者　中国政法大学出版社
地　　址　北京市海淀区西土城路25号
邮寄地址　北京100088信箱8034分箱　邮编100088
网　　址　http://www.cuplpress.com (网络实名：中国政法大学出版社)
电　　话　010-58908437(编辑室)　58908334(邮购部)
承　　印　固安华明印业有限公司
开　　本　720mm×960mm　1/16
印　　张　15.5
字　　数　250千字
版　　次　2018年12月第1版
印　　次　2018年12月第1次印刷
定　　价　61.00元

目录 Contents

国际公法

国际私法

学者专论

青年论坛

国际公法

国家管辖豁免原则在雇佣合同中的限制适用趋势

谢海霞*

摘　要： 围绕着保护国际共同体的共同利益，国际法中逐步发展出强行法、国家对国际社会的整体义务等概念和内容。国际强行法在某些方面对国家豁免权的实践构成挑战，尤其是在2012年德国诉意大利案中确立了程序/实体两分法之后，国际社会又寻求将雇佣合同例外条款作为国家管辖豁免的例外情形，这被认为是目前解决豁免权和人权保护冲突的新方式，在实践中开始呈现出新的发展态势。这种新的发展态势不仅对于国家管辖豁免例外产生了影响，还对国际组织豁免权的适用提出了新的要求。研究雇佣合同例外条款对于我国正在制定的国家主权豁免立法内容，对于总部位于我国的国际组织在我国的实践都具有重要的实践意义。

关键词： 国际共同体；强行法；管辖豁免；雇佣合同例外；人权保护

处于变革时代中的国际法自身也在发生着深刻的变化，国际法呈现出碎片化、多元化、宪法化的趋势，〔1〕国际法被认为正在从双边的权利义务发展成为立体的等级体系，关注共同体利益保护，积极构建人类命运共同体，〔2〕追求国际关系法治化。对于国际共同体利益保护，国际法已经发展出国家对国际社会的整体义务、强行法等概念，并逐步将对共同体利益的保护纳入国

---

* 谢海霞（1970—），女，河北邯郸人，法学博士，首都经济贸易大学法学院教授、硕士生导师，主要研究方向：国际法。

〔1〕 Jan Klabbers, Anne Peters, and Geir Ulfstein, *The Constitutionalization of International Law*, Oxford Universtiy Press, 2009, p. 11.

〔2〕 习近平总书记2017年1月在联合国日内瓦总部发表的主旨演讲："共同构建人类命运共同体"。

际司法实践。围绕着国际社会的共同体利益保护，既有国际社会的共同体利益，也有个人权利，其中国际共同体利益保护和国家主权行使之间的平衡始终是值得探讨的问题，无论是在逮捕令案[1]中，还是在2012年德国诉意大利的管辖豁免案[2]（以下简称“2012年国家管辖豁免案”）中，都得到了充分的体现。从国际社会共同利益的保护来看，国家豁免权在当代被认为正面临着强行法、普遍管辖权和当事人诉诸法院之权利的挑战，[3]继“2012年国家管辖豁免案”之后，国家管辖豁免权在雇佣合同之诉中再次被挑战，呈现出新的司法态势。

一、后“2012年国家管辖豁免案”时代

1. 程序/实体两分法的确立

2008年12月23日德国在国际法院起诉意大利，认为意大利国内法院不给予德国管辖豁免和执行豁免等做法违反了意大利所承担的国际义务。意大利抗辩其之所以不给予德国以豁免权是因为德国违反了国际强行法义务，强行法是上位法，在二级规范与其发生冲突时，违反强行法的二级规范应当被纠正。可见，本案的核心问题在于如何理解国际法中国家主权豁免与强行法的关系，这个问题在此之前已经在国际法理论界引起了广泛而热烈的讨论，[4]因为这涉及国际社会整体利益和个人权利保护之间的平衡关系。从内容上看，国家享有的豁免权和保护个人权利的人权法是两套不同的规则体系，有着不同的目标，在二者之间没有任何严格的不相容的情况下，一种权利的实现有时可能会妨碍另一种权利的目标实现，在具体案例中就体现为国家享有的管

---

[1] Arrest Warrant of 11 April 2000 (Democratic Repulic of the Congo v. Belgium), ICJ Rep. 3, Judgment of 2002.

[2] Jurisdictional Immunities of the State (Germany v. Italy: Greece Intervening), ICJ, Judgment of 3 February 2012.

[3] Hazel Fox, "International Law and Restraints on the Exercise of Jurisdiction by National Courts of States", in Malcolm D. Evans ed., *International Law*, 4th ed., Oxford University Press, 2014, p. 373.

[4] See Zimmermann, "Sovereign Immunity and Violations of International Jus Cogens—Some Critical Remarks", *Michigan Journal of International Law*, vol. 16, 2 (1995). Caplan, "State Immunity, Human Rights and Jus Cogens: A Critique of the Normative Hierarchy Theory", *The American Journal of International Law*, vol. 97, 4 (2003), pp. 741-781. Alexander Orakhelashvili, "State Immunity and Hierarchy of Norms: Why the House of Lords Got It Wrong", *European Journal of International Law*, vol. 18, 5 (2007), pp. 955-970.

辖豁免与国家承担的人权保护义务之间发生的冲突，此时是否存在强行法，即人权保护应当优先于豁免权的实现，就是讨论的焦点问题。在“2012年国家管辖豁免案”中，国际法院不得不面对当代国际法面临的新挑战，“既要保证国际关系的稳定性和国际交往的有效性，同时还要保证对人权的尊重”〔1〕。国际法院在判决中第一次公开讨论了强行法与国家豁免权之间的关系，认为作为实体法规则的强行法与作为程序规则的国家管辖豁免权之间不可能存在冲突，因为国家豁免权属于程序法性质，其决定的是一国法院能否对外国国家行使管辖权，而不决定提起诉讼行为的合法性问题；而强行法的存在也不能就认定否定豁免权就构成国家不法行为。也就是说，国际法院认为国家豁免权和强行法是两个问题，一个是程序问题，一个是实体问题，程序事项在先，因此国家享有豁免权，但是承认一国根据习惯国际法享有的豁免权并不等同于承认违反强行法行为的合法性。

国际法院在判决中采用的实体/程序两分法，既肯定了来自于国家主权平等原则这一国际法的基本规则的国家豁免权，维护了现行国际法律秩序，同时也考虑到了给予豁免权所引发的比例性和合法性，因此这种平衡做法被认为是巧妙地解决了豁免权和强行法的关系问题，也回避了强行法的等级效力争论。但是也有人认为，国际法院的判决反映出限制豁免扩张趋势的后退，因此被认为是保守的，是对强行法的解构，〔2〕是对正当程序原则的背离，强行法被悬空、搁置。“2012年国家管辖豁免案”的判决结果反映出国际社会对于国际法等级体系充满犹豫，所谓的等级体系在实践中还没有被完全构建出来。但是，实践很吊诡，尽管意大利的主张在该案中没有得到国际法院的支持，意大利已经于2013年批准了《联合国国家及其财产管辖豁免公约》(以下简称“UNCSI”)，并且承诺在意大利全面执行“2012年国家管辖豁免案”的判决，这就意味着意大利要撤回其之前的国内最高法院的判决，承认德国在意大利国内法院所享有的豁免权。现实的实践和理论上的讨论形成了新的反差，能否找到新的突破口，为人权保护提供新思路，成为“2012年国家管辖豁免案”之后的新思考。

---

〔1〕“Joint Separate Opinion of Judges HIGGINS, KOOIJMANS and BUERGENTHAL”, in Arrest Warrant of 11 April 2000, Judgment, ICJ Reports 2000, para. 51.

〔2〕见国际法院法官Cancado Trindade在“2012年国家管辖豁免案”判决中的意见，第297段。

2. 雇佣合同例外：形成中的新突破口

“2012年国家管辖豁免案”对于强行法和豁免权的研究有着重大的影响。一方面，国际法院在该案中用实体/程序两分法将国家管辖豁免权与强行法的关系剥离，使得国际社会用强行法突破国家管辖豁免权这堵厚墙的希望落空，至少在一定时期内强行法与管辖权的关系还将停留在理论层面。例如2014年欧洲人权法院在“Jones诉英国案”中，英国给予沙特阿拉伯管辖豁免的行为，并不构成对其诉诸法院权利的不合比例性的干扰。欧洲人权法院认为国际法院在“2012年国家管辖豁免案”中确立的管辖豁免原则是权威性的，即强行法构成国家豁免例外尚未形成习惯国际法，加拿大最高法院2014年在“Kazemi诉伊朗案”中也持与“Jones诉英国案”相同的理由。“国家豁免是关于国内法院管辖权的程序规则，并不涉及实体法规则，仅仅是对违反国际强行法规范的行为采用其他解决方法，与国际强行法的内容并无矛盾。有争议的是，在基于国家豁免的程序请求上有无强行法要求遵守的实体性内容。”〔1〕显然，实体/程序两分法无法完全调和国家管辖豁免和人权保护之间的冲突。

另一方面，该案也引发了国际法学界对于国家管辖豁免问题的重新思考，因为“2012年国家管辖豁免案”判决解决的是个案，是针对目前的国际法实践的反映，并未阻止未来对该问题的进一步探讨，因此可以寻找新的思路，找到新的突破口。其中的一个假设就是如果当年意大利不援引强行法，而是将德国强迫劳动的行为归入商业行为或者雇佣行为，不知道判决结果是否会有所不同。之所以提出归入雇佣合同，是因为雇佣合同的含义丰富。雇佣合同既可以和雇佣行为挂钩，也可以和商业行为关联，甚至和人权保护有关，例如雇佣合同履行过程中可能涉及侵害后果，因此，选择雇佣合同较之其他类型的适用例外，更具有弹性。在“2012年国家管辖豁免案”中，国际法院并没有给出区分主权行为和私法行为的标准，“商业或者私法行为”的含义还有待进一步解释，考虑到雇佣合同解释呈现出灵活性的趋势，例如，在描述雇佣合同例外时，“公共服务”作为确定整个雇佣公共系统属于行使主权的性质已经被放弃，这一点已经在2004年UNCSI制定过程中显现出来。过去被归入公共服务的与雇佣合同和人员有关的固定条款，现在都被纳入到雇佣合同

〔1〕 See L. M. Caplan, “State Immunity, Human Rights and Jus Cogens: A Critique of the Normative Hierarchy Theory”, *The American Journal of International Law*, vol. 97, (2003).

例外中了。同样的，如果侵害人权的行为可以被归入发生在商业行为或者雇佣合同中，如果损害发生在法院地，他们也许可以以商业行为例外或者侵权例外为由起诉，从而排除国家豁免的适用。[1]

国家及其财产享有管辖豁免权已经发展成为一项习惯国际法规则。二战后，随着绝对豁免理论的衰败，限制豁免理论逐步成为主流，继1976年美国《外国主权豁免法》颁布后，许多国家的立法与实践中也都逐步采纳了限制豁免理论，一方面承认国家的主权行为享有豁免，另一方面明确将国家的私法行为排除到国家豁免权之外，对于国家的商业行为等不再给予豁免。雇佣合同作为国家管辖豁免的例外情形，已经逐步被多数国家所接受，不仅体现在国际立法中，一些国家的国内立法和实践还将之付诸实践，并且开始在某些方面逐渐呈现扩大适用的趋势。之所以如此，和“2012年国家管辖豁免案”以来对于人权保护、正当程序等方面的要求有关。随着国际社会的发展，人权保护的加强，雇佣例外又被融入了许多新的内容，出现了新的发展，例外的疆域开始了进一步扩张。尽管这不会动摇传统的国家豁免权根基，但是将进一步压缩国家豁免权的范围，开启了用雇佣合同例外来保护人权的尝试，迫使国家、国际组织逐步担负起更多的人权保护责任，这被视为解决人权问题的新的二难选择。[2]这种趋势不仅对于当前的国际法理论和实践产生影响，同时也对国际组织的豁免权提出了新挑战。

二、雇佣合同例外：形成与发展

雇佣合同作为国家豁免例外是最近才出现的，[3]只有一些国家的立法和实践中明确了雇佣合同例外，1972年《欧洲国家豁免公约》是明确雇佣合同例外的典型，英国立法中吸纳了公约的内容，英国的国内立法以后又被其他国家所效仿。UNCSI在制定过程中，参考了1972年《欧洲国家豁免公约》的内容，并考察了多个国家的立法和司法实践。最终于2004年通过的最终文本

---

〔1〕 Hazel Fox, “International Law and Restraints on the Exercise of Jurisdiction by National Courts of States”, in Malcolm D. Evans ed., *International Law*, 4th ed., Oxford University Press, 2014, p. 375.

〔2〕 See Philippa Webb, “The Immunity of States, Diplomats and International Organizations in Employment Disputes: The New Human Rights Dilemma?”, *European Journal of International Law*, vol. 27, (2016), p. 747.

〔3〕 ILC commentary, draft art. 11, para. 1.

中，明确将雇佣合同作为豁免权例外写入公约，将雇佣合同例外固定下来。

1. 雇佣合同例外被写入立法

1972年《欧洲国家豁免公约》第5条明确规定了雇佣合同构成国家豁免的例外。其中第5.1条就规定了缔约国就在该国和个人间有关在法院地国领土上进行，或行将进行的雇佣合同之诉，不得向该另一国原应管辖的法院援引管辖豁免。第5.2条则规定了雇佣合同例外之例外情形，包括三种：诉讼进行时，该人是雇佣之国民；合同缔结时，该人既非法院地国国民也不在该国具有永久居住区；除非缔约双方另有书面协议，根据法院地国法律，法院对主旨事项具有排他的管辖权。第3款对第1款、第2款的适用做了限制，即如果雇员是受雇于雇佣国在法院地的领土上设立的，所谓第7条所指的办事处、代理机构或其他任何形式的组织时，只有在订立合同时，该雇员在雇佣国有惯常居所时，上述第2款a.b项才适用，雇佣国才享有豁免权。公约第7条所指的机构或者组织一般都是指从事工业、商业或者金融活动的组织。1972年《欧洲国家豁免公约》将雇佣合同例外构成国家豁免例外条款予以立法化，同时还勾画出雇佣合同例外之例外的内容，这种立法范式影响了一些国家的立法和实践，同时又被后期的各国立法与实践不断修正，2004年通过的UNCSI也将雇佣合同例外写入公约，雇佣合同例外条款始终处在不断的发展中。

虽然许多国家的立法和实践都采用了限制豁免理论，但是“限制豁免理论背景下的雇佣合同例外的实践，在2004年公约通过之前和公约通过之后，并不存在一致性，在公约通过后，有关不当辞退和其他救济类型的案件有了显著的增长”〔1〕。在实践中，涉及国家豁免的雇佣合同纠纷主要有三类：与使领馆和外交使团有关的雇佣合同纠纷、与军事机构有关的雇佣合同纠纷以及与其他国有实体有关的雇佣合同纠纷。〔2〕在具体的诉讼中，原告可以是当事人个人，也可以是一定的组织，如加拿大劳工法规定工会组织可以代表个人起诉〔3〕；有的案件以国家为被告，有的案件直接起诉外交官个人，还有直

〔1〕 Hazel Fox: *The Law of State Immunity*, 3th ed., Oxford University Press, 2013, p. 439.

〔2〕 夏林华：《不得援引国家豁免的诉讼：国家及其财产管辖豁免例外问题研究》，暨南大学出版社2011年版，第147页。

〔3〕 See Richard L. Garnett, “State Immunity and Employment Relations in Canada”, *Canadian Labour & Employment Law Journal*, vol. 18, 2 (2015), p. 643.

接诉使领馆或者军事机构的案件，这些案件的被告抗辩时都会援引国家豁免。无论是哪一种类型，只要是雇佣合同诉讼，“长期以来，各国国内法院判决认为，任何时候与外国国家的机构或组织（如大使馆、领事馆、文化中心）缔结的雇佣合同涉及这些国家的公共职能时，它们都不受法院地国家的管辖。根本上说，这些法院根据的是传统的区分私法行为与统治权行为的做法”[1]。在“Sengupta v. Republic of India 案”中，该案是英国 1978 年《国家豁免法》颁布之前的一个重要判例，法院就指出根据习惯法，有关雇佣合同争议应当给予豁免，因为这属于主权行为的一种方式。[2]也就是说，对于雇佣合同，倾向于认定为主权行为，给予豁免。

虽然各国在早期实践中都倾向于对于雇佣合同给予国家以豁免权，但是在具体做法上并不完全相同，采取了许多相互重叠的做法，[3] Hazel Fox[4]将之总结为三种模式来解释国家豁免中雇佣协议例外的适用。

第一种模式以美国和加拿大为代表，将雇佣合同归入商业行为或私法行为，适用商业交易例外来解决雇佣合同纠纷。例如美国 1976 年的《外国主权豁免法》和加拿大 1985 年的《国家豁免法》中都没有明确规定雇佣合同例外条款，但是也没有专门在立法中明确将雇佣合同排除在“商业活动”定义之外，换句话说，美加立法的规定意味着某些雇佣合同属于“商业行为”范畴，可以直接援引 1976 年的《外国主权豁免法》第 1605 条、加拿大 1985 年的《国家豁免法》第 5 条规定的商业行为例外不给予外国国家以豁免权。在实践中，这些国家的法院通过区分相关雇佣合同是否属于履行政府权力职能的行为判断该行为是否属于商业行为或者私法行为，进而判定是否给予豁免权，这种做法更看重的是具体案例中的个人国籍以及其职能的行使性质，[5]综合考察工作场所、当事人的地位、当事人与法院地的关系以及诉讼主张的性质

[1] ［意］安东尼奥·卡塞斯：《国际法》（第二版），蔡从燕等译，法律出版社 2009 年版，第 137 页。

[2] Shaw, *International law*, 7th ed., Cambridge University Press, 1997, p. 527.

[3] See Richard Garnett, “State Immunity in Employment Matters”, *The International and Comparative Law Quarterly*, vol. 46, 1 (1997), pp. 83-100.

[4] Hazel Fox, *The Law of State Immunity*, 3th ed., Oxford University Press, 2013, p. 547.

[5] See Richard L. Garnett, “State Immunity and Employment Relations in Canada”, *Canadian Labour & Employment Law Journal*, vol. 18, 2 (2015), pp. 646-650.

等多个因素。[1]严格说来，加拿大和美国的做法都将豁免严格适用于两类情形，一类是个人诉讼中的外国国家的外交官、领事官员和高级服务人员、军事官员；另一类是集团诉讼中必须代表工作场所在高度敏感地方的人，例如军事基地、使馆和领事馆。因为法院如果到这些地方调查取证，都会涉及外国国家的安全利益。除非属于这两类诉讼，否则一般不再给予豁免。

第二种模式是识别特定范围的雇员为履行政府权力职能的雇员，例如外交官、领事、军事机构的工作人员等。这些人员一般都被排除在雇佣协议例外之外。实践中的案例也表明，任何针对享有外交豁免、领事豁免以及特别使团人员豁免的人员，或者起诉使馆的诉讼，法院一般都会以国家豁免、外交豁免、领事豁免等为由拒绝受理。这种模式经常和第一种模式、第三种模式结合使用。

第三种模式是以英国为代表的做法，即在国内立法中明确规定雇佣合同构成豁免权的例外。英国1978年《国家豁免法》采纳了1972年《欧洲国家豁免公约》的有关内容，在第4条规定了雇佣合同构成国家豁免例外，其中第（1）款规定，在有关国家和个人之间在英国签订的、全部或部分工作在英国履行的雇佣合同之诉，国家不享有豁免。第（2）款又规定了例外之例外条款，即在诉讼时，该人是该国国民；或在签订合同时，既不是英国国民、也不在英国有惯常居所，或合同当事方以书面形式在合同中有相反约定时，该条款不适用。同时，第16条又规定了例外之例外，即这些条款不适用于具有外交或领事职位的雇员。关于外交人员和领事人员豁免的明确排除是英国立法区别于1972年《欧洲国家豁免公约》的重要方面。

英国的立法模式以后又被巴基斯坦、南非、新加坡等国家所效仿，其他如爱尔兰、新西兰等虽然没有专门国家豁免立法，但是在实践中也和英国做法类似。这种模式强调雇佣合同和法院地的联系，即个人或者是法院地国的居民或者在法院地国有惯常居所；判断雇佣合同例外仍然用主权行为和商业行为标准，分析外国国家作为雇佣者，是否在行使其内在主权能力。对于本质上属于行使国家主权的事项，例如外交行为、领事行为等，无论雇佣人员地位如何，均适用立法中的例外之例外条款，给予外国国家豁免。作为一般

---

〔1〕 See Richard Garnett, "State Immunity in Employment Matters", *The International and Comparative Law Quarterly*, vol. 46, 1 (1997), p. 84.

原则，“对于外国国家的办事处、代理，或其他机构在法院地的雇员从事的行为则视为商业行为，不给予国家豁免权”〔1〕。澳大利亚虽然也效仿英国的立法，但是在具体的考量标准上与英国有不同，澳大利亚立法更关注个案中的个人地位，因为个人地位和行使政府职能紧密相关。换句话说，低职位的雇佣更有可能被认为属于商业行为，因此其从事的职能多半都是私法性质的。

对于德国、法国、荷兰、意大利、西班牙、希腊等这样的大陆法系国家，实践中都是采用限制豁免的做法。有些国家因为已经批准了1972年《欧洲国家豁免公约》的规定，因此雇佣合同例外条款的内容和1972年公约的内容基本一致，只是在具体判定是否给予豁免的标准上存在差异。例如荷兰，1988年荷兰在批准1972年《欧洲国家豁免公约》之后，法院在审理有关使领馆雇佣合同案件时不再考虑工作场所、雇员地位等因素。对于其他没有批准公约的国家，或者在公约不适用的情形下，这些国家在司法实践中，对于雇佣合同都是采取了限制豁免的做法。尤其是对于涉及使领馆雇佣人员的雇佣合同争议，这些国家和英国实践完全不同，而是区分不同情况，适用不同的标准，只有雇佣合同争议和行使政府权力有关时，才给予外国国家豁免权。因此，“在国家豁免与雇佣情形下，许多国家的法院支持豁免的请求，而其他国家的法院则驳回这种请求”〔2〕。在雇佣合同是否构成国家豁免例外问题上，采用个案处理的方法。

2. 雇佣合同例外条款的进一步国际化

联合国在制定UNCSI的过程中，有关雇佣合同例外曾经是公约制定过程中颇具争议的一个问题。1991年公约二读草案提交联合国大会后，来自各个国家的代表团对草案的具体条文进行了审议，其中主要围绕的五个尚未解决的实质性问题中，就包括雇佣合同例外。2004年通过的最终公约文本和二读草案相比，变化还是很大的，反映出缔约各国对于雇佣合同例外条款的讨论非常热烈。一方面各国承认国家及其财产享有管辖豁免是习惯国际法规则，事实上，国家主权豁免主要依靠的都是习惯国际法，条约法在这方面的实践是有限的，至少2006年的公约并未生效。另一方面，公约中又完全吸纳了限

〔1〕 Roger O'Keefe, Christian J. Tams ed., *The United Nations Convention on Jurisdictional Immunities of States and Their Property*, Oxford University Press, 2013, p. 189.

〔2〕 Shaw, *International law*, 7th ed., Cambridge University Press, 1997, p. 528.

制豁免的理论，这主要表现在公约第三部分明确规定了多项不得援引国家豁免的诉讼，其中就包括第11条规定的雇佣合同之诉。“公约第11条的规定引发了广泛的议题，考虑到对于公约条款的适当解释和适用存在着不确定性，最好能专注于文本”〔1〕，以防止对于公约的滥用。公约第11条关于雇佣合同例外的规定包括两个部分，首先第11条第1款明确了雇佣合同构成管辖豁免例外，第11条第2款则规定了雇佣合同例外之例外的内容。从公约的体系和内容上看，至少有以下几点值得细致研究。

第一，第11条（1）款中规范的是“雇佣合同之诉”，那什么是雇佣合同？雇佣合同究竟应当如何理解？公约中明确的是雇佣合同构成国家豁免例外，是指除有关国家间另有协议外，一国在该国和个人间关于已全部或部分在另一国领土进行，或将进行的工作之雇佣合同的诉讼中，不得向该另一国原应管辖的法院援引管辖豁免。但是具体什么属于雇佣合同之诉在该条款中并未明确，国际法委员会也只是将之解释为“与雇佣合同相关的条件和情况”〔2〕，赋予其丰富的内涵和广阔的外延。考察各国的立法与实践，结合第11条第3款和第4款的情形，可以认为“第11条第1款适用于所有的雇佣争议，无论是基于私法中的合同还是基于相关的雇佣立法”〔3〕。雇佣合同之诉的含义愈发广泛，既可以是违反雇佣合同，还可以包括性别歧视有关的行为；行为既可以和商业行为关联，也可以是合同和酷刑同时并存。正是因为雇佣合同的含义可以如此丰富，雇佣合同例外在当下才被格外关注，尤其是在“2012年国家管辖豁免案”之后，一些学者〔4〕认为可以将雇佣合同与人权保护相关联，例如雇佣中免于被歧视的自由；当事人诉诸法院的权利保护；当事人的健康权，移动自由以及结社自由。

第二，当事人意思自治可以排除雇佣合同例外的适用。从第11条的规定可以看出，至少存在着两个有管辖权的国家，其中一个就是诉讼地国家。如

〔1〕 Roger O'Keefe, Christian J. Tams ed., *The United Nations Convention on Jurisdictional Immunities of States and Their Property*, Oxford University Press, 2013, p. 195.

〔2〕 ILC commentary, draft art. 11, para. 2.

〔3〕 Roger O'Keefe, Christian J. Tams ed., *The United Nations Convention on Jurisdictional Immunities of States and Their Property*, Oxford University Press, 2013, p. 197.

〔4〕 See Philippa Webb, "The Immunity of States, Diplomats and International Organizations in Employment Disputes: The New Human Rights Dilemma?", *European Journal of International Law*, vol. 27, 3 (2016), pp. 745-767.

果两个国家的书面协议中约定了雇佣合同不构成管辖豁免例外，则可以排除公约内容的适用，这个条款体现出对于国家主权的尊重，尽管“在1972年欧洲国家豁免公约中没有类似条款，并且实践中也没有国家公布类似的协议”〔1〕。与第11条（2）款中的书面协议显然不同，后者指的是国家和个人之间的协议，不能将二者混淆。

第三，构建出“例外之例外”的立法模式。所谓雇佣合同例外之例外，是指在下列情况〔2〕下，只要符合其中任何一种，都构成例外之例外，受案法院都不得对雇佣合同之诉行使管辖权，即给予外国国家以管辖豁免。

第一种情况是所有涉及外交代表、领事官员、常驻国际组织代表团外交工作人员、特别使团成员或获招聘代表一国出席国际会议的人员；或享有外交豁免的任何其他人员的雇佣合同之诉，都应给予外国国家以豁免。这是传统的雇佣合同例外的适用情形。这里并未规定使领馆的服务人员。

第二种情况是针对不属于上述类型的雇员，如果招聘该雇员是为了履行行使政府权力方面的特定职能，则国家也享有管辖豁免权。这一条在公约制定时曾经就充满争议，最终以“特定”一词取代了讨论中的“密切关系”一词，究竟是扩大了豁免范围还是缩小了豁免范围，还需要进一步考察。从法国法院在“X v. Saudi School in Paris and Kingdom of Saudi Arabia案”中的判决，到欧洲人权法院在“Sabeh El Leil v. France（2011）案”和“Cudak v. Lithuania（2010）案”中的裁判结果，以及2015年英国上诉法院审理的“Benkharbouche诉苏丹案”和“Janah诉利比亚案”，“都呈现出从严解释第11条第（1）款的趋势”〔3〕，换句话说，雇佣合同例外适用的情况在增多，对

〔1〕 Roger O'Keefe, Christian J. Tams ed., *The United Nations Convention on Jurisdictional Immunities of States and Their Property*, Oxford University Press, 2013, p. 196.

〔2〕 公约第11条第（2）款规定：（1）招聘该雇员是为了履行行使政府权力方面的特定职能；（2）该雇员是1961年《维也纳外交关系公约》所述的外交代表；1963年《维也纳领事关系公约》所述的领事官员；常驻国际组织代表团外交工作人员、特别使团成员或获招聘代表一国出席国际会议的人员；或享有外交豁免的任何其他人员；（3）诉讼的事由是个人的招聘、雇佣期的延长或复职；（4）诉讼的事由是解雇个人或终止对其雇佣，且雇佣国的国家元首、政府首脑或外交部长认定该诉讼有碍该国安全利益；（5）该雇员在诉讼提起时是雇佣国的国民，除非此人长期居住在法院地国；或（6）该雇员和雇佣国另有书面协议，但由于公共政策的任何考虑，因该诉讼的事由内容而赋予法院地国法院专属管辖权者不在此限。

〔3〕 Roger O'Keefe, Christian J. Tams ed., *The United Nations Convention on Jurisdictional Immunities of States and Their Property*, Oxford University Press, 2013, p. 199.

雇佣合同例外之例外采取了从严解释。

第三种情况是诉讼的事由涉及个人的招聘、雇佣期的延长或复职，则应给予国家以豁免权。这一内容已经被认为是构成了习惯国际法，[1]得到了国内法院的广泛认可，公约制定过程中也无意挑战。这是因为雇主国在选择、招聘、和选定雇员上适用其本国法律具有利益，并且在对其本国职员或者政府雇员行使纪律监督事项时，雇主国在遵守其内部规则上具有超越一切的利益。

第四种情况则强调了安全利益和法院地公共政策的适用。如果诉讼的事由是解雇个人或终止对其雇佣，且雇佣国的国家元首、政府首脑或外交部长能认定该诉讼有碍该国安全利益的，则也应给予外国国家以管辖豁免。此外，当事人也可以和雇主国在订立雇佣合同时意思自治，约定在其他法院管辖或者诉诸仲裁，但是该约定不得违反法院地的公共政策。安全利益和公共政策都是弹性很大的内容，其中安全利益由被诉国家考量，因此被认为是保护被诉国家享有豁免权的工具；公共政策由法院地考量，可以被认为是抵消意思自治的安全阀。安全利益和公共政策都需要在实践中进一步检测，防止被滥用。

第五种情况是进一步强调了领土联系。雇佣合同管辖权的基础显然并且毫无疑问是雇佣合同与法院地具有紧密的领土联系，即工作是在法院地完成，或者雇员的国籍或者经常居住地位于法院地。实际上，当地雇员除了在法院地法院起诉以外是没有其他现实办法的。

从公约的规定看，公约关于雇佣合同例外以及例外之例外规定得非常详尽，但是其中一些内容也颇具弹性，这些内容还需要依靠缔约国国内的实践进一步明确。尽管公约目前尚未生效，但是雇佣合同例外的国内立法和实践始终存在并且在持续发展。有学者[2]考察了来自20个国家国内法院和2个区域法院的实践，研究了其中所涉及的175个雇佣合同案例，其中有120个案例属于“个人诉国家”类型，法院在54个案例中没有给予国家豁免权。有12个案例属于“个人诉外交官”类型，其有4个案例法院没有给予外交官豁免权，这4个案例涉及的都是前外交官。有28个案例属于“个人诉国际组

---

〔1〕 Fogarty v. United Kingdom, 123 ILR 53 [ECtHR (GC) 2001].

〔2〕 See Philippa Webb, “The Immunity of States, Diplomats and International Organizations in Employment Disputes: The New Human Rights Dilemma?”, *European Journal of International Law*, vol. 27, 3 (2016), p. 747.

织”类型，包括个人直接在国内法院诉国际组织违反劳动法，也包括雇员诉东道国给国际组织豁免权违反了当事人的诉诸法院之权利。在这28个案例中，有6个案例没有给予国际组织豁免权。从这些司法实践可以看出，“豁免权仍然是雇佣合同的最强障碍”〔1〕，雇佣合同例外属于谨慎适用的例外。加拿大法院在雇佣合同例外下的豁免适用也存在着不确定性，但是，近年来，加拿大的有关雇佣合同的司法实践呈现出一种严格倾向，〔2〕即对雇佣合同争议主张外国国家豁免的情况严格限制，除非案件有清晰的证据将对国家主权构成损害，否则就不给予的豁免。

从雇佣合同例外的立法限制条件看，限制内容是非常严格的；从其实践看，各国在适用中是非常谨慎的。“当前主流的人权理论确实支持认为，所有个人应该有权拥有保护其实体权利的司法救济途径。由于这些新的关切，传统的做法已经逐步在放宽。”〔3〕在前面提到的120个“个人诉国家”的雇佣合同案例中，已经呈现出新的发展趋势〔4〕：对主权行为解释从严，一些雇员的行为不再被认为是行使政府职能的行为；雇员的行为不属于个人的招聘、雇佣期的延长或复职；不涉及安全利益；领土联系标准放宽。“欧洲人权法院在有关雇佣合同的豁免案例中小心翼翼，植根于《欧洲人权公约》第6条有关诉诸法院之权利的重要性，指出是否给予豁免要取决于政府职能的行使”〔5〕，在“Canak v. Lithuania案”，“Sabih EL Leil v. France案”，“Wallishauer v. Austria案”中，欧洲人权法院都提出给予豁免不能阻止当事人获得救济的权利。对当事人救济权利的关注，并非源自雇佣合同案件。《欧洲人权公约》第6条第1款赋予了当事人具有诉诸法院之权利，多个案例中都涉及当事人对该权利的主张。从最近的实践看，英国上诉法院审理的“Benkharbouche诉苏丹案”和

---

〔1〕 See Philippa Webb, “The Immunity of States, Diplomats and International Organizations in Employment Disputes: The New Human Rights Dilemma?”, *European Journal of International Law*, vol. 27, 3 (2016).

〔2〕 See Richard L. Garnett, “State Immunity and Employment Relations in Canada”, *Canadian Labour & Employment Law Journal*, vol. 18, 2 (2015), p. 676.

〔3〕［意］安东尼奥·卡塞斯：《国际法》（第二版），蔡从燕等译，法律出版社2009年版，第139页。

〔4〕 Philippa Webb, “The Immunity of States, Diplomats and International Organizations in Employment Disputes: The New Human Rights Dilemma?”, *European Journal of International Law*, vol. 27, 3 (2016), p. 747.

〔5〕 Shaw, *International law*, 7th ed., Cambridge University Press, 1997, p. 528.

"Janah 诉利比亚案"，是雇佣合同例外的适用的扩张解释，被认为是对国家豁免中雇佣合同例外适用带来的最大挑战，抑或是对雇佣合同适用例外条件的改变，显示出豁免权与人权之间新的协调模式。

3. 雇佣合同例外实践的新发展

2015 年 2 月 5 日，英国上诉法院公布了两个重要的案例："Benkharbouche 诉苏丹案"[1]和"Jannah 诉利比亚案"[2]。这两个案例都属于雇佣合同，都以外国驻英大使馆为被告，都涉及外国国家的管辖豁免权。两个案件的原告都是摩洛哥人，分别是苏丹和利比亚驻英大使馆雇员，工作内容是负责厨房、清洁和洗衣等服务。两名原告的起诉理由包括不公平的辞退，未能支付最低工资，违反工作时间；不公平辞退、拖欠工资、种族歧视、违反工作时间规定。两案被告都根据英国《国家豁免法》第 4 条和第 16（1）条的规定主张管辖豁免。本案的核心问题是驻英外国外交使团中的服务人员能否在英国起诉其雇主，主张其享有的劳工权利，以及外国国家在本案中是否享有国家豁免权。"这就涉及英国 1978 年《国家豁免法》与《欧洲人权公约》第 6 条和《欧盟基本权利宪章》第 47 条的相符性"[3]，其核心仍然是豁免权和人权保护的关系，只是二者的关系被放到了雇佣合同例外中考量。

英国为了履行 1972 年《欧洲国家豁免公约》制定了 1978 年《国家豁免法》，其中第 4（1）条明确规定雇佣合同例外不适用于 1964 年《维也纳外交关系公约》中规定的雇佣合同所引发的诉讼，第 16 条规定了所谓的例外之例外条款，其中第 16（1）条是一个总括条款，涵盖使领馆的一切雇员，包括服务人员。1964 年英国还制定了《外交特权与豁免法》以履行 1964 年《维也纳外交关系公约》。根据 1964 年法令第 1 条的规定，服务人员确实属于 1978 年《国家豁免法》第 16 条规定的雇佣合同例外之例外的范围，也就是说按照现行立法，有关外国驻英使领馆服务人员的雇佣合同引起的诉讼，都属于例外之例外范畴，此时，外国国家应当享有管辖豁免权。

对于"Benkharbouche 诉苏丹案"，劳工法庭一审认为英国 1978 年《国家豁免法》第 16（1）条的总括规定确实与《欧洲人权公约》第 6 条规定不相

---

[1] Benkharbouche v. Embassy of the Republic of Sudan, [2015] EWCA Civ 33.

[2] Jannah v. Embassy of Libya, [2015] EWCA Civ 33.

[3] Benkharbouche v. Sudanese Embassy (CA), [2015] 3WLR, p. 306.

符，但是其无权判定此事项，因此驳回原告起诉，给予了两个被告国家以豁免权。原告上诉到劳工上诉法庭，结果判决不给予被告以豁免权，其理由是1978年《国家豁免法》第16（1）条的适用违反《欧洲人权公约》第6条和《欧盟基本权利宪章》第47条的规定。法庭还指出，考虑到限制豁免的发展，英国主权豁免法已经不能在国家豁免权和当事人诉诸法院之权利之间维持一种适当的平衡，因此违反了《欧洲人权公约》第6条的规定。但是，其无权宣告法律的不相符。

英国上诉法院又维持了劳工上诉法庭的判决，其理由是英国1978年《国家豁免法》第16（1）（a）条作为一个总括条款，适用于所有的涉及使领馆的雇佣争议。上诉法院分析了国际公约下的国际法，包括1972年《欧洲国家豁免公约》《维也纳外交关系公约》《维也纳领事关系公约》和尚未生效的2004年《联合国国家及其财产管辖豁免公约》的内容，考察了其他国家有关雇佣合同争议是否给予国家以豁免的实践，法院认为不存在要求对于类似本案情况下服务人员的雇佣合同给予国家豁免的习惯国际法。因此，法院认为第16（1）（a）条的内容超越了国际法的范畴，也不属于国际法要求的范围，该条款的规定并不是来源于国际法的义务，而是英国法自己的规定。在这种情况下给予外国国家以豁免就构成了对《欧洲人权公约》第6条的违反，因此裁决在本案中不给予两个国家以豁免权。同时，由于原告起诉的主张属于欧盟法规定的内容（涉及违反工作时间条例、种族歧视和骚扰），法院不能继续适用《国家豁免法》，否则就违反了《欧盟基本权利宪章》第47条有关有效救济的权利。上诉法院还指出，由于1978年《国家豁免法》第16（1）条的规定违反了《欧洲人权公约》第6条的规定，因此英国议会要重新审议修改1978年《国家豁免法》。

英国“Benkharbouche诉苏丹案”判决具有重大的理论和实践意义，被认为是自《国家豁免法》通过以来的一次观念上的革新，不仅是在个人权利保护方面，更在国家能够并且在多大程度上对民事权利争议给予国家以管辖豁免方面，英国法院的做法被认为“代表了国家实践的趋势”[1]，表现在以下几

---

〔1〕 See Philippa Webb, “The Immunity of States, Diplomats and International Organizations in Employment Disputes: The New Human Rights Dilemma?”, *European Journal of International Law*, vol. 27, (2016), pp. 745-767.

个方面：

第一，国家豁免的范围被进一步压缩，与个人权利保护之间达成新的平衡。这两个案例之所以重要是因为“其对豁免的相关国际法规则及其演进提供了具体和详尽的分析，证实了一种可裁判性趋势”[1]。

英国上诉法院并没有简单套用国际法院在“2012年国家管辖豁免案”中确立的程序/实体两分法，直接适用英国《国家豁免法》，给予外国国家以管辖豁免。相反，英国上诉法院在本案中采取了一种更激进的做法，直接挑战了英国立法的规定。通过否定英国1978年《国家豁免法》中第16（1）（a）条的合法性，挑战了国际法领域中最传统的外交豁免的内容，限制了外国国家根据在英国第16（1）（a）条享有到的“绝对”豁免。就雇佣合同而言，对于使馆领馆人员起诉使领馆，如果是服务人员起诉，因为不涉及国家行使主权职能，就不再给予外国国家以豁免，这等于严格解释了雇佣合同例外适用的情形，进一步限制了国家豁免的适用范围，强化了国家的责任承担。

英国上诉法院承认国际法中有关豁免权的范围充满不确定性，因此很难在给予豁免和不给予豁免之间划出一条清晰的边界，主权行为和非主权行为很容易表述但是实践中很难区分，统治权行为和管理权行为也并非铁板一块，随着社会的变化也出现了不同的解释。正是基于这种动态的、发展的认识和考量，英国上诉法院认为在一些领域中，豁免权已经被侵蚀了。上诉法院考察、分析和总结了当前的国际、国内相关实践，认为国家实践和国内法院的判决是如此多样，尽管一些国家的实践支持利比亚的主张，有些国家，如南非、巴基斯坦的立法，爱尔兰、新西兰等国家的实践和英国一样，被认为是凡是与使领馆的雇佣人员有关的争议都给予外国国家以绝对豁免，[2]但更多的国家实践倾向于后者，即支持移除类似第16（1）（a）条总括条款中与使馆有关的服务人员的雇佣合同例外之诉中国家享有的豁免权。各国广泛地认同本案讨论的内容适用限制豁免，尽管在个案中具体的标准不同。实际上，当与雇佣合同有关的争议提起时，英国上诉法院认同这样一个观点，即英国

---

〔1〕 See Katja S. Ziegler, Immnuity v. Human Rights-or Harmonious Interpretation? Incompatibility of the State Immunity Act with the Human Rights Act and the Right to a Remedy under International and European Law after Benkharbouche, *Human Rights Law Review*, vol. 17, (2017), pp. 127-152.

〔2〕 See Richard Garnett, "State Immunity in Employment Matters", *The International and Comparative Law Quarterly*, vol. 46, 1 (1997), pp. 88-89.

看起来是发达国家中唯一一个持续剥夺使馆次一级职位雇员的救济权利的国家。既然在这个领域中尚未形成习惯国际法，那么第16（1）（a）条的规定就不是来自习惯国际法，而是来自英国法自身的规定，而这个规定又违反了《欧洲人权公约》第6条的规定。本案中，英国上诉法院尝试用国际法层面的规则来解释国内立法，用国际法上的义务来决定国内法规定的合法性，这本身是否符合法律解释的规则，也是极具探索性的实践。

第二，确立了正当程序原则对于豁免权的限制，尽管这种限制还须在一定条件和范围内行使。但是通过其有限的适用，进一步压缩了国家豁免的适用范围，突破了国际法院的程序/实体两分法，达到了国家豁免和人权保护的另一种平衡。本案虽然是有关使馆和使馆雇员之间的雇佣合同纠纷，但是，该案对构建《欧洲人权公约》第6条与国家豁免权之间的关系做出了贡献，[1]该案具有涟漪效果，还有可能推广适用到其他民事类诉讼中，如果这类诉讼涉及的权利源于欧盟法，而不是国际法的话，则仍然能援引《欧洲人权公约》第6条诉诸法院之权利，彰显出正当程序对于国家豁免权的约束。

英国上诉法院在"Benkharbouche诉苏丹案"中面临的问题是国家豁免限制诉诸法院之权利与《欧洲人权法院》第6条的冲突。英国上诉法院指出，美国、澳大利亚、新西兰、日本，以及欧洲其他国家的实践，欧洲法院审理的"Mahamdia v. Algeria案"都显示出各个法院在处理与服务人员有关的雇佣合同案件时，适用限制豁免时的具体标准差距很大。英国上诉法因此认为国际法今天并不要求如此严格的豁免原则，第16（1）条的规定限制了当事人个人获得救济的权利。第6条本来是关于涉及个人民事权利的公平审判的，但是保障这项程序权利实现的前提是当事人要有诉诸法院的权利，这在"Golder v. United Kingdom案"[2]中已经确立。国家享有的管辖豁免权实质上阻止了当事人诉诸法院的权利，必须要符合目标合法性和手段成比例性的原则，当缔约国一方对管辖权的范围有疑义时，应当首先决定管辖权，因为如果一方无法行使管辖权，则目标合法性和手段成比例性就无从产生。如果根据国际法该案是不可诉的，要求给予外国国家以管辖豁免的，则第6条就不能

---

〔1〕 See Katja S. Ziegler, Immnuity v. Human Rights-or Harmonious Interpretation? Incompatibility of the State Immunity Act with the Human Rights Act and the Right to a Remedy under International and European Law after Benkharbouche, *Human Rights Law Review*, vol. 17, (2017), pp. 127-151.

〔2〕 (1975) 1 EHRR 524, paras. 28-36.

适用。

例如在“Holland v. Lampen-Wolfe 案”[1]中，案件涉及一个在美国驻英军事基地由美国政府雇佣的教育服务人员教学服务引起的，该案并未适用 1978 年《国家豁免法》中豁免例外的规定，因为根据第 16 条（2）的规定，在英国的外国武装力量享有豁免权。英国法院认为承认主权豁免并不一定违反第 6 条规定的正当程序条款，因为第 6 条的义务来自英国缔结的条约，但美国并不是条约缔约国，因此英国就不能对美国适用第 6 条作出否定其豁免权的判决。而在“Al-Adsani v. United Kingdom 案”[2]中，欧洲人权法院分析了针对酷刑引起的诉讼中被告是否享有国家豁免权。法院认为如果一方采取的措施反映了广泛接受的国际法有关国家豁免的规则，原则上不能被视为对第 6 条规定的权利施加了不合比例的限制。

在涉及使馆相关的雇佣争议时，上诉法院认为在任何案件中，都有必要评估 1978 年立法的第 4 条、第 16（1）（a）条有关给予国家管辖豁免是否是国际法的要求，或者为国家决定其国际法下的义务划定了适当的边界。如果是根据国际法的要求给予了国家豁免权，则符合为了取得合法性目标而采取的比例性措施原则。但是，本案中涉及的第 16（1）条规定的给予豁免权的情形远远宽于国际法的要求，并且 1978 年《国家豁免法》第 4（2）条的规定也不是来自于国际法，国际法并不裁判对于外国国民的歧视。上诉法院也区分了国家管辖豁免和外交豁免。在“Reyes and Anor v. Al-Malki and Anor 案”中，被告沙特外交官和其妻子根据《维也纳外交关系公约》第 31 条和第 37 条的规定主张外交豁免，与“Benkharbouche 诉苏丹案”不同在于，上诉法院考察的是国际法而不是英国国内法，因此上诉法院认为，诉讼中所涉及的内容是根据《维也纳外交关系公约》中的外交豁免，基于雇佣行为是外交行为，因此享有豁免；《维也纳外交关系公约》仍然是有关外交豁免的国际法；根据比例性原则，限制当事人诉诸法院之权利与国家承担的义务是相符的；这些义务都不违反《欧洲人权公约》第 6 条项下的义务。

第三，国家享有的管辖豁免权和当事人诉诸法院之权利并非二元对立，二者之间的动态平衡也可以通过其他方式解决。国际法院在审理“2012 年国

[1] [2000] 1 WLR 1573.

[2] [2001] 34 EHRR 273.

家管辖豁免案”时曾经也提到欧洲人权法院要求的合法性目的和措施符合比例性原则，只是当时欧洲人权法院还无法用这个内容约束豁免权。在“Nada v. Switzerland 案”中，欧洲人权法院认为“目标合法性和手段成比例性”标准是打破程序/实体区分标准的方法。该案一方面涉及人权公约下的义务，另一方面涉及《联合国宪章》下的义务，法院认为从比例性和必要性出发，应当寻求一种既不损害当事人的基本权利，也能满足当前目标的解决方法。法院认为，遵守《联合国宪章》第 6 章下安理会的决议是超越一切的义务，但这并不能豁免瑞士寻找一种替代解决方法来考量原告的申辩，也就是说，国家豁免并不能免除当事人寻求替代争议方法解决基本人权侵害问题，以符合合法目的性及比例性。

“Benkharbouche 诉苏丹案”判决中对雇佣合同例外的解释，和“2012 年国家管辖豁免案”后豁免权与人权保护的关系的重新思考有关。国际法院在该案中确立的程序/实体两分法将侵害人权的案件置于管辖豁免之外，甚至被认为是突破人权保护困境的一个突破口。其意义不在于案件数量的扩大，而在于这种案例模式开创了替代争议解决办法这个突破口，程序正义被进一步彰显，实体正义有了其他救济途径。也就是说，既维护了国家的豁免权，又通过其他途径保护了相对人的人权，二者达到了一种实质上的平衡。

从国家管辖豁免权的发展趋势看，当管辖权豁免和人权保护冲突时，新的发展态势是约束国家享有的豁免权，也就是说，限制豁免的范围在扩大，各国为保护个人权利在寻找更可行的替代方法。就这点而言，作为国际法主体的政府间国际组织也面临着同样的挑战，“Benkharbouche 判决代表了国家实践的趋势，昭示着国际组织不能将雇佣合同争议隐而不决”〔1〕，国际组织是继续享有绝对的豁免权还是也适用同样的限制豁免的规则，抑或国际组织应当承担更多的社会责任，通过构建替代争议解决方法来解决雇佣纠纷，甚至也包括其他纠纷〔2〕，都是值得继续探讨的内容。

---

〔1〕 See Katja S. Ziegler, Immnuity v. Human Rights- or Harmonious Interpretation? Incompatibility of the State Immunity Act with the Human Rights Act and the Right to a Remedy under International and European Law after Benkharbouche, *Human Rights Law Review*, vol. 17, (2017), pp. 127-151.

〔2〕 See Devika Hovell, Due Process in the United Nations, *American Journal of International Law*, vol. 110, 1 (2016), pp. 1-48.

三、雇佣合同例外的类比适用

政府间国际组织作为国际法的主体，被预设为当然具有法律人格，能够直接承受国际法上的权利与义务，享有缔约权、接受和派遣外交使节权、特权与豁免、国际求偿权等多项权利。问题是在过去的70多年中，国际社会已经发生了巨大的变化，国际组织数量增长迅速，其行为的性质以及其雇佣的人员已经发生很大变化；国际法进一步碎片化，国际法人本化趋势增加，国家豁免从绝对走向相对豁免，并且豁免的范围仍然在变动中；程序正义日益被关注，这些方方面面的变化对国际组织享有的豁免权也产生了一定的冲击，例如针对联合国在海地维护行动中造成的人员损害的诉讼，就存在着质疑国际组织豁免权的声音。有学者提出国际组织的豁免权应当和国家豁免权一样，从绝对豁免走向限制豁免，在人权保护方面国际组织应当承担起自身的责任。关于国际组织豁免权走向的争议此起彼伏，其中涉及国际组织雇佣合同之争议的实践最为普遍，在雇佣合同争议方面，国际组织可以通过自身的努力，负担起更多的责任。

1. 国际组织的豁免权

传统上国际组织被认为享有绝对豁免权。国际组织享有的豁免权来自于国际组织基础文件、相关多边条约、双边协定的规定，东道国协议以及国内法等。其中，国际组织的基础文件或者有关国际组织特权与豁免的多边条约中都指出“国际组织豁免于各种司法程序”，如《联合国宪章》第105条对此有明文规定，这些规定又被1946年《联合国特权和豁免公约》、1947年《联合国专门机构特权和豁免公约》所补充。这两个文件被认为是国际组织享有特权与豁免的范本，被以后其他国际组织的组织文件所效仿，给予国际组织以特权与豁免已经发展成为习惯国际法。一些双边协议，尤其是东道国协议中也都规定给予国际组织豁免权。为了确立国际组织在内国的法律地位，一些国家还制定了国内立法，如美国1945年的《国际组织豁免法》、英国1968年的《国际组织法》，其中都明确了国际组织享有豁免权。

所谓的国际组织“豁免于各种司法程序”〔1〕，一般被认为是包括国内各

---

〔1〕 如《联合国特权与豁免公约》第2条第2项规定：“联合国，其财产和资产，不论其位置何处，亦不论由何人持有，对于各种方式的法律程序应享有豁免，但在特定情况下，经联合国明示抛弃其豁免时，不在此限。”

种司法程序，无论是司法的、行政的还是执行程序。原则上国际组织的工作人员也不能在本国法院对国际组织提起诉讼，除非其自愿放弃豁免。这种标准条款通常被认为是绝对豁免[1]，实际上，多数国家的国内法院都将之解释为绝对豁免并在实践操作中给予国际组织绝对豁免权，[2]因为只有绝对豁免或者接近绝对豁免才能保证（有关国家）司法审查不会妨碍这些组织执行其职能。与国家豁免不同，法院并不完全是以行为的性质作为给予豁免的依据，也就是说并不区分一项行为是职能性的还是非职能性的行为，而是考虑该行为是否是该组织的运行所必需的，因此法院需要在国际组织的顺利运作和其他法律原则与例外之间寻找到平衡。国际组织豁免源于“职能必要”理论，“职能豁免”概念的模糊性导致各国法院都倾向于将职能豁免视为绝对豁免，法院对于国际组织的行为，甚至商业行为也拒绝行使管辖权。例如在“Tuck v. Pan American Health Organization 案”[3]中，该案涉及被告的商业行为，二审法院认为在多数情况下被告享有豁免权，因为其无权对照美国 1976 年《外国主权豁免法》的规定来判定 1945 年的《国际组织豁免法》是否赋予了国际组织以绝对或者相对的豁免权。

就雇佣合同而言，虽然其构成国家豁免例外，并且有扩大适用的趋势，但是在国际组织豁免的实践中，对于雇佣合同，各国国内法院一般都倾向于给予国际组织豁免权。例如在 1980 年的“Broadbent v. Organization of American States 案”[4]中，原告主张被告应对其错误的终止雇佣协议的行为给予损害赔偿。法院从职能必要出发，认为国际组织在从事其职能行为时要免受国内政治的干预，如果涉及雇佣争议将卷入国际组织内部管理，这就会损害国际组织平稳运行。在“Mendaro v. World Bank 案”[5]中，两审法院都以银行协议条款并未放弃国际组织豁免法所赋予的豁免权为由驳回原告起诉。法院认

[1] August Reinisch, *The Conventions on the Privileges and Immunity of the United Nations and its Specialized Agencies*, Oxford University Press, 2016, p. 87.

[2] Dapo Akande, “International Organizations”, in Malcolm D. Evans ed., *International Law*, 4th ed., Oxford University Press, 2014, p. 269.

[3] 668 F. 2d 547 (D. C. Cir., November 13, 1981).

[4] 156 F. 3d1335 (D. C. Cir. 1980).

[5] 717 Fed 610, D. C. Cir, 1983. See also Monroe Leigh, “Decision: Immunity of International organizations-waiver of immunity-International Organizations Act”, *American Journal of International Law*, vol. 78, 1 (1984), pp. 221-223.

为弃权条款仅适用于世界银行的外部行为和合同，但是不适用于与雇员之间的内部行政管理事项。英国法院在两个有关雇佣合同的案件中都给予了国际组织以豁免权，其中一起涉及种族歧视[1]，一起涉及性骚扰[2]，理由是争议与银行的职能相关，根据东道国协议和英国立法，银行享有豁免权。在一起涉及美国大使馆的雇佣合同争议中，奥地利最高法院指出国家豁免和国际组织豁免在民事诉讼中有显著不同，国际组织享有的绝对豁免以国际组织法律人格的职能必要为前提。[3]比利时法院也认为国际组织豁免的范围要大于国家豁免。

2. 对国际组织豁免权绝对性的质疑

国际组织所涉及的民事争议无非两大类，一类是与其员工之间的争议，另一类是与第三方之间的争议，无论是哪一种民事争议，都涉及国际组织豁免权和当事人诉诸法院之权利的博弈。与国家豁免一样，近年来，国际组织豁免权也受到了来自多方面的挑战，其中包括：国家豁免权理论和实践的巨大变化，导致国际组织的绝对豁免权受到了质疑；人权保护和豁免权的博弈与协调，集中表现在当事人诉诸法院之权利的实现上。

首先，国家主权豁免理论与实践的发展对国际组织豁免权产生了巨大的冲击。一些学者认为，应当将国家主权豁免理论应用到国际组织豁免中，类比限制豁免的立法，对国际组织的商业行为不给予豁免，[4]甚至可以效仿《联合国国家及其财产管辖豁免公约》的体系，扩大豁免权的例外情形；还有学者认为可以在国内法院的实践中，通过运用职能必要来解释国际组织的豁免权，以达到“将绝对豁免转变成限制豁免”[5]的目标。但是，严格来讲，这些主张并不能称为限制豁免，仅仅是可以概括为国际组织豁免权存在着职

〔1〕 Mukoro v. European Bankfor Reconstruction and Development [1994] UKEAT 813_ 92_ 2303.

〔2〕 Bertolucci v. European Bankfor Reconstruction and Development [1997] UKEAT 276_ 97_ 2201.

〔3〕 See Kirsten Schmalenbach, Austrian Courts and the Immunity of International Organizations, *International Organizations Law Review*, vol. 10, 2 (2014), p. 458.

〔4〕 See Stecen Herz, "International Organizations in U. S. Courts: Reconsidering the Anachronism of Absolute Immunity", *Suffolk Transnational Law Review*, vol. 31, (2008), p. 532. Kevin M. Whiteley, "Holding International Organizations Accountable Under the Foreign Sovereign Immunities Act: Civil Actions Against the United Nations for Non-Commercial Torts", *Washington University Global Studies Law Review*, vol. 7, p. 638.

〔5〕 August Reinisch, *International Organization before National Courts*, Cambridge University Press, 2000, p. 189.

能限制的边界。因为国际组织豁免权与国家豁免权在理论基础和作用上有着本质的不同，国家豁免权的基础是国家主权平等原则，而国际组织并无主权，其享有的豁免权是基于建立在“职能必要”基础上的法律人格，其作用在于保证国际组织职能的实现，防止东道国和成员国对其运作产生影响。“职能必要”是国际组织享有豁免的主要理论依据，“国际组织的法律人格，只能在执行与实现其组织约章所严格规定的‘组织职能与宗旨’所必需的范围内才能得到承认”〔1〕，职能必要“在实践中也成为有关司法机构裁决案件和相关实务部门作出决策的依据”〔2〕，例如在“Waite and Kennedy v. Germany 案”〔3〕中，欧洲人权法院认为，赋予国际组织特权与豁免是为了保证该组织适当履行其职责，免于受到个别政府的单方面干扰。

其次，对当事人诉诸法院之权利的保障也构成了国际组织豁免权的挑战。国际组织豁免权的存在，使得当事人的私人权利无法得到有效救济，尤其是当涉及劳工纠纷或者当事人侵权案件时，其中的冲突更加明显，程序正义的要求使得“国际组织事项享有的绝对豁免权开始遭遇挑战”〔4〕。在这个方面，“Waite and Kennedy v. Germany 案”和“Beer and Regan v. Germany 案”〔5〕(以下简称“Waite and Kennedy 案”）被视为对于当事人诉诸法院之权利保护的典型案例。案件的原告方分别是来自英国、爱尔兰、法国和意大利的公司的员工，在德国起诉欧洲航天局。德国法院以欧洲航天局享有豁免权为由驳回起诉。原告不服，又将案件提交到欧洲人权法院。欧洲人权法院认为德国法院的做法并没有违反《欧洲人权公约》第6（1）款，因为这是为了保证国际组织能不受个别国家干扰而适当的履行其职能。欧洲人权法院也指出，通过提供合理替代解决办法就可以认为诉诸法院之权利的例外符合比例性要求，但法院并未提出存在替代争议解决方法是给予豁免权的前提条件。

在实践中，一些国家的法院遵循了“Waite and Kennedy 案”的思路，如德国在“Hetzel v. Eurocontrol 案”以及其他案件中都指出，由于国际劳工组织

〔1〕 梁西著，杨泽伟修订：《梁著国际组织法》（第六版），武汉大学出版社 2011 年版，第 10 页。

〔2〕 参见李赞：“国际组织豁免的理论依据”，载《北方法学》2011 年第 3 期。

〔3〕 Application No. 26083/94, European Court of Human Rights, Feb. 18, 1999.

〔4〕 See Philippa Webb, “The Immunity of States, Diplomats and International Organizations in Employment Disputes: The New Human Rights Dilemma?”, *European Journal of International Law*, vol. 27, (2016).

〔5〕 Application No. 28934/945, European Court of Human Rights, Feb. 18.

的行政机构为解决劳工争议提供了足够的替代救济，因此给予国际组织以豁免权。尽管德国宪法法院对替代争议解决的足够性有质疑，但是其平衡测试证明给予豁免是无条件的。瑞士的联邦最高法院审理的“ZM v. Arab League 案”，意大利法院审理的“European University Institute v. Piette 案”，法国法院审理的以非洲开发银行、联合国教科文组织等为被告的案件，也都将关注点放在了是否存在替代争议解决机制，并认为这是在雇佣合同争议中给予国际组织豁免的前提。

现在还很难说“Waite and Kennedy 案”的模式已经成为一种惯例，得到了广泛的遵守。例如英国法院在“Enrico Corp. Ltd. v. UNESCO 案”〔1〕中，认为《欧洲人权公约》第6（1）条的诉诸法院的权利并不能适用于联合国教科文组织，因为该组织作为一个国际组织诞生于《欧洲人权公约》产生之前，有115个缔约国，远远超过《欧洲人权公约》47个缔约国。在“Georges v. United States 案”中，美国法院也认为，《联合国特权与豁免公约》中所确立的豁免权并不以提供替代争议解决机制为前提。在“Stichting Mothers of Srebrenica v. Netherlands 案”〔2〕中，荷兰法院也没有遵循“Waite and Kennedy 案”的模式，荷兰法院认为《欧洲人权公约》并没有考虑其第6条和《联合国宪章》之间的关系，因此根据《联合国宪章》第105（1）条和《联合国特权与豁免公约》第2（2）条给予联合国以豁免权。2013年6月11日，欧洲人权法院就“Stichting Mothers of Srebrenica v. Netherlands 案”〔3〕判决联合国享有管辖豁免。欧洲人权法院在该案中沿袭了国际法院在“2012年国家管辖豁免案”中的程序/实体两分法，就豁免权和《欧洲人权公约》第6条的关系，欧洲人权法院还指出，在是否给予豁免权时确实要考察在荷兰或者联合国是否存在替代争议解决方法，但是这种合理的替代争议解决方法的缺失并不能阻止国际组织豁免权的实现，也不能认为构成了对《欧洲人权公约》第6条的违反。

---

〔1〕 Enrico Corp Ltd v. United Nations Educational Scientific and Cultural Organization and Secretary of State for Foreign and Commonwealth Affairs，［2008］ EWHC 531（18 March 2008）.

〔2〕 Stichting Mothers of Srebrenica v. Netherlands，Application No. 65542/12，European Court of Human Rights，June 11，2013.

〔3〕 Stichting Mothers of Srebrenica v. The Netherlands，Application No. 65542/12，European Court of Human Rights，June 11，2013.

虽然"Waite and Kennedy 案"中的标准还缺乏统一的实践，但是是否能够提供有效的替代救济方法确实已经成为影响国际组织豁免的重要影响因素，〔1〕但这并不意味着必须建立一套和《联合国国家及其财产管辖豁免公约》类似的体系和内容，〔2〕相反，替代争议解决机制的建立更能协调豁免权和人权保护的关系。

3. 构建替代争议解决机制

既然国际组织豁免权的基础与目标都和国家豁免权存在着本质的区别，国际组织豁免权就不能简单套用国家豁免权的理论与实践，简单移植国家豁免的例外情形，但是这并不等于说国际组织不能承担起其责任，因为豁免权并不必然和个人权利相对立，豁免权并不必然导致缺乏可问责性。国际组织责任体系的构建，就在彰显着国际组织也要对其行为后果承担责任，豁免权的存在仅仅是在某种程度上避免了国内法院对国际组织的裁判性，但是这并不意味着国际组织不能采取其他方法来解决问题，尤其是事关个人权利的事项。对于涉及个人权利的争议，至少可以通过两种办法来解决。

第一种方法是国际组织主动放弃豁免权。对于不影响国际组织运作的事项，国际组织可以选择放弃豁免，这既可以规定在东道国协议中，也可以通过签订造法性条约来履行其人权义务，放弃其享有的管辖豁免权。在国际组织的实践中，一些国际金融机构，如世界银行等就选择对某些事项放弃豁免权。

第二种方法是构建替代争端解决机制，可以是国际组织内部的，也可以是第三方的机制。一些国际组织建立了行政法庭或雇员管理咨询联合机构等来解决其与职员、专家或者其他人员之间的争议，如联合国行政法庭、国际劳工组织行政法庭、世界银行行政法庭等。如果没有独立的行政法庭，还可以利用其他组织的行政法庭来解决争议。建立这种内部争议解决机制可以规定在东道国协定中，有些国家，如瑞士，将其写入国内立法，例如瑞士《东道国法》中就明确规定联邦委员会要确保国际组织履行这种义务。这类机制

---

〔1〕 See A. Reinisch, "To What Extent Can and Should National Courts 'Fill the Accounting Gap?' ", *International Organizations Review*, vol. 10, (2014), pp. 572-587.

〔2〕 See Philippa Webb, "Should the 2004 UN State Immunity Convention Serve as a Model/Starting point for a Future UN Convention on the Immunity of International Organizations?", *International Organizations Law Review*, vol. 10, (2014).

处理的问题相当广泛，从劳工纠纷，到个人损害，甚至性骚扰等案件，尽管从实践的运作看，无论是机构的独立性，还是工作程序、决定公开性等都无法完全满足法律上的正当程序条款的要求，但是可以通过成立独立的仲裁机构，或者在这些机构进行改革，增强纠纷解决机制的独立性、透明度，加强对个人权利的保护。至于将职能豁免作为有效抗辩的依据，[1]而不是法律上绝对不受理案件的依据也具有一定合理性，这样就能给予原告在法庭上充分申诉的机会。

四、对我国立法与实践的影响

1. 未来立法的立场

我国目前正在制定国家主权豁免法，在立法中，首先就需要回答我国究竟采取何种豁免模式。自“刚果金案”以来，我国一直被视为采取绝对豁免理论和实践的典型代表，尽管相关的实践非常少。从国际法当前的理论与实践看，不仅绝对豁免理论已经逐步被放弃，就是限制豁免理论和实践都在变动中。无论是国际立法还是国内实践，都呈现出一种新的态势，就是国家享有管辖豁免的情形越来越受到限制，尤其是国家卷入的民商事争议中涉及人权保护时更是如此。这种理论和实践中的变化是动态的发展，是未来立法中不得不面对的内容。

其次，未来立法中是否体现以及如何体现《联合国国家及其财产管辖豁免公约》的内容。作为《联合国国家及其财产管辖豁免公约》的缔约国，我国立法是否应该反映公约的立法精神和内容，既要体现对于国家享有的豁免权的尊重，又要适度引入豁免例外，如果引入，必然就要采纳限制豁免的体系。如果是限制豁免的立法思路，那么是否要将雇佣合同例外条款纳入我国立法，以及如何规范？适用英国模式还是美国模式？美国模式和《联合国国家及其财产管辖豁免公约》规定不同，英国模式与《联合国国家及其财产管辖豁免公约》规定接近但是正在遭遇变化，这两种模式中反映出来的问题都是我国立法时需要参考和借鉴的内容。目前，已经有 21 个国家陆续批准了

[1] See Greta L. Rios and Edward P. Flaherty, Legal Accountability of International Organization: Challenges and Reform: International Organization Reform or Immunity? Immunity is the Problem, *ILSA Journal of International & Comparative Law*, vol. 16, (2010), p. 452.

《联合国国家及其财产管辖豁免公约》,[1]这些国家的国内立法中也会陆续采纳和公约一致的内容,例如日本为了履行公约义务,2010年通过了日本《对外国国家民事诉讼程序法令》,按照日本宪法的规定,国际条约优先于国内法,因此该法令的内容被认为与公约相符,完全采纳了第11条第2(C)的规定。在此之前,日本法院就已经在2009年“Georgia Ports Authority案”中认为劳工关系属于私法行为,因此不给予豁免权。虽然该案是在日本法令生效前判决的,但是被认为反映了该法令的内容。

最后,豁免权立法与其他法律的协调。豁免权与人权的交织与博弈始终是这个时代的主题。从雇佣合同例外条款的写就到实践中发展,可以看出豁免权与人权保护之间的博弈还在悄无声息地进行。“2012年国家管辖豁免案”中国际法院确立的程序/实体两分法,仅仅是在当前阶段解决了二者的表面冲突问题,维护了国家的管辖豁免权,但是始终未回答管辖豁免权与强行法冲突究竟有无解决方法。理论界和实践部门因此也始终在探寻是否存在其他可能的路径绕开程序/实体两分法,雇佣合同例外的适用就是正在进行的尝试,因为雇佣合同之诉可以涉及多种人权问题,从诉讼权利到实体权利,从性别歧视到平等就业,如果能从雇佣合同例外入手,至少为部分人权案件找到了解决路径。在这个过程中,程序正义成为考量豁免权的重要内容。程序正义源自国内法,在国内法院审理国家豁免的案件中必然会涉及程序正义,在雇佣合同例外中,对国家豁免权构成冲击的也是当事人诉诸法院之权利,正如英国“Benkharbouche诉苏丹案”所呈现的那样。在欧洲,由于该案涉及国际法、国内法、欧盟法的互动,因此案件具有独特性,在其他区域不能复制,但是该案的结果会对相关领域的发展带来深刻的影响。程序正义问题是一个始终不能回避的问题,于国家管辖豁免如此,于国际组织豁免亦然,正如联合国在海地维护行动中所发生的诉讼案件。[2]

---

〔1〕 法国、日本、罗马尼亚、挪威、西班牙、瑞典、瑞士、伊朗、沙特、奥地利、意大利、塔吉克斯坦、黎巴嫩、波兰、葡萄牙、墨西哥、斯洛伐克、捷克、芬兰、列支敦士登、伊拉克等,载https://treaties.un.org/Pages/ViewDetails.aspx?src=TREATY&mtdsg_no=III-13&chapter=3&clang=_en,访问日期:2017年7月30日。

〔2〕 See Devika Hovell, "Due Process in the United Nations", *The American Journal of International Law*, vol. 110, 1 (2016), pp. 1-48.

2. 实践中的问题应对

国际组织豁免权不再是静水流深，限制豁免理论主张、人权保护的加强、当事人诉诸法院之权利的维护，都是国际组织管辖豁免实践中的潜流。构建国际组织问责机制，引入并完善替代争议解决机制，将国际组织和员工之间的劳动争议提交国际组织行政法庭解决，在当下都不失为解决雇佣合同之诉的好办法。于我国而言，目前已经有多个国际组织的总部或者办事处在我国落户，虽然我国的国际组织豁免立法一直缺席，但是相关的问题却并不一定缺席。以亚洲基础设施投资银行（以下简称“亚投行”）为例，作为一个总部设立在北京的政府间国际组织，《亚洲基础设施投资银行协定》第45条规定了银行法律地位，第46条明确了银行享有司法程序豁免，但是对于雇佣合同争议，始终没有提及。

作为一个国际组织，亚投行在东道国内涉及的争议一般会包括如下几种：第一种是国内法院有管辖权的案件。银行为筹资而通过借款或其他形式行使的筹资权、债务担保权、买卖或承销债券权而引起的案件，或者与银行行使这些权力有关的案件，银行不享有豁免。对于这类案件，在银行设有办公室的国家境内，或在银行已任命代理人专门接受诉讼传票或通知的国家境内，或者在已发行或担保债券的国家境内，可向有充分管辖权的主管法院对银行提起诉讼。对于这类案件，一旦提起，国内法院必然考察放弃豁免权的情形是否属于国际组织职能必要范围之内的行为，从而确定是否给予国际组织管辖豁免权。第二种则是亚投行与成员之间的争端，适用特别程序。对于其他种类的案件，则留给各国国内法解决。

显然对于亚投行与雇佣者之间的争议，《亚洲基础设施投资银行协定》并没有明确的规定，可以认为归入第三类。那么对于雇员和亚投行之间的雇佣合同争议，如果一旦在我国法院起诉，我国法院应如何处理？与其纠结是否给予国际组织豁免权，不如学习一下瑞士《东道国法》的规定，要求总部在我国的国际组织通过设立替代争议解决机制来解决内部争议。事实上，国际劳工组织行政法庭、世界银行行政法庭等处理各类涉及相关国际组织内部人员薪水、酬金等的争议，从其实践经验来看，建立内部争议解决机制是有必要的。如果有类似机制的存在，那么亚投行所涉及的雇佣合同争议就很容易在豁免权和人权之间找到平衡。

论国际人道法中的人盾问题*

朱 路**

摘 要： 国际法的发展使人盾从纯粹的道德问题转变为法律问题，尽管条约法和习惯法均禁止使用人盾，但许多相关问题存在不确定性，引发关于人盾的大量争议。作为先决问题，人盾是否存在，要求确定是否具有掩护军事目标或军事行动的意图，一旦确立，将引发人盾是否构成直接参加敌对行动的身份问题，以及通过区分原则、比例原则和预防措施来评估具体攻击的合法性问题。人盾集中体现了国际人道法的当代困境，应通过澄清现有规则予以解决。

关键词： 人盾；直接参加敌对行动；区分原则；比例原则；预防措施

人体盾牌（human shield），简称人盾，可以从通俗和法律两种不同的角度来理解。通俗意义上的人盾，是指不顾自己的安危、使用自己的身体保护他人的做法，其历史悠久，在各个时代、各个文明中都能找到相似的案例。比如，在中国历史上，东汉末年宛城之战中，典韦以肉身挡住城门掩护曹操逃走〔1〕；西晋“八王之乱”中，嵇绍只身护主血溅帝衣〔2〕；五代末期，张琼为后来的北宋开国皇帝赵匡胤挡箭〔3〕。这种做法历来被视为英雄壮举，是

---

* 本文为国家社科基金青年项目（15CFX068）和北京市教委教师队伍建设（青年拔尖人才项目）阶段性成果。

** 朱路（1982—），男，首都经济贸易大学法学院副教授，研究方向：国际人道法。

〔1〕《资治通鉴·第六十二卷·汉纪五十四·建安二年》：“操中流矢，败走，校尉典韦与绣力战，左右死伤略尽，韦被数十创。绣兵前搏之，韦双挟两人击杀之，瞋目大骂而死。”

〔2〕《晋书·忠义传·嵇绍》：“值王师败绩于荡阴，百官及侍卫莫不散溃，唯绍俨然端冕，以身捍卫，兵交御辇，飞箭雨集，绍遂被害于帝侧，血溅御服，天子深哀叹之。”

〔3〕《宋史·卷二百五十九·列传第十八·张琼》：“及攻寿春，太祖乘皮船入城壕。城上车弩遽发，矢大如椽，琼亟以身蔽太祖，矢中琼股，死而复苏。”

褒扬和追思的对象，引发的是道德评价，产生的是道德影响。法律意义上的人盾特指从国际人道法的角度，在战争或武装冲突中，如平民、战俘等受法律保护之人主动或被动、有意或无意地使用其被保护的身份，来便利或阻碍军事行动的行为。相比通俗意义上的人盾，这种人盾出现的时间要晚得多，虽然同样引发道德评价，但常被视为懦夫或无赖的可鄙行径。此外，发达、便捷的现代媒体能够将人盾的遭遇以图像或文字的方式实时传播到全世界，从而对公众舆论、政府决策、国际关系等产生一定影响，但最关键的问题则在于法律层面，即有关主体在国际人道法〔1〕中的身份如何，以及有关行为是否合法。通俗意义上的人盾发生于历史中，而法律意义上的人盾发生于现代，前者只涉及道德，后者以法律为核心，产生道德、舆论、政治等多方面影响。本文将从国际人道法的角度，分四个部分讨论人盾问题，首先分析人盾成为法律问题的原因和历程，其次讨论人盾的身份和攻击的合法性，接着研究关于人盾的国际司法实践，最后得出结论。

一、人盾问题的产生和演变

在很长一个历史时期，人盾只是道德问题，但从19世纪中期开始，战争法的发展为人盾成为法律问题提供了可能性。1856年《巴黎宣言》拉开了战争法编纂的序幕，自此以往，国际社会通过各种场合和努力，如1899年和1907年两次海牙和会以及1949年和1977年两次日内瓦外交会议，大大推动了战争法的编纂和发展，不仅用条约确认和厘清了关于战争的习惯法，还发展和制定了新规则。这个进程的直接后果是，受战争法保护的人员越来越多，保护的规则越来越详细，广度和深度都不断增加的法律保护正是人盾成为法律问题的前提和基础。

国际法中的人盾问题始于19世纪中后期劫持人质进行所谓“预防性报复”（prophylactic reprisals），即一方通过迫使非战斗员的生命或健康处于危险中，来防止敌人诉诸该方认为非法的某些行为。例如，美国内战期间（1861~1865），联邦军队认为某些情况下使用地雷非法，便用抓获的邦联军队的俘虏或居民在疑似雷区的地方探路。普法战争期间（1870~1871），普鲁士为了解决其所占领的阿尔萨斯和其他法国领土上频繁发生的袭击火车事件，便将

〔1〕在历史语境中，本文则使用“战争法”一词。

“众所周知和广受尊敬”的法国国民放在火车头上，这样当地居民进行敌对行动便会首先伤及同胞。第二次布尔战争（1899~1902）期间，英国和布尔人都采用了类似做法。“预防性报复”在直到20世纪初的战争中仍时有发生，但理论界几乎一致予以谴责，称之为当时战争法的一大“燃眉之急”（burning questions），认为战斗应该限于士兵之间，将非战斗员作为“盾牌”（shield）抵御敌人的行为“武德甚少”（little military virtue）、“更不公平”（more unjust）。[1]国际法学家从道德角度来评判人盾问题似乎有些奇怪，但在那个时代只能如此，主要因为：第一，人盾的表现形式为通过劫持人质进行报复，而无论劫持人质还是报复在当时都合法。近代国际法中，劫持人质通常是指关押对方国民以保障遵守停战协定或其他条约，是释放、交换人质还是继续关押甚至杀害，取决于是否善意履行、背信弃义等。报复则是一种非常重要的救济手段，尽管表面上看非法使用了武力，但这是对之前发生的非法行为的回应，以迫使对方遵守国际法，因此具有正当性和合法性。第二，尚不存在有关条约规则。第一个界定战斗员、规定保护战俘的国际条约《陆战法规和惯例公约》1899年才出现，完全没有提及报复和劫持人质，也几乎没有明确规定保护平民。“预防性报复”的主要使用者和战争法编纂的主要参与者出现重合，如普鲁士（德国）和英国，以及更关注如何保障和维护战斗员利益的时代精神，使得人盾无法成为战争法的主要问题。例如，直到1914年，英国才在其《军事法手册》“劫持人质”的条目下首次提及人盾，但也只是含混地认为，在被占领领土上，将声名显赫的当地居民劫持为人质置于火车头上以防止非法攻击的做法不能说是“值得赞美”（commendable），而且为了确保伤病员、战俘得到合适待遇而将本地居民劫持为人质是合法行为。[2]换言之，直到一战前后，人盾问题主要是劫持被占领领土上的平民作为人质以防止当地平民（非法）攻击，虽有道德上的疑虑但并不违反战争法。

一战后，条约中开始出现有关人盾的规定，并禁止了之前的某些做法。1929年《关于战俘待遇的日内瓦公约》首次明确禁止对战俘进行报复，规定在俘获战俘后应尽快将其撤退至远离战斗地带的地点以保证安全，禁止使用

---

〔1〕 James Molony Spaight, *War Rights on Land*, Macmillan, 1911, pp. 466~468.

〔2〕 British War Office, Manual of Military Law 1914, p. 306, available at https://babel.hathitrust.org/cgi/pt? id=mdp.39015031059614; view=1up; seq=330.

战俘从事与作战行动有任何直接关系或危险的工作。[1]二战后，同盟国军事法庭在德国进行了两场关于人盾的审判，都涉及战俘，都将上述规定作为主要法律依据。1946年5月，设在德国吕讷堡（Lüneburg）的英国军事法庭审理了库尔特·斯徒登特（Kurt Student）案。被告是一名德军将领，被控于1941年5月至6月间的希腊克里特岛战役中犯下8项战争罪，其中第1项和第5项有关使用英国战俘作为德军推进的屏障（screen），检方认为此举“显然违反”1929年《关于战俘待遇的日内瓦公约》的有关规定，构成虐待战俘，但最终这两项指控没有成立。[2]1947年年末至1948年10月，设在德国纽伦堡的美国军事法庭审理了High Command案，赫尔曼·霍特（Hermann Hoth）是14名受审的德军将领之一。根据霍特领导的第17军团副参谋长（Oberquartiermeister）1941年10月29日的战争日志记载，将苏联战俘和居民安排在德军驻扎的建筑物内，经证明是针对敌人安放定时炸弹的“实用对策”，因为这些战俘或居民“在很短时间内就找到并消除了定时炸弹的危害”。法庭未能确认霍特使用人盾，但宣布“使用战俘作为军队的盾牌违背了国际法”，而且“如果证明属实，迫使战俘走在推进的敌军前方并因此构成对后者的保护，仅仅这个行为本身就将构成另一种战争罪”。[3]

二战后，人盾问题受到越来越多的关注，一方面体现在条约反复宣告使用人盾为非法，另一方面表现于使用人盾日渐成为当代战争和武装冲突的一大特征。由于二战的深重灾难和人权概念的兴起，平民取代了战斗员成为战争法条约的首要关切，对平民保护之多前所未有，形成战争法的“人性化”（humanization）[4]趋势。同时，传统的国家间战争几乎消失使得战俘出现的概率大大降低，当代战争和武装冲突越来越多地发生于平民聚集的城镇和地

---

〔1〕 1929年《关于战俘待遇的日内瓦公约》第2条、第7条、第31条、第32条。

〔2〕 对斯徒登特的8项指控中，只有第2、3、6项成立，其中第2项关于让战俘从事被禁止的工作，第3和第6项关于杀害战俘。United Nations War Crimes Commission, Law Reports of Trials of War Criminals, Volume IV, His Majesty's Stationery Office, 1948, pp. 118-120, available at https://www.loc.gov/rr/frd/Military_ Law/pdf/Law-Reports_ Vol-4. pdf.

〔3〕 United Nations War Crimes Commission, Law Reports of Trials of War Criminals, Volume XII, His Majesty's Stationery Office, 1949, pp. 104-105, available at https://www.loc.gov/rr/frd/Military_ Law/pdf/Law-Reports_ vol-12. pdf.

〔4〕 Theodor Meron, "The Humanization of Humanitarian Law", *The American Journal of International Law*, vol. 94, 2 (2000), pp. 239-278.

区，较弱一方频繁采用人盾等非常规战术和手段以扭转劣势，导致平民再次成为人盾的主要来源。在波黑战争、阿富汗战争[1]、伊拉克战争[2]、第二次黎巴嫩战争[3]、2008~2009年加沙战争[4]、2014年加沙战争[5]、利比亚内战[6]、叙利亚内战[7]等一系列战争和武装冲突中，人盾已经成为一种

---

〔1〕“The Guardian, Taliban using human shields, says Afghan army general, 17 February 2010”, available at https://www.theguardian.com/world/2010/feb/17/taliban-human-shields.

〔2〕伊拉克战争爆发前夕，2003年1月25日，一名曾参加过海湾战争的前美国海军陆战队队员率领大约50名志愿者，从伦敦乘坐汽车前往伊拉克充当人盾，意图阻止美英联军入侵伊拉克，参见BBC，“‘Human shields’ head for Iraq”, 25 January 2003, available at http://news.bbc.co.uk/1/hi/uk/2693289.stm。

〔3〕2006年7月至8月之间黎巴嫩和以色列爆发的这场武装冲突在黎巴嫩则被叫作“七月战争”。关于真主党在这场武装冲突中是否以及多大规模上使用黎巴嫩平民作为人盾，存在争议，例如，一个由以色列退役情报人员成立的智库在2006年12月5日发布了一份长达305页的报告，指控真主党频繁使用人盾，参见Reuven Erlich，“Hezbollah's Use of Lebanese Civilians as Human Shields”: The Extensive Military Infrastructure Positioned and Hidden in Populated Areas. From Within the Lebanese Towns and Villages Deliberate Rocket Attacks were Directed against Civilian Targets in Israel. November 2006, Center for Special Studies, available at http://www.terrorism-info.org.il/en/19120/；而NGO人权观察2007年9月5日发布的报告则认为，真主党的确偶有从人口稠密地区发射火箭弹、其战斗员混合于黎巴嫩平民之中或在人口稠密地区储藏武器等违反国际人道法的行为，但这种做法能不能称得上“人盾”令人怀疑，而且并不广泛，也不是导致黎巴嫩平民伤亡的首要原因，参见Human Rights Watch, Why They Died: Civilian Casualties in Lebanon during the 2006 War, 5 September 2007。

〔4〕2008年12月至2009年1月间，以色列对巴勒斯坦加沙地带的哈马斯展开代号为“铸铅行动”的军事行动，以色列国防军多次使用巴勒斯坦平民作为人盾。参见《联合国加沙冲突问题实况调查团的报告》，A/HRC/12/48。

〔5〕2014年7月至8月间，以色列对巴勒斯坦加沙地带的哈马斯展开代号为“护刃行动”的军事行动，以色列国防军多次使用巴勒斯坦平民作为人盾。参见2014年加沙冲突问题联合国独立调查委员会的报告，A/HRC/29/52。

〔6〕2011年3月，数千名卡扎菲支持者聚集在卡扎菲住所充当人盾试图阻止北约空袭，参见The Reuters，“Libyans form human shield at Gaddafi's compound”, 19 March 2011, available at https://www.reuters.com/article/us-libya-humanshield/libyans-form-human-shield-at-gaddafis-compound-idUSTRE72I3NB20110319；4月，北约指控利比亚政府军使用人盾，参见The Washington Post，“NATO says Gaddafi forces use human shields”, 6 April 2011, available at https://www.washingtonpost.com/world/nato-says-gaddafi-forces-use-human-shields/2012/04/01/AFlj5qrC_story.html?utm_term=.debdd5535c95；8月，利比亚反对派武装指控利比亚政府军使用人盾，参见The Guardian，“Gaddafi forces using human shields, Libya rebels claim”, 28 August 2011, available at https://www.theguardian.com/world/2011/aug/28/gaddafi-forces-human-shields-libya。

〔7〕内战早期，叙利亚政府军曾将儿童劫持为人质或作为人盾，参见联合国阿拉伯叙利亚共和国问题独立国际调查委员会2012年的报告（A/HRC/21/50），后来，伊斯兰国组织（ISIS）和叙利亚各个反对派武装团体经常使用平民作为人盾，参见联合国阿拉伯叙利亚共和国问题独立国际调查委员会2015年的报告（A/HRC/30/48）和2017年的报告（A/HRC/34/64）。

常见现象，造成大量平民伤亡，引发巨大争议。

二、人盾的身份和攻击的合法性

1949年日内瓦四公约和1977年两个附加议定书将之前条约只禁止报复战俘的规定扩展到一般禁止报复平民、战俘等人员和民用物体等物体〔1〕，还禁止劫持人质〔2〕，使得不能再将报复或劫持人质作为使用人盾的理由，并禁止将战俘、“被保护人”、医务人员、平民等作为人盾，如有违反，则构成1998年《国际刑事法院罗马规约》（以下简称《罗马规约》）中的战争罪〔3〕。具体说来，《日内瓦第三公约》第23条禁止将战俘用作人盾，规定“无论何时不得将战俘送赴或拘留于战斗地带炮火所及之地，亦不得利用彼等安置于某点或某地区以使该处免受军事攻击”，这比1929年《关于战俘待遇的日内瓦公约》的规定更绝对、直接和具体。《日内瓦第四公约》第28条禁止将“被保护人”〔4〕用作人盾，规定“对于被保护人不得利用其安置于某点或某地区以使该处免受军事攻击”。1977年之前，只存在这两个明确禁止使用人盾的条约规则，只涉及战俘和“被保护人”，而1977年《第一附加议定书》除了明

〔1〕 1949年《改善战地武装部队伤者病者境遇之日内瓦公约》（即《日内瓦第一公约》）第46条、1949年《改善海上武装部队伤者病者及遇船难者境遇之日内瓦公约》（即《日内瓦第二公约》）第47条均禁止报复伤病员等人员和物体，1949年《关于战俘待遇之日内瓦公约》（即《日内瓦第三公约》）第13条禁止报复战俘，1949年《关于战时保护平民之日内瓦公约》（即《日内瓦第四公约》）第33条禁止报复被保护人及其财产。1977年《第一附加议定书》第20条、第51条第6款、第52条第1款、第53条第3款、第54条第4款、第55条第2款、第56条第4款均禁止对平民和民用物体等进行报复。

〔2〕 日内瓦四公约共同第3条禁止在一缔约国之领土内发生的非国际性武装冲突中，将“不实际参加战事之人员，包括放下武器之武装部队人员及因病、伤、拘留、或其它原因而失去战斗力之人员在内”，作为人质。《第一附加议定书》第75条第2款第3项禁止“在任何时候和任何地方，也不论是平民或军人的行为”，将在冲突一方权力下的人作为人质。《第二附加议定书》第4条第2款第3项禁止“在任何时候和在任何地方”将“一切未直接参加或已停止参加敌对行动的人”作为人质。

〔3〕 《罗马规约》第8条第2款第1项第8目和第8条第2款第3项第3目规定，在国际性和非国际性武装冲突中，“劫持人质”均构成战争罪。第8条第2款第2项第23目规定，在国际性武装冲突中，“将平民或其他被保护人置于某些地点、地区或军事部队，利用其存在使该地点、地区或军事部队免受军事攻击”构成战争罪。

〔4〕 该术语特指《日内瓦第四公约》所适用的人群，公约第4条规定，“在冲突或占领之场合，于一定期间内及依不论何种方式，处于非其本国之冲突之一方或占领国手中之人，即为受本公约保护之人”，同时又说明受《日内瓦第一公约》或《日内瓦第二公约》或《日内瓦第三公约》保护之人“不得认为本公约意义内之被保护人”。

确禁止将平民用作人盾，还禁止用医务人员、医务飞机掩护军事目标[1]，也是首次使用“shield”[2]一词的国际条约。

日内瓦四公约和《第一附加议定书》中禁止人盾的规则适用于国际性武装冲突，但非国际性武装冲突中缺乏明确规定。《第二附加议定书》的草案曾包括类似《第一附加议定书》直接禁止将平民用作人盾的规定[3]，不过最终文本删除了该款，转而以间接的方式处理人盾问题。《第二附加议定书》第5条第1款第2项规定“对于基于有关武装冲突的原因而自由被剥夺的人”，应提供免受武装冲突危害的保护；第3项以《日内瓦第三公约》第23条和《日内瓦第四公约》第83条[4]为基础，规定“拘禁和拘留的地方不应接近战斗地带……在其拘禁或拘留的地方特别容易遭受武装冲突所造成的危险时，如果撤退能在充分安全的条件下进行，应予撤退”；第13条第1款规定“平民居民和平民个人应享受免于军事行动所产生的危险的一般保护”。在非国际性武装冲突中使用人盾，明显违反了上述条约规定。不仅如此，还可以通过已经成为习惯国际法规则的区分原则、预防措施和日内瓦四公约共同第三条等，推断在非国际性武装冲突中同样禁止人盾。

这样，从1949年到1998年，历时半个世纪，国际条约中已经存在完整的禁止人盾的规则链条，在国际性和非国际性武装冲突中禁止人盾，不仅是条约法，也已成为习惯法。[5]其中，禁止将战俘、“被保护人”、医务人员用

---

〔1〕《第一附加议定书》第12条第4款规定，“在任何情况下，均不应利用医疗队以掩护军事目标不受攻击。冲突各方应尽可能保证医疗队设在对军事目标的攻击不致危害其安全的地方”；第28条第1款规定“禁止冲突各方利用其医务飞机，以图从敌方取得任何军事利益。医务飞机的存在不应被利用，以图使军事目标不受攻击。”与禁止平民作为人盾掩护军事目标或军事行动的规定相比，《第一附加议定书》仅禁止医务人员和医务飞机掩护军事目标，这是因为军事行动中经常出现医务人员抢救伤病员，已有较多规则对此种情形下的医务人员和设施等进行保护，如《日内瓦第一公约》第3~6章、《日内瓦第二公约》第3~5章等。

〔2〕《第一附加议定书》将“shield”一概用作动词，因此中文本将其翻译为“掩护”而不是作为名词的“盾牌”。

〔3〕《第二附加议定书》草案第26条第5款规定，冲突各方不得使用平民居民或平民个人企图掩护军事目标不受攻击。See Official Records of the Diplomatic Conference on the Reaffirmation and Development of International Humanitarian Law Applicable in Armed Conflicts (Geneva, 1974-1977), vol. I, p. 40.

〔4〕除其他事项，该条首先强调“拘留国不得将拘禁处所设立于特别冒战争危险之区域”。

〔5〕Jean-Marie Henckaerts & Louise Doswald-Beck, eds., *Customary International Humanitarian Law: Volume 1: Rules*, Cambridge University Press, 2005, pp. 337-340; Jean-Marie Henckaerts & Louise Doswald-Beck, eds., *Customary International Humanitarian Law: Volume 2: Practice*, Cambridge University Press, 2005, pp. 2285-2302.

作人盾相对简单、明确，但关于平民则要复杂许多。

（一）人盾是否存在：意图问题

平民和战斗员或军事目标可能同时出现，比如军队驻扎在城镇内、外或附近，战争法对此并不一般禁止，问题在于平民的存在或移动如何或何时构成战争法禁止的人盾。《第一附加议定书》第51条第5款第1项规定，“使用任何将平民或民用物体集中的城镇、乡村或其它地区内许多分散而独立的军事目标视为单一的军事目标的方法或手段进行轰击的攻击”，属于不分皂白的攻击，应被禁止。谈判期间，该款虽有争议，〔1〕但最终包括该规定在内的整个51条获得通过，红十字国际委员会称之为“《第一附加议定书》最重要的条文之一”，即使是对该条的“部分保留”也会危及这个“不可缺少的规定的目标和目的”〔2〕。尽管这个规定绝对禁止不加区分地攻击位于平民区域的军事目标，但没有涉及军事目标位于平民区域这一问题。第58条有关军事目标的位置问题，规定“冲突各方应在最大可能范围内……努力将其控制下的平民居民、平民个人和民用物体迁离军事目标的附近地方……避免将军事目标设在人口稠密区内或其附近”。然而，“最大可能范围内”意味着这种义务弹性较大，“人口稠密区”的措辞显然对人口的多少有某种程度的要求，将军事目标放置在有平民的区域本身并不违反该规定，即使人口不“稠密”的主张不成立，也可以用“尽了力”作为理由。简而言之，根据《第一附加议定书》，在平民区域放置军事目标本身不一定违法，但另一交战方有区分的绝对义务。

《第一附加议定书》第51条第7款也绝对禁止平民人盾，规定“平民居民或平民个人的存在或移动不应用于使某些地点或地区免于军事行动，特别是不应用以企图掩护军事目标不受攻击，或掩护、便利或阻碍军事行动。冲

〔1〕 法国认为，要确定位于小村庄、小城镇的“分散而独立的军事目标”是难以实现的，因为如果严格遵守该规定的话，就不能在平民居住或移动到的地方部署战斗员，从而可能严重危及行使自卫权。最终，第51条以77票赞成、16票弃权和1票反对而通过，法国投了唯一的反对票。See Official Records of the Diplomatic Conference on the Reaffirmation and Development of International Humanitarian Law Applicable in Armed Conflicts (Geneva, 1974-1977), vol. VI, pp. 162-163. 法国将该款与自卫权联系起来站不住脚，如同红十字国际委员在对该款的评论中指出的那样，“自卫权不包括使用违反国际人道法的措施，即使是在安理会确立和承认的侵略中”，因此大部分参会国家均支持该款。See International Committee of the Red Cross, Commentary on the Additional Protocols of 8 June 1977 to the Geneva Conventions of 12 August 1949, Geneva: Martinus Nijhoff Publishers, 1987, p. 615.

〔2〕 International Committee of the Red Cross, *Commentary on the Additional Protocols of 8 June 1977 to the Geneva Conventions of 12 August 1949*, Martinus Nijhoff Publishers, 1987, pp. 615-616.

突各方不应指使平民居民或平民个人移动，以便企图掩护军事目标不受攻击，或掩护军事行动”。该规定区分了两种类型的人盾，第一段涉及“消极”人盾，即只是利用了已经发生的平民存在或移动来掩护军事目标或军事行动，比如军队推进时刚好遇到有平民居住的村庄便将其作为掩护，或撤退时偶遇逃难的平民而与其一起行进；第二段有关“积极”人盾，是指在没有平民的存在或移动的情况下，主动创造这种情形来掩护军事目标或军事行动，例如强行将平民置于军事目标，或者通过激发平民的某种情感使其自发置于军事目标。第一段既包括平民主动、自愿充当人盾，也包括平民在不知情的情况下被用作人盾，第二段则包括平民被迫和主动充当人盾两种情况。

但如何区分人盾与第58条允许的在平民区域放置军事目标？为了解决这个问题，第51条第7款要求无论“消极”还是“积极”人盾都要存在掩护军事目标或军事行动的“企图”，《罗马规约》关于使用人盾构成战争罪的犯罪要件也强调了“意图”。〔1〕证明“积极”使用人盾的意图相对容易，特别是如果使用人盾的一方公开表明了这种意图，比如海湾战争期间（1990~1991），伊拉克在本国和科威特境内扣留了数百名外国人，将其关押于战略和军事目标作为人盾，以阻止多国部队的军事行动，萨达姆宣称这些“客人”的存在“是为了避免战争的灾祸”，〔2〕联合国安理会和大会分别谴责了伊拉克扣留〔3〕和使用人盾〔4〕的行为。“消极”使用人盾的情形中，平民的存在或移动是已经发生而不是故意造成的，如果因为条件所限，交战一方只能在这样的环境下进行军事行动，证明是否存在“附带”利用人盾的意图挑战很大。例如，第二次黎巴嫩战争期间，对于真主党将武器存放于平民家中或在平民居住区

〔1〕《犯罪要件》第8条第2款第2项第23目“战争罪——利用被保护人作为掩护”规定：“1. 行为人移动一名或多名平民或受武装冲突国际法规保护的其他人，或以其他方式利用这些人所处位置。2. 行为人故意使军事目标免受攻击，或掩护、支持或阻挠军事行动。3. 行为人在国际武装冲突情况下发生并且与该冲突有关。4. 行为人知道据以确定存在武装冲突的事实情况。”

〔2〕BBC，“1990：Outrage at Iraqi TV hostage show”，23 August 1990，available at http://news.bbc.co.uk/onthisday/hi/dates/stories/august/23/newsid_ 2512000/2512289.stm；BBC，“1990：Iraq frees British hostages”，10 December 1990，available at http://news.bbc.co.uk/onthisday/hi/dates/stories/december/10/newsid_ 2544000/2544281.stm.

〔3〕安理会1990年8月18日第664号决议“要求伊拉克准许和便利第三国国民立即离开科威特和伊拉克”，参见S/RES/664（1990）。

〔4〕大会1991年12月17日46/134号决议对伊拉克政府“扣押人质和以人作为‘人体盾牌’”等行为“深感关切”，参见A/Res/46/134（1991）。

里发射火箭弹的行为，以色列认为这就构成故意使用人盾，而NGO人权观察则认为，只在“相对很少的情况下，真主党可能明确想将平民的存在用作掩护自己免受反攻的盾牌”[1]。换言之，在别无选择的情况下，交战方可能纯粹是想进行军事行动，而没有利用平民掩护自己的意图，除非有特别明确、直接的证据，否则证明“消极”使用人盾的意图可能十分困难。

简而言之，是否存在掩护军事目标或军事行动的意图，是区别战争法禁止的人盾和允许平民和战斗员或军事目标同时出现的关键，也是国际性武装冲突中使用人盾构成战争罪的关键，但无论是《第一附加议定书》还是《罗马规约》都没有关于如何证明意图的规定，因此应一事一议、逐例分析。即使无法确定掩护军事目标或军事行动的意图是否存在，也最多是无法断定是否存在使用人盾这种被禁止的行为，并不影响交战方的有关法律义务，尤其是预防措施的要求。

（二）攻击是否合法：预防措施

《第一附加议定书》中预防措施的规定适用所有冲突方，但要求不尽一致，其核心是即使一方使用人盾，另一方也不能因此而任意进行军事行动，特别是仍要遵守预防措施的要求。预防措施在任何时候均不得解除，即使一方违反保护平民的规定，包括使用人盾，也“不应解除冲突各方关于平民居民和平民的法律义务，包括……采取预防措施的义务”[2]。对于攻击方来说，《第一附加议定书》还设置了三项要求。第一，为取得同样的军事利益，如果有可能在几个军事目标之间进行选择，应选择“预计对平民生命和民用物体造成危险最小的目标”[3]，即选择不被人盾掩护的军事目标。第二，不存在替代选择时，也应“在选择攻击手段和方法时，采取一切可能的预防措施，以期避免，并无论如何，减少平民生命附带受损失、平民受伤害和民用物体受损害”[4]。第三，“除为情况所不许可外，应就可能影响平民居民的攻击发出有效的事先警告”[5]。这三项规定形成一个层层递进、较为完整的链条。

---

〔1〕 Human Rights Watch, “Why They Died: Civilian Casualties in Lebanon during the 2006 War”, 5 September 2007, p. 16.

〔2〕《第一附加议定书》第51条第8款。

〔3〕《第一附加议定书》第57条第3款。

〔4〕《第一附加议定书》第57条第2款第1项第2目。

〔5〕《第一附加议定书》第57条第2款第3项。

然而，实践中，事先警告常被用作进行“合法”攻击的理由，例如，第二次黎巴嫩战争期间，以色列在发动攻击前，常通过媒体、广播、飞机抛洒传单等方式进行警告，要求黎巴嫩平民按指令撤离清场，并将所有留下的人视为战斗员。[1]这种做法在理论上显然错误，不仅因为将交战方事先警告的义务与有关人员的身份这两个无关问题联系起来，而且直接参加敌对行动，将留下来的平民视为战斗员。从实践中看，即使平民收到了要求撤离的警告，也可能由于各种实际困难，比如没有交通工具、道路被毁、患病或年迈、根本无处可去、外出甚至更加危险而不能或不愿离开。[2]关于防御方，预防措施要求在最大可能范围内“努力将其控制下的平民居民、平民个人和民用物体迁离军事目标的附近地方……避免将军事目标设在人口稠密区内或其附近”以及采取其他必要的预防措施。[3]预防措施对防御方的要求相对宽松，无论是内容上还是措辞上，比如，要求攻击方“应”采取预防措施，而要求防御方“努力”和“避免”。这是因为防御方已经一般处于劣势，如果过分强调其将平民迁离军事目标的责任，会不当地限制或损害防御方的军事能力，况且《第一附加议定书》第51条第8款已明确规定在保护平民的问题上不考虑互惠。

总之，对攻击方来说，尽管军事目标的选择和事先警告可视情况而调整，但预防措施是无论如何都必须履行的义务，而且即使做出有效的事先警告，也不能仅根据平民留下的事实而将其定为自愿人盾，更不能将其作为战斗员。

（三）攻击是否合法：直接参加敌对行动与区分原则

如上所述，对于是否构成战争罪来说，使用人盾掩护军事目标或军事行动的意图具有决定性，而不是人盾是自愿还是非自愿，但是否自愿充当人盾对平民本身的身份和攻击的合法性可能产生影响。平民并非一个不证自明的概念，定义存在一些固有问题，[4]简单来说，平民是不属于战斗员类别的人，而战斗员是有权直接参加敌对行动的人，[5]平民虽然享有免受直接攻击之一

---

〔1〕 Human Rights Watch，“Why They Died：Civilian Casualties in Lebanon during the 2006 War”，5 September 2007，p. 6.

〔2〕 2006年联合国黎巴嫩调查委员会报告，A/HRC/3/2，第42页。

〔3〕《第一附加议定书》第58条。

〔4〕 关于战斗员和平民的问题，参见朱路：“论国际人道法中的平民概念——兼评红十字国际委员会《解释性指南》”，载《暨南学报（哲学社会科学版）》2013年第6期；朱路：“论国际人道法中的战斗员概念及其当代挑战”，载《广西大学学报（哲学社会科学版）》2015年第4期。

〔5〕《第一附加议定书》第43条第2款。

般保护，但如果直接参加敌对行动，便会在此期间失去保护，〔1〕即攻击正在直接参加敌对行动的平民并不违反区分原则。问题在于，直接参加敌对行动具体内涵十分模糊，红十字国际委员会曾于2009年发布《国际人道法中直接参加敌对行动定义的解释性指南》（以下简称《解释性指南》），提出三个构成要件，即损害下限、直接因果关系和交战联系，〔2〕试图填补理论空白，但争议颇多，本身也不具有法律效力。〔3〕尽管如此，由于红十字国际委员会在国际人道法领域的巨大影响力，以及《解释性指南》作为迄今唯一讨论直接参加敌对行动的文件，下文将简要参考《解释性指南》以阐明一些基本问题。

《解释性指南》提出的三个直接参加敌对行动的构成要件，一般都是客观表现，与主观意图无关，特别是损害下限和直接因果关系。因此，是否有充当人盾的故意，本不会影响人盾是否构成直接参加敌对行动，即自愿和非自愿人盾在是否构成直接参加敌对行动的判断标准上应该是一致的、没有区别的。交战联系虽然也一般无关参加个体的主观意图，但设置了某些例外将直接参加敌对行动与主观意图联系起来，比如“完全被剥夺了身体上的行动自由”的非自愿人盾。〔4〕《解释性指南》还进一步将自愿人盾分为构成军事行动“物理障碍”和“法律障碍”两类，前者是指武器威力不大的时候用身体阻止对方移动，后者是指使比例评估的参数发生不利于进攻方的变化。〔5〕这种区分虽然可能反映了当代战场的现实，但不必要地将本来就很复杂的人盾问题进一步复杂化，而且《解释性指南》本身对“物理障碍”的人盾看法就前后矛盾：一方面认为此种人盾满足损害下限的要求，但行为与损害结果之

---

〔1〕《第一附加议定书》第51条第3款、《第二附加议定书》第13条第3款。

〔2〕根据《解释性指南》，一项具体行为必须同时满足以下条件才能构成直接参加敌对行动：1. 该行为必须很可能对武装冲突一方的军事行动或军事能力造成不利影响，或者致使免受直接攻击之保护的人员死亡、受伤或物体毁损（损害下限）；2. 在行为与可能因该行为（或该行为作为有机组成部分的协同军事行动）所造成的损害之间必须存在直接的因果关系（直接因果关系）；3. 该行为必须是为了直接造成规定的损害下限，其目的是支持冲突一方并损害另一方（交战联系）。参见《解释性指南》中文版，第44页。

〔3〕参见朱路：“论国际人道法中的直接参加敌对行动——以红十字国际委员会《解释性指南》为视角”，载《河北法学》2014年第11期。

〔4〕《解释性指南》中文版，第58页。

〔5〕《解释性指南》中文版，第54页。

间的关系是间接的，不构成直接参加敌对行动；[1]另一方面又认为聚集在桥上阻止追赶叛乱团体的政府地面部队通过的自愿人盾构成直接参加敌对行动。因此，不应再将自愿人盾分类。

尽管在实践中，如同证明使用人盾是否存在掩护军事目标或军事行动的意图一样，证明人盾是自愿还是非自愿也十分困难，但理论界[2]和实务界一般都认为非自愿人盾，作为被劫持的人质，没有支持冲突一方反对另一方的意图，不存在交战联系，因此不构成直接参加敌对行动并继续受到保护。[3]关于自愿人盾则争议巨大，反对[4]和主张自愿人盾构成直接参加敌对行动的观点同样强烈。主张自愿人盾构成直接参加敌对行动的代表认为，自愿人盾采取肯定措施挫败对直接贡献于战争努力的物体或人员的损害，对军事行动产生直接因果关系，很难不将该行为视为直接参加敌对行动。[5]强调人盾支持冲突一方反对另一方的意图显示出交战联系以及行为与损害之间的直接因果关系是正确的，但仅有这两点还不够，因为尽管具体标准并未确定，对损害有“下限”的要求是没有争议的，必须达到一个起码的标准，如果只考虑损害存在或门槛设置过低，那么不仅是自愿人盾，很多根本不涉及人盾的平民也可能会被认为构成直接参加敌对行动，这就打破了国际人道法中人道精

〔1〕《解释性指南》中文版，第54~55页。

〔2〕如 Michael N. Schmitt，“Human Shields in International Humanitarian Law”，*Columbia Journal of Transnational Law*，vol. 47，2（2009），p. 336；Eduard Hovsepyan，“Legality of Attacks Against Human Shields in Armed Conflict”，*UCL Journal of Law and Jurisprudence*，vol. 6，1（2017），p. 181.

〔3〕例如，以色列最高法院在 Targeted Killings 一案中就认为，如果平民是被恐怖分子强迫作为人盾，那么那些无辜的平民不能被视为正在直接参加敌对行动。他们自己也是恐怖主义的受害者。然而，如果他们这么做是出于自己的自由意志，是为了支持恐怖组织，则应被视为直接参加敌对行动。参见 The Public Committee against Torture in Israel v. The Government of Israel，HCJ 769/02，13 December 2006，para. 36.

〔4〕如 Rewi Lyall，“Voluntary Human Shields，Direct Participation in Hostilities and the International Humanitarian Law Obligations of States”，*Melbourne Journal of International Law*，vol. 9，2（2008），pp. 313-333；Shannon Bosch，“Targeting Decisions involving Voluntary Human Shields in International Armed Conflicts in Light of the Notion of Direct Participation in Hostilities”，*The Comparative and International Law Journal of Southern Africa*，vol. 46，3（2013），pp. 447-473；Shannon Bosch，“Voluntary Human Shields：Status-less in the Crosshairs?”，*The Comparative and International Law Journal of Southern Africa*，vol. 40，3（2007），pp. 322-349.

〔5〕如 Michael N. Schmitt，“Human Shields in International Humanitarian Law”，*Columbia Journal of Transnational Law*，vol. 47，2（2009），p. 318；Yoram Dinstein，“Direct Participation in Hostilities”，*Tilburg Law Review*，vol. 18，1（2013），p. 14.

神和军事必要之间的平衡。

《解释性指南》试图将直接参加敌对行动建构为一种客观表现，保障适用的可预见性，无疑是正确的。《解释性指南》只明确承认诸如非自愿人盾这样的例外情形下，主观意图会影响确立交战联系的确立，似乎说明主观因素只涉及交战联系，与损害下限和直接因果关系不大，但深究起来，损害下限和直接因果关系也不同程度涉及主观上的解释，尤其是有最低程度要求的损害下限，更可能是一个见仁见智的事情。因此，人盾是否以及如何构成直接参加敌对行动，在理论和实践中的分歧将继续存在，直接参加敌对行动本身究竟应否界定也未形成一致意见，[1]但可以合理推测，即使自愿人盾满足交战联系的要求，对于其所造成损害下限的要求，跟其他平民一样，也必须要相当高，行为与损害的直接因果关系必须十分明确。因此，应一般推定自愿人盾不构成直接参加敌对行动，如同在有关人员是否平民的问题存疑时应将其作为平民一样。[2]这种观点似乎正在获得更多支持，例如，美国国防部2016年12月更新的《战争法手册》便暗示，一般情况下不将自愿人盾视为直接参加敌对行动。[3]

简而言之，非自愿人盾和自愿人盾一般都不构成直接参加敌对行动，如果直接攻击就会违反区分原则。即使人盾构成直接参加敌对行动，也不会影响其平民的身份，但这时的攻击就不属于不分皂白的攻击，相应地，攻击的合法性将由比例原则予以检验。

（四）攻击是否合法：比例原则

比例原则要求攻击所附带造成的平民伤亡、民用物体损毁，与预期的具体和直接军事利益相比不能过分，[4]如果超出限度，则为非法。与人盾是否构成直接参加敌对行动相比，人盾的伤亡最直接、最客观、产生最大的舆论和政治影响，因此，关于比例原则与人盾的争议要比关于直接参加敌对行动

---

〔1〕前南刑庭的观点很有代表性，认为没有必要精确地划定直接和非直接参加敌对行动的界限，根据受害者的有关事实判断在当时的具体情况下是否存在直接参加敌对行动足矣。See Prosecutor v. Duško Tadić aka "Dule", Case No.: IT-94-1-T, 7 May 1997, Trial Judgment, para. 616.

〔2〕《第一附加议定书》第50条第1款。

〔3〕该手册认为，只有特殊情况下，基于有关事实和情况，指挥官才可能将自愿人盾定性为正在直接参加敌对行动，即自愿人盾一般都不构成直接参加敌对行动。Department of Defense, Law of War Manual June 2015 (Updated December 2016), p. 270.

〔4〕《第一附加议定书》第51条第5款第2项、第57条第2款第1项第3目、第57条第2款第2项。

的争议激烈，大致可分为两部分，即比例原则是否适用人盾，以及如果适用的话，是否区分自愿和非自愿人盾。

主张比例原则不适用人盾的理由和范围不尽相同，比如，有学者将自愿人盾一概视为直接参加敌对行动，以此排除比例原则的适用。[1]照此逻辑，住在明显的潜在军事目标如军营附近的平民如果不离开自己家，就会构成直接参加敌对行动并进而失去保护，因此不能计入比例原则的评估。用平民的意愿来决定其能否受到保护存在被滥用的风险，即攻击方为了能更灵活地进行比例评估，会将所有位于军事目标附近的平民都视为自愿人盾。[2]还有学者撇开直接参加敌对行动，根据行为科学中的“间歇性增强”（intermittent reinforcement）规则，认为国际社会对人盾的回应不一致导致人盾在当代冲突中一再出现，因此应采用统一的方法，“对比例评估采取广义的理解，不管人盾的存在而允许进攻方实现军事目标”，即战斗员绝不允许人盾妨碍其实现军事目标。[3]这抹去了区分原则、预防措施等，片面强调军事利益，对人盾“格杀勿论”，完全背离了国际人道法的精神和目的。

与之相反的另一极是主张人盾[4]或自愿人盾[5]必须适用比例原则，但更多则认为比例原则虽然适用人盾，但评估的标准应该调整。有学者提出所谓“成比例的比例原则”（proportionate proportionality），认为当使用非自愿或不知情的人盾成为广泛或系统的政策一部分时，比例原则的措施必须要调整，评估时不能不考虑一方非法使用人盾的行为。[6]以色列最高法院在 Targeted Killings 一案中认为，包括对非自愿人盾在内的“无辜平民的伤害必须尤其要

〔1〕 Michael N. Schmitt, “Targeting and Humanitarian Law: Current Issues”, *International Law Studies*, vol. 80, 1 (2006), p. 174.

〔2〕 Stéphanie Bouchié de Belle, “Chained to Cannons or Wearing Targets on Their T-Shirts: Human Shields in International Humanitarian Law”, *International Review of the Red Cross*, vol. 90, 872 (2008), p. 902.

〔3〕 Margaret T. Artz, “Chink in the Armor: How a Uniform Approach to Proportionality Analysis Can End the Use of Human Shields”, *Journal of Transnational Law*, vol. 45, 5 (2012), pp. 1447-1487.

〔4〕 Emanuel Gross, “Use of Civilians as Human Shields: What Legal and Moral Restrictions Pertain to a War Waged by a Democratic State against Terrorism?”, *Emory International Law Review*, vol. 16, 2 (2002), pp. 445-524.

〔5〕 Nada Al-Duaij, “The Volunteer Human Shields in International Humanitarian Law”, *Oregon Review of International Law*, vol. 12, 1 (2010), p. 123.

〔6〕 Amnon Rubinstein and Yaniv Roznai, “Human Shields in Modern Armed Conflicts: The Need for a Proportionate Proportionality”, *Stanford Law & Policy Review*, vol. 22, 1 (2011), p. 121.

符合比例原则的要求”[1]，暗示自愿人盾的伤亡不会计入比例原则的考量。美国《战争法手册》关于比例原则与人盾关系的态度有巨大转折：2015年6月的版本宣称对人盾的伤害不计入比例原则的考量，因为如果将比例原则解释为允许使用人盾来禁止攻击，“将会有悖常理地鼓励使用人盾并允许防守方通过违反行为增加攻击方的法律义务”[2]；2016年12月的版本则认为，当防守方使用自愿人盾时，进攻方所造成的损害是否过分，需要考虑防守方使用自愿人盾所产生的责任，[3]暗示自愿人盾的出现至少可以放松比例评估的标准。英国的《武装冲突法手册》不区分人盾的种类，宣布比例原则适用于人盾，规定“即使使用人盾，也必须考虑比例规则”，但“衡量附带损失或伤害与预期的军事利益是否相称时，敌人的非法行为可加以考虑”，而且是做出“对攻击合法性的判断有利于攻击者”的因素。[4]如果放宽评价标准意味着保障攻击不违反比例原则，那么这种做法将产生内在的、无法调和的矛盾，因为对人盾适用比例原则首先就承认了人盾属于平民，评估的是平民而不是其他任何人的伤亡，但攻击无论如何“必须合法”，实际上又将人盾伤亡排除于比例原则之外，这不符合逻辑。尽管相对而言，出现自愿人盾时，调高可接受的平民伤亡限度存在现实中的合理性，但允许更多的平民伤亡直接背离了《第一附加议定书》关于预防措施的规定，而且，究竟应该调高到什么程度也会产生新的争议，并可能被滥用。

无论是将人盾伤亡完全排除在比例原则评估之外的激进观点，还是要求放宽比例原则评价标准的温和主张，其目的都是为了消除人盾给另一方带来的额外的法律考量和法律障碍，使得人盾失去法律中的影响，从而打消使用人盾的念头。然而，这两种主张都打破了军事必要和人道精神的平衡，存在被滥用的可能，危及对平民的保护。而且，这两种主张也似乎都首先忽略了一个事实，即比例原则具有很大的弹性，本身就不存在统一的计算公式或方法，只能一事一议地根据具体情况来评估攻击的合法性。因此，无论何种人盾的伤亡都应在比例原则的评估范围内，如何衡量军事利益与人盾伤亡，也

---

[1] The Public Committee against Torture in Israel v. The Government of Israel, HCJ 769/02, 13 December 2006, para. 42.

[2] Department of Defense, Law of War Manual June 2015, pp. 243, 245.

[3] Department of Defense, Law of War Manual June 2015 (Updated December 2016), pp. 263, 270.

[4] JSP 383: Joint Service Manual of the Law of Armed Conflict (2004 Edition), pp. 68, 26.

应该和任何其他攻击一样，视具体情况而定。

三、关于人盾的国际司法实践

人盾问题涉及许多弹性很大或内涵不明确的国际人道法概念、原则和规则，理论上争议很大，因此，国际法庭机构如何解释和适用有关条约法和习惯法，具有重要的讨论价值和参考意义。目前，有关人盾的案件主要集中于前南刑庭。

波黑战争期间，克罗地亚国防委员会（Croatian Defence Council/*Hrvatsko vijeće obrane*，HVO）设立监狱非法关押穆斯林作为交易筹码或进行种族清洗。Aleksovski案中，被告任这样一所监狱的指挥官，被控强迫被关押人员在HVO和波黑军队的前线或附近挖战壕，并将其用作人盾以保证穆斯林村庄投降。[1]审判庭认为，根据《前南刑庭规约》第7条第1款，[2]被告因为帮助和教唆使用被关押人员作为人盾或挖战壕构成对《前南刑庭规约》第3条"违反战争法和惯例的行为"所保护的个人尊严的暴行，罪名成立。[3]检方虽然指控被告违反了《前南刑庭规约》第2条"严重违反1949年日内瓦四公约的情事"[4]，但审判庭无法就该条是否适用达成一致，因此根据该条提起的两项罪状均未成立。[5]尽管上诉庭裁定有关冲突为国际性武装冲突，《前南刑庭规约》第2条应适用，但认为已经根据同样的事实以《前南刑庭规约》第3条

---

〔1〕 The Prosecutor v. Zlatko Aleksovski, Case No.: IT-95-14/1-T, 25 June 1999, Trial Judgment, p. 27.

〔2〕 第7条"个人刑事责任"规定："1. 凡计划、教唆、命令、犯下或协助煽动他人计划、准备或进行本《规约》第2至5条所指罪行的人应当为该项犯罪负个人责任。2. 任何被告人的官职，不论是国家元首、政府首脑或政府负责官员，不得免除该被告的刑事责任，也不得减轻刑罚。3. 如果一个部下犯下本《规约》第2至5条所指的任何行为，而他的上级知道或应当知道部下将有这种犯罪行为或者已经犯罪而上级没有采取合理的必要措施予以阻止或处罚犯罪者，则不能免除该上级的刑事责任。4. 被告人按照政府或上级命令而犯罪不得免除他的刑事责任，但是如果国际法庭裁定合乎法理则可以考虑减刑。"

〔3〕 The Prosecutor v. Zlatko Aleksovski, Case No.: IT-95-14/1-T, 25 June 1999, Trial Judgment, p. 229.

〔4〕 该条所指的行为包括"（a）故意杀害；（b）酷刑或不人道待遇，包括生物学实验；（c）故意使身体或健康遭受重大痛苦或严重伤害；（d）无军事上之必要，而以非法和野蛮之方式，对财产进行大规模的破坏和占用；（e）强迫战俘或平民在敌对国军队中服务；（f）故意剥夺战俘或平民应享的公民及合法审讯的权利；（g）将平民非法驱逐出境或移送或非法禁闭；（h）劫持平民作人质"。

〔5〕 The Prosecutor v. Zlatko Aleksovski, Case No.: IT-95-14/1-T, 25 June 1999, Trial Judgment, p. 46.

将被告定罪，所以拒绝推翻审判庭关于第2条的两条罪状无罪的判决。[1]

Blaškić 案和 Aleksovski 案相关事实基本一样，两名被告原本是作为一份起诉书的共同被告，后来分别立案处理。[2] Blaškić 案中，审判庭裁定有关行为是“作为一场国际性武装冲突的一部分”而发生的，因此存在《前南刑庭规约》第2条适用的前提条件。被告是HVO的一名指挥官，根据《前南刑庭规约》第7条第1款，被控命令使用被关押人员挖战壕和将其作为人盾，违反了《前南刑庭规约》第2条（b）款、第3条和日内瓦四公约共同第3条第1款甲项禁止不人道待遇和虐待（cruel treatment）的规定。审判庭认为，“在前线危险的环境下使用被关押人员挖战壕必须被视为不人道待遇或虐待。这些人员守卫的动机几乎不重要”[3]。由于使用被关押人员挖战壕和将其作为人盾同时发生，审判庭没有进一步考虑人盾问题。Blaškić 案中还存在另外三个使用人盾的情形：一是强迫穆斯林平民聚集在HVO总部前方进行掩护，告知其会被自己人轰击，如果试图逃走会被立即砍杀；二和三涉及将穆斯林平民关押在用作军营和指挥部的学校和文化中心。审判庭认为第一种情形中的平民“十分明显地”遭受了“巨大的精神痛苦”，存在不人道待遇和虐待，但关于后两种情形中的平民，“检方未能排除合理怀疑，证明这些被关押人员意识到对其据称被用作保护有潜在的攻击”，因此“不能确立……因被用作人盾而遭受痛苦”，裁定被告只在第一种情形中命令实施了《前南刑庭规约》第2条（b）款禁止的不人道待遇和第3条禁止的虐待行为。[4]上诉庭肯定了《前南刑庭规约》第2条的可适用性，[5]但由于缺乏证据，应根据《前南刑庭规约》第7条第1款以不作为（omission）而不是命令确立被告的刑事责任；认为不人道待遇与虐待本质上是一样的，只是前者要求受害者有“被保

---

[1] Prosecutor v. Zlatko Aleksovski, Case No.: IT-95-14/1-A, 24 March 2000, Appeals Chamber Judgment, p. 153 (iii), 192.

[2] The Prosecutor v. Zlatko Aleksovski, Case No.: IT-95-14/1-T, 25 June 1999, Trial Judgment, p. 4.

[3] The Prosecutor v. Tihomir Blaškić, Case No.: IT-95-14-T, 3 March 2000, Trial Judgment, p. 713.

[4] The Prosecutor v. Tihomir Blaškić, Case No.: IT-95-14-T, 3 March 2000, Trial Judgment, pp. 714-716.

[5] Prosecutor v. Tihomir Blaškić, Case No.: IT-95-14-A, 29 July 2004, Appeals Chamber Judgment, p. 170.

护人”的身份，因此驳回了关于虐待行为的定罪，但确认了被告有关不人道待遇的罪行，并裁定“使用被关押人员作为人盾给其造成了严重的精神伤害，并构成对人类尊严的严重侵犯”〔1〕。

Kordić 案同样涉及使用平民挖战壕和充当人盾，两名被告中，一位是波斯尼亚克族领导人，另一位是 HVO 的指挥官。审判庭确定有关冲突是国际性武装冲突，〔2〕根据《前南刑庭规约》第 2 条（b）款和第 7 条，裁定多项关于两名被告使用人盾的行为致使平民遭受不人道待遇的罪状成立，〔3〕但上诉庭认为缺乏事实根据，撤销了其中一项。〔4〕Naletilić 案除了涉及平民，还涉及战俘，也有两名被告，一位建立了某听命于 HVO 的军事组织，另一位是该组织的指挥官，两人均被指控使用人盾和非法劳动（unlawful labour）〔5〕。审判庭暗示所涉冲突是国际性武装冲突，〔6〕判定指挥官命令被关押人员身穿迷彩服、手持木头枪走在向敌人发起攻击的坦克旁边这个事实成立，〔7〕有关人员遭受了“严重的精神伤害”和/或身体损害，〔8〕根据《前南刑庭规约》第 2 条（b）款、第 3 条、第 5 条（i）款〔9〕和第 7 条，裁定此种使用人盾的行为构成非法劳动、不人道行为、不人道待遇和虐待。〔10〕控方和辩方在上诉庭就

〔1〕 Prosecutor v. Tihomir Blaškić, Case No.: IT-95-14-A, 29 July 2004, Appeals Chamber Judgment, pp. 669-671.

〔2〕 Prosecutor v. Dario Kordić & Mario Čerkez, Case No.: IT-95-14/2-T, 26 February 2001, Trial Judgment, p. 164.

〔3〕 Prosecutor v. Dario Kordić & Mario Čerkez, Case No.: IT-95-14/2-T, 26 February 2001, Trial Judgment, pp. 834, 836.

〔4〕 Prosecutor v. Dario Kordić & Mario Čerkez, Case No.: IT-95-14/2-A, 17 December 2004, Appeals Chamber Judgement, p. 940.

〔5〕《日内瓦第三公约》第 49 条、第 50 条和第 52 条规定了允许和禁止战俘从事的劳动种类和情形，《日内瓦第四公约》第 51 条对被保护人做出了类似规定，非法劳动是指违反这些规定的行为。See Prosecutor v. Mladen Naletilic, aka “TUTA” & Vinko Martinovic, aka “ŠTELA”, Case No.: IT-98-34-T, 31 March 2003, Trial Judgment, pp. 274, 250.

〔6〕 Prosecutor v. Mladen Naletilic, aka “TUTA” & Vinko Martinovic, aka “ŠTELA”, Case No.: IT-98-34-T, 31 March 2003, Trial Judgment, pp. 181-202.

〔7〕 Prosecutor v. Mladen Naletilic, aka “TUTA” & Vinko Martinovic, aka “ŠTELA”, Case No.: IT-98-34-T, 31 March 2003, Trial Judgment, p. 274.

〔8〕 Prosecutor v. Mladen Naletilic, aka “TUTA” & Vinko Martinovic, aka “ŠTELA”, Case No.: IT-98-34-T, 31 March 2003, Trial Judgment, p. 289.

〔9〕 该条名为“危害人类罪”，其中（i）款规定的是“其他不人道行为”。

〔10〕 Prosecutor v. Mladen Naletilic, aka “TUTA” & Vinko Martinovic, aka “ŠTELA”, Case No.: IT-98-34-T, 31 March 2003, Trial Judgment, p. 334.

冲突是否国际性进行了激烈的辩论，尽管上诉庭认为审判庭未能明确判定被告是否知道确立冲突为国际性的事实情况，但认为这并不影响审判庭的判决，因此予以维持。[1]

此外，还有两个关于人盾的案件尚未结案。1995 年 5 月至 6 月间，波斯尼亚塞族部队将 200 余名联合国维和人员及军事观察员关押在包括具有战略或军事重要性的不同地点，以使这些地方免受北约空袭并阻止空袭继续。Karadžić 案的被告是塞族共和国总统，Mladić 案的被告是塞族部队的将军，最初的起诉书将二者列为共同被告，为使用人盾设置了四项罪状，即《前南刑庭规约》第 2 条（h）款禁止劫持平民作人质、第 3 条禁止劫持人质、第 2 条（b）款禁止不人道待遇和第 3 条禁止虐待，[2]后来分别立案处理，并将之前的四项罪状合为一个，即《前南刑庭规约》第 3 条和日内瓦四公约共同第 3 条第 1 款乙项禁止的劫持人质，按照第 7 条第 1 款和第 3 款追究刑事责任，[3]且均未提及有关冲突的性质。审判庭裁定，劫持人质违反了《前南刑庭规约》第 3 条和日内瓦四公约共同第 3 条第 1 款乙项，作为劫持人质“共同犯罪团伙”（Joint Criminal Enterprise，JCE）的一员，Karadžić 案的被告应根据《前南刑庭规约》第 7 条第 1 款承担刑事责任，[4]Mladić 案的被告应根据《前南刑庭规约》第 7 条第 1 款和第 3 款承担刑事责任，[5]两名被告均提起上诉，目前上诉庭正在处理。[6]

半个世纪前 High Command 案曾设想使用人盾构成单独的战争罪，迄今为

---

〔1〕 Prosecutor v. Mladen Naletilic, aka “TUTA” & Vinko Martinovic, aka “ŠTELA”, Case No.: IT-98-34-A, 3 May 2006, Appeals Chamber Judgment, pp. 121, 122, 480.

〔2〕 The Prosecutor of the Tribunal against Radovan Karadžić & Ratko Mladić, Case No.: IT-95-5-I, Indictment, 24 July 1995, pp. 46-48.

〔3〕 The Prosecutor v. Radovan Karadžić, Case No.: IT-95-5/18-PT, Prosecution's marked-up indictment, 19 Oct 2009, pp. 83~87; The Prosecutor v. Ratko Mladić, Case No.: IT-09-92-PT, Fourth Amended Indictment, 16 Dec 2011, pp. 82-86.

〔4〕 Prosecutor v. Radovan Karadžić, Case No.: IT-95-5/18-T, Trial Judgment, 24 March 2016, p. 5994.

〔5〕 The Prosecutor v. Ratko Mladić, Case No.: IT-09-92-T, Trial Judgment, Volume I of V, 22 November 2017, p. 9.

〔6〕 由于前南刑庭于 2017 年 12 月 21 日正式关闭，有关案件转由联合国国际刑庭余留机制（United Nations The Mechanism for International Criminal Tribunals, MICT）处理。Karadžić 案的上诉详情，参见 http://www.unmict.org/en/cases/mict-13-55；Mladić 案的上诉详情，参见 http://www.unmict.org/en/cases/mict-13-56。

止这并未出现，前南刑庭的有关审判已经证明了这一点，然而，这并不影响前南刑庭关于人盾的案例法的权威性和参考价值。早期的案例中，人盾常和强迫劳动同时出现，后来更多的是被单独使用，平民最常被用作人盾，有时也包括战俘和联合国维和人员。绝大部分案例中，使用人盾或是根据《前南刑庭规约》第 2 条（b）款禁止不人道待遇而定罪，或是根据《前南刑庭规约》第 3 条和日内瓦四公约共同第 3 条第 1 款甲项禁止虐待而定罪，而前南刑庭认为不人道待遇和虐待本质上是相同的。尽管是按照不人道待遇还是虐待定罪没有实质区别，但有关程序并不一样。由于第 2 条仅适用于国际性武装冲突，如果援引该条，必须首先证明国际性武装冲突的存在，但有时情况十分复杂，证明的难度较大，容易产生争议，如 Aleksovski 案和 Naletilić 案；相比之下，第 3 条和日内瓦四公约共同第 3 条既适用于国际性也适用于非国际性武装冲突，无须证明冲突的性质，Karadžić 案和 Mladić 案就主要依靠第 3 条而没有引用第 2 条。值得注意的是，前南刑庭将人盾的精神痛苦作为不人道待遇或虐待的关键，进而使之成为人盾罪行的关键，即如果有关人员没有意识到自己被用作人盾并因此而没有遭受痛苦，就不存在有关不人道待遇或虐待的人盾罪行，这样，使用自愿或无意识人盾至少不能以不人道待遇或虐待定罪。

四、结论

战争法的发展使人盾从纯粹的道德问题成为法律问题。在条约规定还不充分的年代，使用人盾主要涉及劫持人质和进行报复，按照关于战争的习惯法或战争惯例均属合法。二战后，日内瓦四公约和两个附加议定书以及《罗马规约》一方面明确禁止劫持人质和进行报复，另一方面大幅增加对战俘、平民和其他人的保护，在国际条约中已经形成完整的禁止人盾的规则链，禁止人盾也成为习惯国际法的一部分。但是，人盾问题涉及许多弹性很大或含义模糊的国际人道法的原则、规则和概念，导致对同一个事实可能产生完全相反的法律解读。更糟的是，随着当代战争和武装冲突手段和性质等方面的变化，人盾成为当代战场的一大特征，造成大量平民伤亡。使用人盾迄今没有成为单独的战争罪，但前南刑庭关于人盾的判例法，明确了使用人盾可能构成不人道待遇、虐待和劫持人质罪，以及使用非自愿人盾更可能构成犯罪。

从国际刑法的角度来说，人盾自愿与否对战争罪有影响，但从国际人道法的角度来看，人盾自愿与否对于直接参加敌对行动、区分原则、比例原则和预防措施没有影响，没有必要区分。人盾所凸显的国际人道法的困境，应在保持军事必要和人道精神大致平衡的基础上，通过澄清有关规则积极应对。区分人盾与国际法允许的平民与军事目标并存的情形应考虑是否存在掩护军事目标或军事行动的意图，即使一方使用人盾，另一方也应尽可能采用预防措施，以期减少人盾伤亡。任何人盾一般均应被视为不构成直接参加敌对行动并因此具有免受直接攻击之一般保护，除非构成直接参加敌对行动，否则任何人盾伤亡均应计入比例原则的考量，以判断具体攻击合法与否。

国际私法

内地与香港特区相互认可离婚判决的新发展

——兼评2017年《内港婚姻家事安排》

杨灵一*

摘　要：《内港婚姻家事安排》签订之前，内地和香港特区的法院相互认可和执行离婚判决没有统一的法律依据，导致重复诉讼和挑选法院现象。新安排为两地互认离婚判决提供了统一的标准和程序，引入"一事不再理"原则以解决两地管辖权的直接冲突，并且在审查不予认可与执行的情形中排除对管辖权要求。安排还充分尊重内地与香港特区对公共政策理解的差异，审慎适用公共政策审查，采用"客观说"的审查标准，严格限制适用公共政策的条件。

关键词：离婚判决；终局性；管辖权；公共政策

香港特区回归之后的前十年间，两地在民商事司法协助方面达成三项安排，分别是关于相互委托送达司法文书〔1〕、相互执行仲裁裁决〔2〕和相互执行民商事判决〔3〕。为优化"一国两制"的落实，加强两地的司法协助，2016年内地与香港特区还就相互委托取证达成安排。〔4〕由于内地和香港特区

* 杨灵一（1992—），女，武汉大学法学院2016级博士生、瑞士比较法研究所联合培养博士生，研究方向：国际私法，邮箱：yanglingyi1001@126.com。

〔1〕 1998年《最高人民法院关于内地与香港特别行政区法院相互委托送达民商事司法文书的安排》，法释［1999］9号，1999年3月30日。

〔2〕 1999年《最高人民法院关于内地与香港特别行政区相互执行仲裁裁决的安排》法释［2000］3号，2000年2月1日。

〔3〕 2006年《最高人民法院关于内地与香港特别行政区法院相互认可和执行当事人协议管辖的民商事案件判决的安排》，法释［2008］9号，2008年8月1日。

〔4〕 2016年《最高人民法院关于内地与香港特别行政区法院就民商事案件相互委托提取证据的安排》，法释［2017］4号，2017年3月1日。

地理位置邻近以及两地文化的相似性，跨境婚姻正变得越来越普遍。[1]近年来，两地跨境婚姻每年新增2万余宗，由此所产生的婚姻家庭纠纷也呈现增长趋势，两地间互相认可和执行婚姻家事判决也具有现实紧迫性。2016年3月21日，最高人民法院与香港特区律政司签订《会谈纪要》，双方同意积极推进三方面的工作，其中之一就是相互执行婚姻家事判决的安排。[2]2017年6月20日，最高人民法院常务副院长沈德咏和香港特区政府律政司司长袁国强分别代表两地在香港特区签署《关于内地与香港特别行政区法院相互认可和执行婚姻家庭民事案件判决的安排》（以下简称《内港婚姻家事安排》）。《内港婚姻家事安排》共22条，对相互认可和执行的案件范围、当事人申请的程序及救济途径、法院的审查程序及处理结果、不予认可和执行的情形等作出了全面、明确的规定。本文着眼于离婚判决，主要分析安排离婚判决认可与执行有关的规定。以《内港婚姻家事安排》为分界线，内地与香港特区互相认可与执行离婚判决可以划分为法律缺失阶段和有法可依阶段。

一、法律缺失阶段：《内港婚姻家事安排》前两地互认离婚判决的依据

通常来说，一国各法域之间的政治、经济、文化以及法律联系要比不同国家之间的联系更为紧密，因此，相较于国家间的判决承认与执行，一国境内的某一法域更容易承认和执行另一法域的判决。[3]但香港特区回归后，内地与香港特区迟迟未就判决认可与执行达成统一安排，两地于2002年才开始相互承认与执行民商事判决的第一轮磋商。[4]在其后的4年时间里，双方交换了数个草稿，进行了7次谈判磋商，最后的文本在定稿前被修改过26次。在双边协商的过程中，还举行了数次有法官、政府官员和学者参加的研讨会

〔1〕 Moses Dick Chi Kong, "Effective Mutual Recognition and Enforcement of Judgments between Mainland China and Hong Kong: Long Way to Go", 3 *City U. H. K. L. Rev.* 163, 180 (2011), p. 164.

〔2〕 袁国强："内地与香港民商事司法协助二十周年回顾与展望"，载《人民法院报》2017年6月30日第5版。

〔3〕 Jie Huang, "Interregional Recognition and Enforcement of Civil and Commercial Judgments: Lessons for China from US and EU Laws", 6 *J. Priv. Int'l L.* 109, 154 (2010), p. 109.

〔4〕 The Paper on Reciprocal Enforcement of Judgments in Commercial Matters between the HKSAR and the Mainland, CB (2) 1431/01~02 (01) March 2002.

以充分交换看法，增进双方的沟通和理解。[1]这些都为双方达成一致，取得阶段性成果准备了充分的条件。2006年双方终于就民商事判决的认可与执行达成双边安排，却将离婚判决排除在外。[2]从磋商开始，内地就一再表示，安排应当包括劳动合同、婚姻以及其他家庭事务的判决，但香港特区一直不愿意接受，这也是两地花了4年时间才达成共识的原因之一。[3]由于缺乏行之有效的法律机制，一地法院作出的离婚判决无法在另一地获得认可，当事人只能通过在另一地重新起诉的方式寻求救济，严重浪费当事人的时间和金钱，也不利于保护妇女儿童的合法权益。

（一）内地认可和执行香港特区离婚判决的法律依据

在2017年《内港婚姻家事安排》签订之前，内地有关认可和执行香港特区离婚判决的规定散见于最高人民法院的司法解释以及其他高级人民法院的批复中。1974年，在香港特区回归之前，上海市高级人民法院受理认可香港特区离婚判决的申请，向最高人民法院请示，最高人民法院作出《关于一方当事人向香港法院起诉离婚对香港法院所作离婚判决我法院不予承认的复函》。[4]这一阶段，最高人民法院采取保守的态度以维护我国的司法主权。直至1991年最高人民法院的态度才有松动，最高人民法院在《关于我国公民周芳洲向我国法院申请承认香港地方法院离婚判决效力，我国法院应否受理问题的批复》中认为：如果香港法院的离婚判决不违反我国法律的基本原则和社会公共利益，可裁定承认其效力。但鉴于判决认可与执行方面一直未达成双边安排，内地对香港特区离婚判决的认可并未形成稳定的状态，2007年广

---

〔1〕 其中包括2005年9月4日在北京举行的有内地、香港、澳门和台湾地区“法律”界人士参加的中国区际法律问题研讨会，最高人民法院民四庭和国家法官学院2004年5月19日至20日在深圳举办的内地与港澳地区商事实务法律研讨会，中国国际私法学会和广东省法官协会2005年5月21日至22日在佛山举办的内地、香港、澳门区际法律问题研讨会等。

〔2〕《最高人民法院关于内地与香港特别行政区法院相互认可和执行当事人协议管辖的民商事案件判决的安排》，法释［2008］9号，2008年8月1日。第3条：“本安排所称‘书面管辖协议’，是指当事人为解决与特定法律关系有关的已经发生或者可能发生的争议，自本安排生效之日起，以书面形式明确约定内地人民法院或者香港特别行政区法院具有唯一管辖权的协议。本条所称‘特定法律关系’，是指当事人之间的民商事合同，不包括雇佣合同以及自然人因个人消费、家庭事宜或者其他非商业目的而作为协议一方的合同。……”

〔3〕 Jie Huang, Interregional Recognition and Enforcement of Civil and Commercial Judgments: Lessons for China from US and EU Laws, 6 *J. Priv. Int'l L.* 109, 154 (2010), p. 117.

〔4〕［74］法民字第3号，1974年5月17日。

东省发布《高级人民法院关于暂时不予承认香港特别行政区法院离婚判决法律效力的批复》[1]，该批复规定："香港回归后，香港特别行政区与内地尚未就相互承认生效判决达成相关安排。对于香港法院作出的离婚判决，暂时不予承认为宜。你院在裁定不予承认该离婚判决的法律效力时，应告知当事人可向内地人民法院提起离婚诉讼。"而 2011 年 1 月 7 日广东省高级人民法院作出《关于承认香港特别行政区区域法院 2007 年第 7112 号离婚判决法律效力的批复》又主张"参照最高人民法院 1991 年 9 月 20 日作出的《关于我国公民周芳洲向我国法院申请承认香港地方法院离婚判决效力，我国法院应否受理问题的批复》的有关精神，对此离婚判决的效力予以认可"。综上，在未达成安排之前，内地认可香港特区离婚判决的态度时有反复。

（二）香港特区认可和执行内地离婚判决的法律依据

香港特区先后颁布了三部有关承认和执行外国法院判决的成文法，即《判决（强制执行措施）条例》、《外地判决（交互强制执行）条例》和《外国判决（限制承认及强制执行）条例》。其中比较重要的是《外地判决（交互强制执行）条例》（《香港法例》第 319 章），它是依据 1933 年英国同名法例［Foreign Judgments（Reciprocal Enforcement）Act］而制定的香港本地条例，适用于承认和执行某些特定外地国家高级法院作出的判决。[2]这些特定国家的法院判决可依法登记而得到承认与执行，无须在香港重新进行诉讼。第 319 章只适用于列于《外地判决（交互强制执行）条例》（见附件）的国家。因此，内地法院所作的判决不能根据第 319 章予以认可和执行。[3]香港特区认可内地离婚判决主要依据《婚姻法律程序与财产（修订）条例》（《香港法例》第 192 章）和《婚姻诉讼（修订）条例》（《香港法例》第 179 章）。

根据修订之前的《婚姻诉讼条例》中的相关规定，内地并不属于条例所说的"其他国家"，内地离婚判决不能在香港特区获得认可。而《婚姻诉讼

---

〔1〕 粤高法民一复字［2007］6 号，2007 年 6 月 8 日。

〔2〕 冯霞：《中国区际私法论》，人民法院出版社 2006 年版，第 322 页。

〔3〕 黄继儿："香港特区法院执行外地和内地法院民商事判决的简介"，载黄进主编：《我国区际法律问题探讨》，中国政法大学出版社 2012 年版，第 259 页。

(修订) 条例》[1]以“地方”取代原条款中的“国家”，大大地扩大了香港特区承认与执行香港以外地区的离婚判决的范围。[2]根据《婚姻诉讼（修订）条例》IX部，香港特区认可内地离婚判决的条件可以概括为：①法院具有合格的管辖权。[3]②判决具有“确定性”。一般认为，内地法院作出的离婚判决要为香港所认可，该离婚判决必须是确定不可变的。[4]③符合程序公正的要求，当事人的诉讼权利要得到充分保障。[5]④不存在不予认可与执行的情形。[6]但是即使香港特区法院认可内地离婚判决，因为已经不存在婚姻关系，香港特区法院不能再处理当事人之间的财产分配诉讼。正是因为这个法律漏洞，在个别跨境离婚案中，作为香港居民的男方为了避免其在港资产遭到瓜分，往往会向内地法院而非香港特区法院提出离婚诉讼，如著名的ML v. YJ案。[7]香港终审法院在审理ML v. YJ案时，也面临被申请人的同样质疑，香港终审法院最终通过论证认可内地离婚判决符合香港《婚姻诉讼条例》的立法目的和适用范围，从而首开先河，回避双边安排的限制，直接根据香港本地《婚姻诉讼条例》认可了内地离婚判决。[8]此案推动了香港特区修订

---

〔1〕《婚姻诉讼条例》IX部分变化最大的条款第55（2）条、第56（1）及（2）条、第57（2）条、第58（2）条、第59条以及第60条。

〔2〕《婚姻诉讼条例》第55条规定：“香港法院所承认的外地离婚以及合法分居是指，在香港以外的任何地方籍司法或其他法律程序而获准者及根据该地方的法律具有效力者。”

〔3〕《婚姻诉讼条例》第56条规定：“凡任何外地离婚或合法分居，如在获准离婚或分居的地方提起有关法律程序当日有以下情形，则该项离婚或分居的有效性须予以承认：（a）任何一方配偶惯常居于该地方；或（b）任何一方配偶是该地方的国民。”

〔4〕《婚姻诉讼条例》第55条规定：“外地离婚及合法分居指下列的离婚及合法分居：（a）在香港以外的任何地方籍司法或其他法律程序而获准者；及（b）根据该地方的法律是具有效力者。”

〔5〕《婚姻诉讼条例》第58条：“为决定外地离婚或合法分居能否依本部规定获得承认，在任何诉讼中对事实所作出的裁定（不论为明示或暗示），如果有关的离婚或合法分居根据该裁定而获准的，且法院在上述诉讼中的裁判权以此为根据的，则该等有关事实的裁定：（a）如果夫妻双方均参加了诉讼，可以视为有关事实的决定性证据，以及（b）在其他情况下，除能提出反证外，可以视为有关事实的足够证据。”

〔6〕《婚姻诉讼条例》第61条：“当该离婚判决具有以下情形时，香港法院不予承认其效力：(1) 按照香港法律（包括其国际私法规则及该条例第IX部的条文），离婚判决的双方当事人之间并不存在婚姻关系；(2) 该离婚判决是在一方并未采取必要的步骤将有关法律程序的通知给予另一方或是另一方配偶（由于任何其他原因但并非由于未有接获通知）并未获得其理应获得的参与法律程序的机会的情况下做出的；(3) 承认该离婚判决会明显地违背公共政策。”

〔7〕 High Court. CACV89/2008. MLv. YJ [EB/OL] (2009-06-19).

〔8〕 张淑钿：“双边安排缺失下香港承认内地婚姻判决的新动向及应对”，载《人民司法（应用）》2015年第15期。

《婚姻法律程序与财产条例》，C v. H 案〔1〕是该条例修订后的首次实践。

2010 年《婚姻法律程序与财产（修订）条例》未直接认可内地离婚判决的法律效力，香港特区法院通过受理内地离婚判决当事人的经济救助申请及作出经济救助命令的方式从客观上认可内地离婚判决的效力，〔2〕防止香港一方当事人为避免在港财产遭瓜分而向内地起诉的情形。上述条例使得香港特区承认内地离婚判决有法可依，一定程度上完善了两地民商事司法协助制度。但香港特区单方面认可和执行内地离婚判决的规定不能应对复杂的实践，鉴于跨境婚姻愈来愈普遍、家庭在内地与香港均有资产的情况不断上升等因素，两地有客观需要就相互认可和执行婚姻家事案件判决订立安排。〔3〕

二、《内港婚姻家事安排》为两地互认离婚判决提供法律依据

内地法院最早认可香港特区离婚判决案件是 2011 年广东省高院批复中所提及的杨某与岑某离婚案。在该案中，当事人申请认可香港特区法院 2007 年第 7112 号解除婚姻关系判决，广东高院批复指出对香港区域法院的离婚判决效力予以认可。但是因为没有达成双边安排，该判决不能产生普遍的参考价值。《内港婚姻家事安排》改变了这种局面，为两地互认离婚判决提供了统一的标准和程序，将进一步增进两地的司法互信。

（一）将改变两地互认离婚判决没有统一依据的混乱局面

《内港婚姻家事安排》签订前，内地与香港特区都按照各自的法律规定确定认可对方离婚判决的条件，当事人向内地法院申请认可香港特区离婚判决，内地法院的裁定依据不统一，总结而言共有以下三类情况：

第一类，法院根据《中华人民共和国香港特别行政区基本法》第 95 条，

---

〔1〕 High Court. HCMC 3/2011. C (formerly known as C) v. H [EB/OL] (2012-03-14). 本案中夫妻双方于 2009 年分别向香港及泰国法院提起离婚诉讼，泰国法院于 2010 年 10 月作出离婚判决，但该离婚判决并未就该子女抚养权及赡养费作出规定。妻子向香港申请经济救助，法官 Hon Poon 在本案中对 2010 年《婚姻法律程序与财产（修订）条例》第 IIA 部进行了解读，阐明凭借外地离婚判决申请经济救助，2010 年需要根据《婚姻法律程序与财产（修订）条例》第 IIA 部第 29AA~29AL 条进行审查。

〔2〕 2010 年《婚姻法律程序与财产（修订）条例》新增的第 IIA 部（包括第 29AA 条至第 29AL 条）调整外地离婚案件中所出现的与经济救助以及赡养费等相关的纠纷。

〔3〕 袁国强："内地与香港民商事司法协助二十周年回顾与展望"，载《人民法院报》2017 年 6 月 30 日第 5 版。

以“内地与香港尚未就相互认可和执行离婚判决作出安排”为理由裁定不予受理申请。郭伟明与陈爱琍请求承认和执行香港特区民事判决案[1]即是这种情形，法院认为：“根据《中华人民共和国香港特别行政区基本法》第95条规定，内地法院与香港特别行政区法院之间依法进行司法方面的联系和相互提供协助事项，必须通过两地的主管机关协商作出安排后才能进行。目前，内地法院与香港特别行政区法院尚未就相互承认和执行离婚判决事项作出安排，故本院受理此类申请没有依据……本院依法驳回郭伟明的申请。”此案发生在2013年，在两年之后的游佩芳申请承认香港特区区域法院婚姻诉讼案件号判令案[2]中，法院同样以“内地与香港特别行政区之间尚未有相关规定”裁定不予受理认可香港特区离婚判决的申请。[3]

第二类，法院参照最高人民法院的批复和1991年《关于中国公民申请承认外国法院离婚判决程序问题的规定》[4]进行裁判。在林某某申请认可和执行香港法院民事判决案[5]中，法院裁定“本院参照最高人民法院1991年9月20日作出的《关于我国公民周芳洲向我国法院申请承认香港地方法院离婚判决效力，我国法院应否受理问题的批复》的有关精神，对上述绝对离婚令的法律效力予以承认”。在彭琦与许家和申请承认和执行外国法院民事判决、裁定案[6]中，法院依照《中华人民共和国民事诉讼法》第154条第1款第（11）项，参照《关于中国公民申请承认外国法院离婚判决程序问题的规定》第5条、第12条、第13条，裁定承认香港特区法院作出的离婚判决。

第三类，法院不具体说明法律依据，以“是否违反我国法律的基本原则

---

〔1〕 广东省佛山市中级人民法院（2013）佛中法民一初字第14号民事判决书。

〔2〕 河南省漯河市中级人民法院（2015）漯立民初字第1号民事判决书。

〔3〕 法院认为：“申请人游佩芳系香港居民，其申请本院承认的中华人民共和国香港特别行政区区域法院婚姻诉讼案件号1832/2004判令系确认监护权的判决。本院认为，根据《中华人民共和国民事诉讼法》第282条规定，人民法院对申请承认外国法院作出的发生法律效力的判决、裁定，依照中华人民共和国缔结或者参加的国际条约，或者按照互惠原则进行审查。游佩芳主张的上述判决不属于《最高人民法院关于内地与香港特别行政区法院相互认可和执行当事人协议管辖的民商事案件判决的安排》的适用范围。对于游佩芳主张的上述确认监护权判令的承认，内地与香港特别行政区之间尚未有相关规定。因此，游佩芳的申请不属于人民法院受理民事诉讼的范围，依照《中华人民共和国民事诉讼法》第119条第4项、第282条之规定，裁定如下：对游佩芳的申请，本院不予受理。”

〔4〕 法［民］［1991］21号，1991年8月13日。

〔5〕 广东省江门市中级人民法院（2015）江中法民一初字第3号民事判决书。

〔6〕 广东省深圳市中级人民法院（2014）深中法涉外初字第161号民事判决书。

或者危害我国国家主权、安全和社会公共利益”为裁判标准。蔡某某与刘某某申请承认和执行外国法院民事判决、裁定案〔1〕中，法院认为：“刘某某对蔡某某提交的香港特别行政区区域法院作出的婚姻诉讼案件编号2010年第3817宗命令没有异议，该离婚判令已于2012年12月13日转为最后及绝对的判令，蔡某某与刘某某的婚姻关系已据此解除，并已生效。因该判令没有违反我国法律的基本原则或者危害我国国家主权、安全和社会公共利益，故本院承认香港特别行政区区域法院2010年第3817宗离婚命令中关于解除蔡某某与刘某某婚姻关系的法律效力……”

上述案件法院的裁判依据不同，判决结果亦不同。考察笔者搜集的案件，第一类情形中，内地法院通常会裁定不予认可香港特区离婚判决，而第二类和第三类情形中香港特区离婚判决均得到内地法院的认可。第三类情形法院以“是否违反我国法律的基本原则或者危害我国国家主权、安全和社会公共利益”为裁判标准，其中合理性值得推敲。内地和香港特区属于一个主权范围内，两地具有共同的利益。以国家之间判决承认与执行活动中公共政策审查的标准去要求区际判决，不符合“一国两制”原则。而且，我国法律中也没有解释何为“社会公共利益”，这种模糊不确定的审查标准并不利于法院行使自由裁量权。这些都是《内港婚姻家事安排》生效前，我国内地和香港特区互认离婚判决实践中面临的困难。持有香港特区离婚判决的当事人往往不是凭借该判决向内地法院申请认可，而是在内地法院重新起诉，比如叶平与徐斌离婚后财产纠纷案〔2〕和徐某与兰某离婚纠纷案〔3〕，这会导致重复诉讼现象，徒增诉累。《内港婚姻家事安排》首次就内港互认离婚判决作出安排，将改变司法实践中的混乱局面，有利于保护当事人的合法权益。

（二）对离婚判决的终局性问题作出解释

判决必须具有终局性或者确定性，是所有国家的法律和有关条约规定的承认与执行外国法域法院判决的前提。终局性要求表明当事人不得对外国法院判决的实体进行质疑，甚至出现事实或法律上的错误也是如此。英国普通法规定：“在案件实质上为终局性，并且不能提出法律允许的抗辩的外国判

〔1〕广东省深圳市中级人民法院（2014）深中法涉外初字第44号民事判决书。

〔2〕广东省深圳市中级人民法院（2013）深中法民终字第2018号民事判决书。

〔3〕广东省深圳市中级人民法院（2014）深中法民终字第100号民事判决书。

决，对其所裁决的任何事项都是终局性的，不能因为事实或者法律的错误而受到质疑。"〔1〕内地和香港特区对于认可和执行的离婚判决应具有终局性并无异议，但由于两地的法律规定以及法律观念对判决终局性理解的不同，造成该问题成为安排磋商中争议最大的问题。根据内地《民事诉讼法》的规定，发生法律效力的判决即具有拘束力和确定性。一是不能上诉的判决，如最高人民法院的判决，判决一经作出便发生法律效力；二是可以上诉的判决，当事人提起上诉后，上诉审宣判后发生法律效力，当事人放弃上诉的，期满发生法律效力。〔2〕根据《外地判决（交互强制执行）条例》第3（2）（a）的规定，判决的终局性是指判决对诉讼各方而言，是最终及不可推翻的（final and conclusive）。〔3〕香港特区认为内地设有审判监督程序，内地生效判决均存在被推翻后再审的可能，因此内地法院的判决不具有终局性。判决终局性问题一直是内地与香港特区磋商中关注的焦点问题，香港高等法院曾以内地法院判决受制于审判监督程序，仍有抗诉再审的可能性裁定有关判决并非终局判决，拒绝在香港特区执行内地法院判决的申请。〔4〕有学者还认为，内地和香港特区对终局性问题存在争议的更深层次原因是香港特区对内地判决质量存疑。〔5〕香港特区法院认为内地法院作出的民商事判决有可能是通过欺诈的手段获得的，这样就将香港特区的当事人陷于不利地位。为解决两地对终局性问题的长久争议，有学者就提出了解决方案，内地和香港特区一方面应该通过修改各自法律或者采取区际立法的方式来解决争议，另一方面内地应该努力完善司法制度，以帮助解决内地法律制度与香港普通法制度之间的冲突。〔6〕

考虑到内地与香港特区司法制度的差异，为了能够在这个问题上达成一致，《内港婚姻家事安排》第2条采取变通的方式，并没有用终局性判决或者

〔1〕［英］J. H. C. 莫里斯主编：《戴西和莫里斯论冲突法》，李双元等译，中国大百科全书出版社1998年版，第1560页。

〔2〕冯霞：《中国区际私法论》，人民法院出版社2006年版，第342页。

〔3〕Moses Dick Chi Kong, "Effective Mutual Recognition and Enforcement of Judgments between Mainland China and Hong Kong: Long Way to Go", 3 *City U. H. K. L. Rev.* 163, 180 (2011), p. 165.

〔4〕集友银行诉陈天君案（香港高等法院案件1995年第A11186号）和林哲民诉林志滔案（香港高等法院上诉法庭民事上诉案件2001年第354号）。

〔5〕Jie Huang, "Conflicts between Civil Law and Common Law in Judgment Recognition and Enforcement: When is the Finality Dispute Final", 29 *Wis. Int'l L. J.* 70, 109 (2011), p. 109.

〔6〕Jie Huang, "Conflicts between Civil Law and Common Law in Judgment Recognition and Enforcement: When is the Finality Dispute Final", 29 *Wis. Int'l L. J.* 70, 109 (2011), p. 109.

确定性判决这一概念，而是以是否具有执行力作为判断标准，其中既包括了内地正常判决程序中的两审终审和一审后当事人未上诉形成的生效判决，也包括了依审判监督程序再审后的生效判决。这种列举方式并非《内港婚姻家事安排》首创，英国《1933年外国判决互惠执行法令》也是如此规定。英国《1933年外国判决互惠执行法令》第1条第3款规定："为适用本条的目的，即使某一判决在原判决法院国的任何法院中一个对该判决的上诉抗辩，或仍然可以被提起上诉，也应被认为是终局的和确定的判决。"[1]该法令也未对终局性作出明确规定，而是通过列举的方式将上诉期间的外国法院判决纳入到承认与执行的范围，将被撤销登记的外国法院判决列为不具有终局性的判决。外国法院具有确定的终局性的法律效力仅是指该外国法院不可能再变更或撤销该外国判决这种情况。

但无论是终局性的判决或是确定性的判决，都并非绝对不可变更的判决。根据英国法理论，当外国判决处于上诉期间或者上诉审理期间，英国法院可以允许对该外国判决进入承认或执行程序，也可以在执行该外国判决时予以中止，以候上诉结果，在这种情况下，英国法院有延缓执行的衡平法上的管辖权利。[2]1971年《海牙民商事案件外国判决的承认和执行公约》认为："确定性判决是在原判决国不能再作为普通程序的上诉标的"的判决，这即意味着根据诉讼法的特殊程序可能对判决变更的，也不影响判决的确定性。[3]审判监督程序不能从根本上改变内地法院判决是可执行的确定性判决的法律性质。《内港婚姻家事安排》也考虑审判监督程序的影响，第11条规定："……内地人民法院就已经作出的判决裁定再审的，香港特别行政区法院审查核实后，可以中止认可和执行程序。经再审，维持全部或者部分原判决的，恢复认可和执行程序；完全改变原判决的，终止认可和执行程序。"这样规定就充分照顾到内地与香港特区的法律差异，缓解了内地在判决确定性问题上面临的压力。

《内港婚姻家事安排》并没有刻意解答实践中审判监督程序与终局性判决的关系以及何为终局性判决等复杂的理论问题，而是从实务角度出发，对内

---

〔1〕 贺晓翊：《英国的外国法院判决承认与执行制度研究》，法律出版社2008年版，第195页。

〔2〕 贺晓翊：《英国的外国法院判决承认与执行制度研究》，法律出版社2008年版，第226页。

〔3〕 董立坤："内地与香港相互承认与执行民商事判决中的'终局性判决'问题"，载《法律适用》2004年第9期。

地生效判决的情况进行列举，对提起审判监督程序时认可的程序进行说明，尽可能促成内地与香港特区就判决效力问题达成共识。

三、《内港婚姻家事安排》的亮点之一：对管辖权问题的规定

国际民商事管辖权是指一国法院根据法律或者条约对含有涉外因素的民商事案件进行审理、判决的权力或资格。〔1〕具体而言有两种情形，一是根据本国立法直接分配的涉外案件管辖权，二是发生在判决承认与执行时，被请求承认和执行国根据内国程序法审查外国法院的管辖权是否适当来决定是否承认和执行该外国判决。管辖权问题一直是内地和香港特区关注的焦点，《内港婚姻家事安排》引入“一事不再理”原则解决两地管辖权的直接冲突，在不予认可与执行的情形中排除对管辖权的审查，是内地和香港特区司法互信的重要表现。

（一）引入“一事不再理”原则，以尽量互认离婚判决为目标

美国著名国际私法学家里斯教授认为，承认外国判决的真正理论基础（real basis）绝非什么其他理论，而是“一事不再理”。〔2〕如果一方法院的判决到另一方法院申请认可和执行时，被请求法院已经存在了一个诉讼甚至作出了判决，则产生管辖权的积极冲突。在外国法院判决承认与执行中，一般都倾向于内国诉讼程序优先。我国《最高人民法院关于适用〈中华人民共和国民事诉讼法〉若干问题的意见》第15条和第206条规定，只要当事人向我国有关人民法院起诉，无论外国法院是否正在受理或作出判决，都不影响我国法院对该案行使管辖权。而我国与外国缔结的司法协助协议中也规定只要有关案件正在被请求方法院审理，无论请求方法院和被请求方法院谁先受理该案件，均可拒绝承认与执行。但就区际法院判决而言，虽然要力图解决管辖权的积极冲突，但采取如此绝对的规定只会产生实际的矛盾。

为避免两地间的重复诉讼，“一事不再理”原则被引入《内港婚姻家事安排》中。第17条规定，审查认可和执行判决申请期间，当事人就同一争议提起诉讼的，不予受理；已经受理的，驳回起诉。判决获得认可和执行后，当事人再就同一争议提起诉讼的，不予受理。判决未获认可和执行的，申请人不得再次申请认可和执行，但可以就同一争议向被请求方法院提起诉讼。相

---

〔1〕 丁伟主编：《冲突法论》，法律出版社1996年版，第269页。

〔2〕 冯霞：《中国区际私法论》，人民法院出版社2006年版，第314页。

较于另行起诉，《内港婚姻家事安排》更倾向于认可与执行已经作出的生效判决，引入“一事不再理”原则是为了避免浪费司法资源去重新审理已经得到合法审判的案件。即使受理诉讼在先，只要当事人申请认可和执行另一地法院就同一争议作出的判决，法院就应当受理。[1]

（二）在不予认可与执行的情形中排除对管辖权的审查

实际上各国把管辖权作为国家主权的体现，因而常常借助管辖权来维护本国的公共秩序，维护本国政治经济利益和国民的重大利益。[2]大多数国家都将原判决法院具有合格的管辖权作为法院判决承认与执行的一个条件。经双方达成一致的管辖权分配体系，能够更好地促进判决的承认与执行。国家间互相承认离婚判决牵涉到国家主权和安全，管辖权是保护国家利益的一道阀门，每个国家都会在管辖权问题上严格把关。我国与外国签订的双边民商事司法协助协议中大多都有对管辖权的详细规定。截至2017年2月，我国已与19个国家签订民刑事司法协助条约，与20个国家签订民商事司法协助条约，其中生效36项。[3]共有10个条约的判决承认与执行部分对管辖权作出规定，[4]《中华人民共和国和西班牙王国关于民事、商事司法协助的条约》第21条规定：“为实施本条约，符合下列情况之一的，作出裁决的法院即被视为对案件有管辖权……”共列举了10项符合管辖权要求的情形。《最高人民法院关于

---

〔1〕《内港婚姻家事安排》第16条。

〔2〕黄进主编：《中国的区际法律问题研究》，法律出版社2001年版，第263页。

〔3〕“我国对外缔结司法协助及引渡条约情况”，载 http://www.fmprc.gov.cn/web/ziliao_674904/tytj_674911/wgdwdjdsfhzty_674917/t1215630.shtml，2017年5月24日访问。19项民刑事司法协助条约已经全部生效，19个国家分别是：波兰、蒙古、罗马尼亚、俄罗斯、土耳其、乌克兰、古巴、白俄罗斯、哈萨克、埃及、希腊、塞浦路斯、吉尔吉斯、塔吉克、乌兹别克、越南、老挝、立陶宛、朝鲜。20项民商事司法协助条约中共17项已经生效，17个国家分别是：法国、意大利、西班牙、保加利亚、泰国、匈牙利、摩洛哥、新加坡、突尼斯、阿根廷、韩国、阿拉伯联合酋长国、科威特、巴西、阿尔及利亚、秘鲁、波黑。

〔4〕分别是《中华人民共和国和西班牙王国关于民事、商事司法协助的条约》第21条、《中华人民共和国和意大利共和国关于民事司法协助的条约》第22条、《中华人民共和国和塞浦路斯共和国关于民事、商事和刑事司法协助的条约》第26条、《中华人民共和国和老挝人民民主共和国关于民事和刑事司法协助的条约》第22条、《中华人民共和国和突尼斯共和国关于民事和商事司法协助的条约》第23条、《中华人民共和国和越南社会主义共和国关于民事和刑事司法协助的条约》第18条、《中华人民共和国和阿拉伯联合酋长国关于民事和商事司法协助的条约》第22条、《中华人民共和国和波斯尼亚和黑塞哥维那关于民事和商事司法协助的条约》第24条、《中华人民共和国和科威特国关于民事和商事司法协助的协定》第19条、《中华人民共和国和秘鲁共和国关于民事和商事司法协助的条约》第25条。

内地与香港特别行政区法院相互认可和执行当事人协议管辖的民商事案件判决的安排》[1]（以下简称《内港协议管辖安排》）第9条和《最高人民法院关于内地与澳门特别行政区相互认可和执行民商事判决的安排》[2]（以下简称《内澳判决安排》）第11条都有审查管辖权的要求，但不同于国家间对管辖权分配的严格要求，上述两个安排中都只审查是否存在“专属管辖”的情况。

各国在区际法院判决承认与执行中对管辖权的要求相对于国家间判决承认与执行中的要求来说较为宽松。[3]导致上述区别的原因在于区际法院判决的认可与执行中，不需要考虑国家主权问题，而是要维护各法域之间的共同利益。考察美国冲突法，可以发现美国冲突法主要是以解决州际之间的法律冲突为目标发展起来的，[4]“完全信任和尊重”（Full Faith and Credit）条款构成美国州际法院判决承认与执行的基础。美国法院承认与执行外国法院判决，不仅包括foreign country judgements，还有sister state judgements，后者承认与执行的依据是联邦宪法规定的“完全信任和尊重”条款。[5]对于姊妹州判决而言，联邦宪法的“完全信任和尊重”条款是强制性要求，一项有效的联邦法院判决应在其他州法院和联邦法院得到承认与执行。同时，一项有效的州法院的判决应在其他州法院和联邦法院得到承认与执行。但是州际判决也不是无条件执行不考虑管辖权合法性的，比如被告如果认为原判决法院管辖权存在瑕疵，可以提起抗辩。姊妹州法院可就原判决法院的管辖权进行审查，并裁定不适用“完全信任和尊重”条款，不予承认和执行该判决。[6]

香港承袭英国的法律传统，《内港婚姻家事安排》的规定更像是借鉴了英国的规定。英国在承认与执行外国法院判决时，此处的“判决”对于英国来

[1] 法释［2008］9号，2008年8月1日。

[2] 法释［2006］2号，2006年4月1日。

[3] 葛承书、刘建红：“内地与香港民商事判决相互承认与执行若干问题的探讨”，载黄进主编：《我国区际法律问题探讨》，中国政法大学出版社2012年版，第277页。

[4] 孙劲：《美国的外国法院判决承认与执行制度研究》，中国人民公安大学出版社2003年版，第16页。

[5] 孙劲：《美国的外国法院判决承认与执行制度研究》，中国人民公安大学出版社2003年版，第19页。

[6] 孙劲：《美国的外国法院判决承认与执行制度研究》，中国人民公安大学出版社2003年版，第103页。

说主要是指三种判决：公约缔约国内的法院判决，本土独立法域作出的法院判决以及其他外国法院判决。从理论上来说，英国对外国管辖权的审查一般包括三种情形：①依据国际公约的管辖规定予以审查，即依据《布鲁塞尔公约》等的规定对公约适用范围内的缔约国判决的管辖权予以审查。②依据英国国内法的管辖权规则对本土其他法域作出的判决的管辖权予以审查。③依据英国冲突法规则对外国管辖权进行审查，审查的法律依据既包括英国普通法的规定，也包括了英国成文法的规定。由于在英联合王国内承认和执行本土之间的判决虽然被冠以“外国判决”，但是该“外国判决”的承认和执行所适用的成文法为《1982 年民事管辖权和判决法令》，依据该法令的规定，英国各独立法域的法院不得对本土其他组成部分判决的管辖权提出异议，这表明英国本土推定各自的法院判决的管辖权是合格的，在司法实践中无须审查各自判决的管辖权是否适格。〔1〕

英国《1982 年民事管辖权和判决法令》规定针对三个独立法域判决的相互承认和执行时不得对管辖权进行审查以及排除公共政策的适用，其原因在于三地的判决尽管被称为外国判决，但是毕竟是同一个主权国家，其管辖权和公共政策均属于司法主权的范畴，因此认为它们之间的司法主权是同一的。〔2〕内地与香港特区属于同一个国家主权，它们的经济发展和祖国繁荣富强目标是一致的，因此促进区际判决的自由流通应为立法宗旨，《内港婚姻家事安排》并未规定管辖权审查问题，完全放弃对原判决法院管辖权的审查，有刻意不作规定的意图存在，是我国区际司法协助的创新之举。

四、《内港婚姻家事安排》的亮点之二：公共政策审查问题

公共政策审查是许多国家的基本法律制度之一，大陆法系国家一般称之为“公共秩序保留”，英美法系国家称之为“公共政策”。公共政策在各个国家和地区不仅名称不同，而且其具体含义也不一致。各国学者对公共政策均有不同的界定，其在各国区际法律冲突中又有不同的立法模式。《内港婚姻家

〔1〕 贺晓翊：《英国的外国法院判决承认与执行制度研究》，法律出版社 2008 年版，第 144~145 页。

〔2〕 P. B. Carter, “The Role of Policy in English Private International Law”, *The International and Comparative Law Quarterly*, vol. 3, 1993, p. 42.

事安排》第9条[1]采用“客观说”作为公共政策审查的标准，并且严格限制适用公共政策的条件，因为国际私法概念下的公共政策应该比国内法意义上的公共政策要狭窄得多，更需要谨慎使用。[2]

（一）尊重内地与香港特区对公共政策理解的差异

绝大多数国家的法律和国际公约均将公共政策作为承认与执行外国法院判决的条件。但是否将公共政策作为区际判决承认与执行的条件，在实践中存在争议和不同做法。英国《1982年民事管辖权和判决法令》排除了英联合王国本土判决的相互承认和执行时适用公共政策，其主要原因是由于英联合王国的各个组成部分虽然被称为外国判决，但毕竟英联合王国是一个统一的主权国家，因此与海外的判决存在显著区别。[3]英国法院在承认与执行外法域有关身份案件的判决时，只有判决的承认与执行严重违背法院地的道德、正义和人权观念，才能适用公共政策审查拒绝承认与执行该判决；在承认与执行外法域有关契约案件的判决时，只有判决的承认与执行损害法院地的重大利益，才适用公共政策拒绝承认与执行该判决。[4]根据澳大利亚宪法第118条和联邦立法《州和地区法律与记录承认法》第18条的规定，一州或地区法院对另一州或地区法院作出的判决必须予以承认和执行，不能根据公共政策加以拒绝。美国法的公共秩序例外在州际判决承认与执行问题上的适用，受到严格限制，原则上只有在被请求法院州的基本政策被侵犯的情况下，才能主张公共秩序例外。[5]

在区际法院判决承认与执行中，上述国家不同程度不同方式地适用了公共政策。内地和香港特区大多数学者和有关磋商机构均主张将公共政策作为两地相互认可与执行判决的条件。考虑到内地与香港特区的社会制度、立法

[1] 《内港婚姻家事安排》第9条：“……内地人民法院认为认可和执行香港特别行政区法院判决明显违反内地法律的基本原则或者社会公共利益，香港特别行政区法院认为认可和执行内地人民法院判决明显违反香港特别行政区法律的基本原则或者公共政策的，不予认可和执行。申请认可和执行的判决涉及未成年子女的，在根据前款规定审查决定是否认可和执行时，应当充分考虑未成年子女的最佳利益。”

[2] P. B. Carter, “The Role of Policy in English Private International Law”, *The International and Comparative Law Quarterly*, vol. 3, 1993, p. 3.

[3] 贺晓翊：《英国的外国法院判决承认与执行制度研究》，法律出版社2008年版，第274页。

[4] 陈小云：《英国国际私法本体研究》，知识产权出版社2008年版，第160页。

[5] 孙劲：《美国的外国法院判决承认与执行制度研究》，中国人民公安大学出版社2003年版，第115页。

传统、法律制度存在很大的差异，任何司法协助均离不开两地的协调，如果要求一法域在区际司法协助中毫无保留地适用和接受另一法域的法律是不现实的，而且还会损害“一国两制”原则，因此承认、尊重并保持各法域的差异性是两地司法协助成功达成的必要保障。[1]从各国的立法来看，世界上没有任何一个国家在其法律中明确规定本国公共政策究竟包括哪些方面的具体内容，都是一个原则性的条款。内地与香港特区对公共政策的理解不完全一致，内地有关公共政策的规定体现在《民法通则》第150条和2012年《民事诉讼法》第274、276、282条。国家之间的公共政策审查条件一般都包括“国家利益”“安全”“主权”的提法，在中国签订的双边司法协助协议中，如1987年《中华人民共和国和法兰西共和国关于民事、商事司法协助的协定》第22条规定判决或裁决的协助强制执行，在“有损于被请求一方的主权、安全或公共秩序”时，可以拒绝。区际判决承认与执行活动中，公共政策是本法域社会整体利益所在，并不具有国家之间的“主权”因素，对各法域而言中华人民共和国国家的根本利益与各法域利益是一致的，各法域社会利益是国家整体利益的一部分。区际判决承认与执行中，对公共政策的表述不能出现“主权”等词汇，同时要考虑到各法域对公共政策的不同称谓和理解。

考察《内澳判决安排》第11条和《内港协议管辖安排》第9条有关公共政策审查的规定，表述上没有“主权”“安全”“国家利益”的提法，对有关公共政策的规定虽然不完全一致，但总的来说，公共政策的范围要比国家间的规定小。香港和澳门回归后成为中国的特别行政区，但其原有的社会制度不变，法律基本不变，维持其原有的法律和道德基本原则及社会的法律秩序不变。两个特别行政区也有职责和使命维护内地社会稳定和繁荣及其法律程序。这样相互尊重、相互维护、相互协调、相互促进的要求和做法是中国实行“一国两制”基本国策所具有的独特之处。《内港协议管辖安排》第9条和《内澳判决安排》的第11条参考两个特区对公共政策的理解，澳门特区的称谓是“公共秩序”，香港特区则称之为“公共政策”。上述两个安排的规定都体现了这些差异，对澳门特区有“法律的基本原则”的提法，对香港特区则没有，相同的是内地都用了“社会公共利益”的提法。内地法院审查香港特

---

〔1〕 贺晓翊：《英国的外国法院判决承认与执行制度研究》，法律出版社2008年版，第424页。

区离婚判决以符合内地法律要求的“社会公共利益”为标准。在香港特区认可和执行内地离婚判决时，公共政策是指按照普通法解释的公共政策。《内港婚姻家事安排》充分考虑到内地与香港特区对公共政策理解的差异，第9条[1]尊重香港特区对公共政策的理解，使用“公共政策”一词，内地使用了“社会公共利益”一词。但较《内港协议管辖安排》第9条而言，对内地和香港特区都多了“法律的基本原则”这一审查要求。从内容表述上看，《内港婚姻家事安排》第9条规定公共政策的审查要求与《内澳判决安排》第11条更为相似，只是澳门对公共政策的称谓是“公共秩序”。这些文字表述上的差异既反映了区际判决承认与执行中公共政策审查的特点，又充分考虑了我国不同法域的法律制度差异。

（二）采用“客观说”的审查标准，严格限制适用公共政策

适用公共政策审查要注意两个问题：首先，为避免公共政策被不规范适用，明确规定公共政策审查的标准就显得尤为必要。目前理论界对公共政策审查的标准主要有“主观说”和“客观说”两种。“客观说”一定程度上限制了公共政策适用的机会，较“主观说”更合理。世界各国普遍的做法都是采用“客观说”，即只有当外域法的适用或者认可外域判决的结果违反本法域公共政策的时候才能适用公共政策审查制度。其次，公共政策是对外国法的“内在道德”的评价，本质上具有模糊性和不确定性，有被滥用的危险。[2]国家之间的判决承认与执行，对公共政策审查是加以限制的，过分滥用会阻碍国家间的正常交往。公共政策审查在我国的区际法院判决承认与执行时，更应注意加以限制。各法域应站在更高角度利用更好的技巧来践行这一制度。当一法域法院认为外法域民商事判决的承认与执行违背法院地的公共政策，拒绝承认与执行该判决时，必须表明该判决的承认与执行严重违反法院地的公共政策，并因此有损法院地在政治、经济、文化和法律等方面的重大利益，而不能仅仅因为两法域的法律规定不同。[3]

《内港婚姻家事安排》采取“客观说”，并且规定了“明显违反”这一程

---

〔1〕 第9条规定：“……内地人民法院认为认可和执行香港特别行政区法院判决明显违反内地法律的基本原则或者社会公共利益，香港特别行政区法院认为认可和执行内地人民法院判决明显违反香港特别行政区法律的基本原则或者公共政策的，不予认可和执行……”

〔2〕 宋晓：《当代国际私法的实体取向》，武汉大学出版社2004年版，第264页。

〔3〕 黄进主编：《中国的区际法律问题研究》，法律出版社2001年版，第114页。

度要求，对司法实践有重要的指导意义。香港的判例法中已有适用“客观说”作为公共政策审查标准的判例存在，例如赌债合同的承认与执行。公共政策审查在香港的确立最早可以追溯到英国1918年的Dynamit Axtien Gesellschaft v. Rio Tinto Zinc案。[1]香港的成文法中也有关于公共政策的规定，例如1960年颁布的《外地判决（相互执行）条例》规定，若承认与执行某一外域法判决会违背香港的公共政策，则拒绝承认与执行该判决。《内港协议管辖安排》第9条也规定：“内地人民法院认为在内地执行香港特别行政区法院判决违反内地社会公共利益，或者香港特别行政区法院认为在香港特别行政区执行内地人民法院判决违反香港特别行政区公共政策的不予认可和执行。”但《内港协议管辖安排》没有明确规定公共政策审查的程度标准。

美国法院对区际民商事判决承认与执行中公共政策审查的程度标准曾做过解释，即只有当法院地的重大利益可能被侵犯时，才可以拒绝承认与执行外法域的判决。[2]在婚姻领域，由于各州历史上沿袭的习惯、风俗及政策不同，传统上各州在这一领域往往有不同的处理原则，不过总体上适用的还是缔结地（place of celebration）规则，即满足婚姻缔结地州有关条件的婚姻在其他各州都会得到承认。这一规则的例外是：如果某州在婚姻缔结时与配偶及该婚姻有最密切的联系（the most significant relationship）的，可以适用本地法。只要对被请求州来说某外州法律是令本州政策反感的，该州法院一般会接受援引公共秩序例外的有效性，但这并不意味着只要一州在适用本州法律方面具有合法利益，就有权拒绝执行一项外州判决。在缺乏“重要的而不只是合法的州利益”，或者不满足“某特定判决是在事实上违反公共秩序”的，各州须执行外州判决。因此，对在一州有效成立的婚姻，另一州只有在承认此项婚姻与本州某项重要的公共秩序相违背时，才能拒绝予以承认。在美国司法实践中，一些典型的与被请求州公共秩序相违背的例子，包括乱伦（incest）、重婚（polygamy）、未成年人婚姻以及缩减离婚后再婚的等待期限等。上述情况下的婚姻被认为无效，允许法院不予承认外州判决。不过，外州的政策如果只是与本州的相关政策不同并不适用公共秩序例外，否则显然是在滥用公共秩序原则。因此，除上述几类特殊情况外，各州婚姻法规定的明显

[1] Dynamit Axtien Gesellschaft v. Rio Tinto Zinc Co. 260AC 292（1918）.

[2] 韩德培、韩健：《美国国际私法（冲突法）导论》，法律出版社1994年版，第230页。

不同甚至冲突，一般并不构成适用公共秩序例外的理由。[1]

按照英国法理论，在援引公共政策时不能有敌意，至少应该是持谨慎的怀疑态度。这种谨慎态度主要是通过在国际私法学界中常用的词语“明显违背公共政策”的措辞表现出来的。“明显”的含义在牛津大辞典中被描述为“眼里看见、心里所想、清晰明确”。正如卡多佐（Cardozo）法官在一个案件中所说：“我们不能如此心胸狭隘地认为别人对同一个问题的处理方法与我们自己的处理方式不同而认为他们不对……法院不得以法官的喜恶，顺着法官心中关于对公证的概念而随意拒绝执行一个外国权利，除非执行该外国权利会产生违背正义的基本原则、道德的良好准则以及根深蒂固的普通法传统，才可以援引公共政策。”英国法院一般不轻易启动公共政策，除非外国法的适用明显违背英国的公共政策。[2]与英国法理论相似，《内港婚姻家事安排》规定了“明显违反”这一程度要求，而《内澳判决安排》和《内港协议管辖安排》都没有这种程度上的限制。如果对公共政策审查的程度标准不加限制，会阻碍我国各法域之间的交往，《内港婚姻家事安排》的规定更先进合理。加拿大、德国、荷兰等国家也是严格限制公共政策审查程度的，这种做法不仅符合限制适用公共政策审查的精神，也符合公共政策存在的根本目的。

五、结语

《内港婚姻家事安排》生效后，两地互认离婚判决就有了统一的法律依据，绝大部分跨境婚姻家庭案件判决将在两地得到相互认可和执行，为两地民众带来更多实实在在的福祉，为两地不断拓展和深化司法交流与合作奠定更加坚实的基础。[3]安排为两地互认离婚判决提供统一的标准和程序，改变以往司法实践的混乱局面。安排的部分规定体现了内地与香港特区积极合作的态度，比如第2条首先就对香港特区最关注的判决终局性问题作出规定，还规定内地和香港特区法院在不能认可和执行判决的全部判项时，认可和执

〔1〕 孙劲：《美国的外国法院判决承认与执行制度研究》，中国人民公安大学出版社2003年版，第117~118页。

〔2〕 贺晓翊：《英国的外国法院判决承认与执行制度研究》，法律出版社2008年版，第274页。

〔3〕 “内地与香港特区签署相互认可和执行婚姻家庭民事案件判决安排”，载http://www.court.gov.cn/zixun-xiangqing-48562.html，访问日期：2017年6月30日。

行其中的部分判项。[1]新安排还有两大亮点：其一，为解决管辖权的积极冲突引入“一事不再理”原则，并且为了尽量促成离婚判决的认可与执行，在不予认可与执行的情形中没有审查管辖权的要求；其二，考虑到内地与香港特区对公共政策理解的差异，安排按照两地的法律习惯表述公共政策，采用“客观说”的审查标准，严格限制适用公共政策的条件。

但《内港婚姻家事安排》并不完善，比如：第3条详细列举了将要调整的婚姻家庭民事案件及判令种类，但是内地的各项判决与香港特区的各项判令能否完全对应？第16条和第17条中有“同一争议”这一要求，不能完全对应时，法院该如何处理？这些差异会产生实际的争论。第9条“不予认可和执行”条款中的“欺诈”的定义、适用范围如何界定？尽管内地《最高人民法院关于贯彻执行〈中华人民共和国民法通则〉若干问题的意见》对“欺诈”进行了定义，但该定义并不能适用于不同语境下的《内港婚姻家事安排》。第11条的“中止认可和执行程序”条款，内地法院如何得知当事人已经上诉？香港特区法院如何得知内地法院已经裁定再审？当事人是否负有通知法院的义务？法院作出中止认可和执行程序决定的期限是多久？上述这些问题都是实践中很可能遇到的，需要进一步明确。安排还回避了一些问题，比如：没有对“法律真空”阶段作出补救规定。《内港婚姻家事安排》第20条规定：“内地与香港特别行政区法院自本安排生效之日起作出的判决，适用本安排。”而《内澳判决安排》中特别对澳门回归后至安排生效之前的“法律真空”阶段作出了补救。[2]其实在《最高人民法院关于内地与香港特别行政区相互执行仲裁裁决的安排》中也有类似安排，为当事人在“法律真空”阶段的不能行使或不被承认的请求权提供救济。[3]上述这些问题都会给两地互认离婚判决带来实际困难，未来两地应就条文中不明确的地方作出进一步解释。

---

〔1〕《内港婚姻家事安排》第10条。

〔2〕《内澳判决安排》第21条：“在这一期间作出的司法判决，如当事人未向对方法院申请认可和执行或对方法院拒绝受理的，仍可于安排生效后提出申请。”

〔3〕《最高人民法院关于内地与澳门特别行政区相互认可和执行民商事判决的安排》第10条。

以邮轮航程变更规则完善应对邮轮霸船问题*

李璐玲**

摘　要： 邮轮霸船主要由不可抗力及邮轮故障等可能危及邮轮和旅客人身安全的事件导致邮轮预定航程变更引起。目前，我国无论是法律规定还是有关合同条款，对于航程变更这一事关邮轮公司和旅行社责任与旅客权利边界的规则均无清晰合理界定，导致各方权责不明，相应法律后果分担不公。应在法律中明确船长行使航程变更权的情形包括但不限于不可抗力，从而进一步区分在不可抗力和非不可抗力情形下航程变更，邮轮公司和旅行社应承担不同法律责任。同时，通过立法强化政府对各旅行社的邮轮旅游合同和各邮轮公司的邮轮船票监管的职能。

关键词： 邮轮霸船；航程变更；不可抗力；合同范本

近些年来国内邮轮业快速发展，与之配套的法律规范却并未完全与行业发展速度和规模相匹配。特别是当邮轮纠纷导致突发事件时，很多情况下得不到及时有效公平合理的解决，造成影响较大的不良后果，特别是事关邮轮运营连续性和港口秩序的邮轮霸船问题，近几年来一直困扰着邮轮公司、旅行社、港口乃至旅客。

邮轮霸船并非法律术语，而是一个行业称谓，主要是针对邮轮旅游航次结束后，因某种原因，游客单方面认为自己的旅游权益没有得到充分保障，

---

* 本文是教育部人文社会科学研究项目“海洋强国战略下邮轮业长效发展的法制保障研究”（项目号：15YJC820027）的阶段性成果。

** 李璐玲（1981—），女，博士学位，首都经济贸易大学法学院副教授，研究方向：国际私法、海商法。

致使应该享受的邮轮旅游服务得不到满足，从而拒绝离船的行为。[1]上海市旅游局制定的《上海市处置旅游突发事件应急预案（2014版）》以“邮轮滞留事件”指称邮轮霸船，并对此设置了专门条款“发生在本市邮轮滞留事件处置基本程序”。[2]从实践来看，霸船行为多由天气条件恶劣等不可抗力导致邮轮预定航程变更引起，以2013年歌诗达邮轮“维多利亚号”因天气原因延误变更航程和2015年皇家加勒比邮轮“海洋量子号”因台风原因变更航程分别导致的上海港邮轮滞留事件为代表。除了预定航程未完成这一表象原因之外，已有研究者从多方面分析了引发邮轮霸船事件的其他重要原因，包括船方、旅行社、游客等多方沟通不善、响应机制缺失、游客以正当程序维权之法律意识淡薄等。[3]本文则希冀从引发邮轮霸船最根本最主要的航程变更入手分析，从法律规定、合同条款两大方面查摆既有航程变更规则的不足，继而给出解决方案。

一、邮轮霸船行为的法律定性

《旅游法》第14条规定，旅游者在旅游活动中或在解决纠纷时，负有不得损害其他人（包括当地居民、其他旅游者、旅游经营者和从业人员）合法权益的义务。第72条则明确了旅游者违反该项义务应承担赔偿责任。同时，《旅游法》第79条明确了旅游经营者执行安全生产管理的法律法规及标准的义务。结合邮轮旅游的具体情况，海上航行专业性极高，国际海事界已孕育了成熟规则，国际上公认邮轮航程变更决定权应由船长掌控。基于在旅游安全问题上必须坚持底线思维，我国邮轮旅游业首个地方政府规范性文件《上海市邮轮旅游经营规范》（以下简称《经营规范》）明确了船长的独立决定权，

---

〔1〕吕方园、郭萍：“邮轮霸船之法律考量——以《旅游法》为分析进路”，载《旅游学刊》2014年第10期。

〔2〕上海市人民政府上海应急官方网站：http://www.shanghai.gov.cn/shanghai/node2314/node2319/n31973/n32019/n32022/n32024/u21ai858119.shtml，访问日期：2018年3月10日。

〔3〕上海市交通港航发展研究中心课题组：“建立邮轮承运纠纷与突发事件的响应机制研究”，载汪泓主编：《中国邮轮产业发展报告（2015）》，社会科学文献出版社2015年版，第91~92页；尹正、姚东升：“上海港国际邮轮滞留事件预防与处置对策探析”，载《上海公安高等专科学校学报》2017年第1期；吕方园、郭萍：“邮轮霸船之法律考量——以《旅游法》为分析进路”，载《旅游学刊》2014年第10期。

其他主体均应配合。[1]可见，在符合法定条件的情形下，邮轮公司方面变更航程是其权利也是其义务，旅客以霸船方式抵制是毋庸置疑的违法行为。

对于何谓“不可抗力”，邮轮旅客和旅行社、邮轮公司的看法常常相左，事实上也确有旅行社以非不可抗力之情形作为免责之抗辩。但由于霸船行为不仅涉及邮轮旅游合同当事方的权利义务，而且事关后续航程旅客的利益、港口正常经营秩序等问题，即使旅行社、邮轮公司有责在先，旅客也不能以损害他人合法权益和社会公共秩序为代价维权。

由于国外邮轮经营中未见以霸船方式解决争议的现象，而外资邮轮公司在我国经营使用的船票是其通用格式，因此也未见对霸船行为的特别规范。但在所见船票条款中均有类似表述：“乘客应当遵守船长的指令”，“在任何时间，乘客均需遵守本协议规定、所有适用法律以及承运人、游轮及其它交通工具的规章、政策和规定”。[2] 而面对上海港深受霸船事件困扰的情形，上海市工商行政管理局和旅游局联手出台的《上海市邮轮旅游合同示范文本（2015 版）》（以下简称《合同范本》）在第 5 条“双方的权利义务”中特别对霸船行为进行了规制。[3]该规定被 2016 年出台的《天津市邮轮旅游合同（JF-2016-078）》全盘照收。

因此，无论从法律层面还是合同层面，霸船行为都是毋庸置疑的违法行为。

二、邮轮航程变更规则的不足

需要说明的是，除《旅游法》等一般法外，本文将主要结合《经营规范》这一针对邮轮旅游的特别法规范进行分析。作为我国邮轮旅游业首个地方政府规范性文件，其较为明确地规定了邮轮旅游的法律关系与纠纷解决，

---

〔1〕《上海市邮轮旅游经营规范》解读，上海市旅游局官方网站：http://lyw. sh. gov. cn/lyj_website/html/defaultsite/lyj_ zcfg_ zcjd/2016-10-17/detail_ 136446. htm，访问日期：2018 年 3 月 10 日。

〔2〕皇家加勒比国际邮轮“乘客票据合同”下乘客一般守法义务（第 8 条）和乘客行为守则，载 https://www. rcclchina. com. cn/content/brand/passenger/repeat，访问日期：2018 年 3 月 11 日。

〔3〕该合同范本第 5 条第 1 项第 9 点规定：“行程中发生纠纷，甲方应按本合同第八条、第十一条约定的方式解决，不得损害乙方和其他旅游者及邮轮方的合法权益，不得以拒绝上、下邮轮（机、车、船）等行为拖延行程或者脱团，不得影响港口、码头的正常秩序，否则应当就扩大的损失承担赔偿责任。”

为相关事项的法律调整提供了较为理想的立法范式。〔1〕因此，基于此的研究对认识和完善邮轮航程变更规则的不足以解决我国邮轮霸船问题会起到事半功倍的作用。

船长航程变更规则事关邮轮公司和旅行社责任与旅客权利的边界，唯此清晰、合理，才能更好地维护各方权益。否则，就航程变更是否合法、变更后的处置是否适当、邮轮方是否及如何承担责任等问题，难免出现争议。特别是当前我国由于包括邮轮旅游目的地意识弱在内的邮轮文化渗透不足，游客中“旅游价值在于境外岸上目的地，而非邮轮航游之旅途”，“岸上购物消费是旅游关键部分”等认识依然相当普遍。〔2〕在这样的文化背景下，为避免纷争特别是霸船这样极端行为的出现，更应对邮轮方变更航程的规则作出妥善安排。但目前来看无论是法律规范还是合同条款，对此规范均有不妥之处。〔3〕

（一）法律规范对航程变更的情形语焉不详

《经营规范》第16、17条对邮轮航程变更及其处置做了规定。第16条描述这一权利时提到“如遇不可抗力可能危及邮轮和旅游者人身安全的，邮轮船长有独立决定权”；第17条涉及航程变更处置时则表述为“因不可抗力等原因导致邮轮延误、不能靠港、变更停靠港等情况的”。那么，不可抗力是航程变更权行使的唯一情形吗？答案应该是否定的。因为“危及邮轮和旅行者人身安全”的情形不止不可抗力，如邮轮机械故障即是常见的应进行航程变更之情形。

实践中出现过旅游经营者一方主张邮轮机械故障属于不可抗力的情形，〔4〕但显然是站不住脚的。且不论我国《民法总则》对不可抗力“三不”属性并存的严格要求，单就不可抗力应是“客观情况”而言，邮轮机械故障即非不可抗力，因“客观性”是指它必须独立存在于人的行为之外，既非当事人的

〔1〕 孙思琪、戎逸：“邮轮旅游法律关系的立法范式与理论辨正”，载《中国海商法研究》2017年第3期。

〔2〕 上海市国际邮轮经济究中心：“2016-2017年中国邮轮产业”，载汪泓主编：《中国邮轮产业发展报告（2017）》，社会科学文献出版社2017年版，第29~30页。

〔3〕 此处涉及的法律规定不包括《民法总则》和《旅游法》这样一般法的条文，只涉及《经营规范》这类针对邮轮运输的特别法规范。

〔4〕 “邮轮旅程缩水，仅赔300元”，载北京晨报网 http://bjcb.morningpost.com.cn/html/2015-12/18/content_380484.htm，访问日期：2018年3月12日。

行为所派生，亦不受当事人意志左右。[1]若认为所有的机械故障均为不可抗力，显然过于偏袒邮轮公司，也会变相造成邮轮公司疏于履行其在海上旅客运输合同范围内的义务。[2]

更重要的是，《经营规范》这种将邮轮航程变更情形等同于不可抗力的做法，会使邮轮公司借此推脱责任。航程变更的出发点在于保护邮轮及旅客安全；不可抗力作为免责事由的理论依据在于阻却违法性、切断因果关系、不具有可归责性。[3]既然引发航程变更的事项不必然是不可抗力，也就不必然具有免责效果。混为一谈的后果很可能就是类似海航邮轮“海娜号”在福冈“跳港”后的一番言行。该案在邮轮机械故障的情形下，邮轮公司主张不可抗力免责，认为每人300元是邮轮方给游客的补偿。[4]

（二）航程变更处置的法律规范过于粗糙

《经营规范》第17条主要规定了航程变更后邮轮公司的通知、说明和劝导义务。严格来讲，与其说是法律规范，不如说是行为守则，因为对邮轮公司未尽到有关义务的法律后果并未规定；而航程变更处置后最关键的问题“邮轮公司的责任”也是付之阙如。从《经营规范》第13条“邮轮旅游合同”的规定来看，《经营规范》认为可由《合同范本》解决这些问题；而《合同范本》第8条“责任减免及不可抗力情形的处理”确有相应规则。但《经营规范》第13条第2款对《合同范本》也只表述为“参照适用”。况且，从理论上说，《合同范本》的效力与法律规定的效力不可类比。虽然《经营规范》作为地方政府规范性文件效力位阶较低，但根据最高人民法院《关于裁判文书引用法律、法规等规范性法律文件的规定》第6条也是可以作为裁判说理依据的。

此外，值得注意的是，《合同范本》在其使用说明中开宗明义地表示“本合同示范文本供旅游者参加邮轮旅游与旅行社签订包价旅游合同时使用”。因

---

〔1〕 佟柔主编：《中国民法》，法律出版社1990年版，第575页。转引自韩世远：《合同法总论》（第三版），法律出版社2011年版，第373页。

〔2〕 关于邮轮公司与旅游者之间的关系，有研究者给出了较为充分翔实的论证，详见孙思琪、戎逸：“邮轮旅游法律关系的立法范式与理论辨正”，载《中国海商法研究》2017年第3期。

〔3〕 韩世远：《合同法总论》（第三版），法律出版社2011年版，第372页。

〔4〕 “邮轮旅程缩水　仅赔300元”，载北京晨报网 http://bjcb.morningpost.com.cn/html/2015-12/18/content_380484.htm，访问日期：2018年3月12日。

此，即使《合同范本》在实践中被全面采纳，旅客也只能据此向旅行社主张责任，无法对抗邮轮公司。而目前在我国邮轮旅游以旅行社包销船票为主导模式的情况下，邮轮船票功能缺失，旅客鲜少了解邮轮船票是具有法律约束力的合同文件。[1]虽然《经营规范》对邮轮船票也做了规范，[2]但也只停留在船票"……应告知……因不可抗力导致的航程变更、取消后的风险分担标准、免责事项……"这样模糊的建议性表述上。而且，由于只是"鼓励"而非强制备案，大大削弱了行政管理部门对邮轮公司单方面印制的船票的监管，难免出现邮轮方以此优势侵害旅客权益的情况，容后详述。因此，由法律法规直接规定邮轮航程变更处置后的邮轮公司责任，更有利于旅客直接有效地向邮轮公司提出索赔。

在2013年上海港最严重的一起霸船事件即歌诗达邮轮"维多利亚号"案中，邮轮公司在未对旅客进行任何告知的情况下因天气原因取消了济州岛行程。事后，未参与霸船的旅客仅从邮轮公司处得到退回的193元港务费；参与霸船的旅客则多得了1000元赔偿。[3]此种情形下，若认可只发生类似《合同范本》第8条退还费用、不承担其他违约责任的法律后果，势必会导致邮轮方怠于将引发航程变更的情形及时通知旅客，由此引发旅客不满情绪的更大爆发；而当邮轮行程前发生这些情形时，旅客更是因此丧失了选择解除合同的权利，此其一。其二，如前所述，不明确由不同原因引发的航程变更下邮轮公司的责任，会导致邮轮方以非不可抗力之情形主张免责，在本就没有按计划享受旅程的游客心头火上浇油。其三，对邮轮公司责任没有明确规定的情形下，本着"会哭的孩子有奶吃"的惯性思维，霸船者多得不可避免，对守法者不公的同时进一步刺激了霸船动机的增长，实不足取。

（三）合同条款有显示公平之情形

如前所述，实践中由邮轮公司单方面印制的船票会出现显失公平的条款，特别是就本文讨论的邮轮方航程变更权相关规范。以在"世界旅游奖评选"中连续十年被评为"欧洲最佳游轮品牌"的诺唯真游轮为例，其在"乘客船

---

〔1〕孙思琪："《海商法》修改视角下邮轮旅游法律制度构建"，载《大连海事大学学报（社会科学版）》2017年第6期。

〔2〕详见《经营规范》第11条"邮轮船票"。

〔3〕"维多利亚号邮轮擅自取消行程遭游客霸船9小时"，载新浪上海网 http://sh.sina.com.cn/news/s/2013-04-11/082542303.html，访问日期：2018年3月13日。

票合同”第6条（a）项“旅行风险”中将“碰撞、触礁或搁浅”“船长/船员的渎职行为、船员弃船或叛乱”“罢工、停工、劳资纠纷（无论此等罢工、停工、劳资纠纷是否由承运人和其雇员或任何第三方之间的争议所致）”统统归为不可抗力，认为这些情形下“航程可能变更、缩短、增长或全部或部分取消，且承运人不承担退款或其他责任”。〔1〕

邮轮旅游具有旅游和运输的双重属性，其中发生在邮轮公司与旅客之间的海上旅客运输法律关系与《海商法》第五章“海上旅客运输合同”所规范的法律关系在本质上是一样的。正如有学者指出的，邮轮旅游涉及的船票功能、承运人责任等事项均须适用现行海上旅客运输合同法律制度的规定，二者之间的客观联系无法割裂。因此，邮轮旅游法律制度应当通过《海商法》修改，更确切说是，通过对“海上旅客运输合同”一章的修改来规定。〔2〕基于这样的认识，上述诺唯真邮轮船票条款显属问题条款。

根据《海商法》第114条的规定，承运人或者其受雇人、代理人在受雇或受委托范围内的过失引起事故，造成旅客人身伤亡或行李灭损的，承运人基于过错责任原则负赔偿责任。当船舶的沉没、碰撞、搁浅等引起旅客人身伤亡或行李灭损时，更是由承运人或其受雇人、代理人对无过失承担举证责任，否则应由承运人承担赔偿责任。而《海商法》第126条进一步规定“免除承运人对旅客应当承担的法定责任”的海上旅客运输合同条款无效。这也是国际海事组织《1974年海上旅客及其行李运输雅典公约》的规则；2013年4月生效的《2002年海上旅客及其行李运输雅典公约》更是将承运人赔偿责任的归责原则由过错责任修改为严格责任与过错责任并用，对船舶航行事故（沉没、碰撞、搁浅、火灾或船舶缺陷）造成的旅客人身伤亡在一定限额内实行严格责任。

虽然上述都是针对旅客人身伤亡和行李灭损的规定，但可以看到无论是我国《海商法》还是海上旅客运输立法的国际发展，邮轮公司作为承运人都不可能适用不完全过错责任，即对自己和其受雇人、代理人的过错导致的违约应承担责任，不存在类似国际海上货物运输承运人航海过失免责的情形。

---

〔1〕 诺唯真游轮网：http://www.goncl.cn/（乘客船票合同下载），访问日期：2018年3月11日。

〔2〕 孙思琪：“《海商法》修改视角下邮轮旅游法律制度构建”，载《大连海事大学学报（社会科学版）》2017年第6期。

未来修改《海商法》不管具体怎样安排邮轮问题，就其对旅客承担的责任而言，都不会有过错免责的可能。传统海上旅客运输关注的是旅客人身和财产安全，对于航线变更甚至运输迟延并无特别规定。但邮轮旅游对于传统海上旅客运输的超越之处就在于，其超越了传统客运船舶的交通运输的“工具”属性，升华为旅游活动的“目的地”。[1]因此，由于邮轮公司或其受雇人、代理人过错导致航程改变（特别是延误、缩短等）而影响到旅客海上巡游体验的，邮轮公司应负违约责任。

三、邮轮航程变更及相关规范的完善

作为目前最权威的邮轮经济研究著作之一，上海国际邮轮经济研究中心组织编写的“邮轮绿皮书”即年度与研究报告系列第一册在其总报告中就指出，要通过立法完善法律保障体系，“一方面为邮轮企业提供寻找免责理由的空间，另一方面根据有关规定明确划分合法维权与霸船侵权的界限”。[2]包括对邮轮船票显失公平之条款的修正也要靠法律规则的完善来推进和保证。

其一，从法律上对邮轮航程变更情形加以明确。不可抗力固然是其中之一，除此之外应明确邮轮故障、航行事故等所有“危及邮轮和旅客人身安全”的情形均属航程变更情形，在此等情况下，船长均有变更航程的独立决定权。基于海上航行方案是极高的专业性判断，这种列举应当是不完全列举；但同时要强调变更情形所达到的程度即“危及邮轮和旅客人身安全”，以形成对船长决定权的合理限制，从而减少潜在的出现霸船行为的可能。

其二，与规则上明确航程变更情形不等于不可抗力，就变更处置应当明确由不可抗力和可归责于邮轮公司的原因引起的航程变更具有不同的法律后果。就不可抗力而言，由于目前我国邮轮旅游市场主要采取包船销售模式，因此可参考《合同范本》第8条“责任减免及不可抗力情形的处理”第2项的规定，明确旅行社相应的退费义务。就可归责于邮轮公司的原因引起的航程变更而言，立法应该肯定就此种情形下旅客可根据自己的意愿选择向旅行社或邮轮公司主张责任，前者依据旅客和旅行社之间的邮轮旅游合同，后者

---

〔1〕 司玉琢、谢忱：“法律视角下的邮轮旅游文化研究”，载《政法论丛》2017年第4期。

〔2〕 汪泓等：“2013-2014年中国邮轮产业发展形势分析与趋势展望”，载汪泓主编：《中国邮轮产业发展报告（2014）》，社会科学文献出版社2014年版，第20页。

根据旅客与邮轮公司之间的邮轮船票。由于包销模式下的邮轮旅游船票功能往往被忽视，立法做此明确规定更显得有必要。与此同时，就邮轮公司对航程变更未按法律规定履行告知、说明义务的，应规定其与旅行社均丧失相应的不可抗力免责权利，以此督促邮轮公司积极面对航程变更后续处置和旅客安抚工作，以尽可能减少霸船情形的出现。

其三，除了由政府部门推出类似《合同范本》这样的标准合同条款，更应当通过立法强化政府对各旅行社的邮轮旅游合同和各邮轮公司的邮轮船票监管的职能。当然这是针对整个合同和船票条款而言的，但对于监督旅行社和邮轮公司合理界定不可抗力等免责情形从而适当划分其与旅客之间的风险和责任，具有重要意义。旅客在合同和船票中找到可以据此维权的“定心丸”，自然就会大大减少对霸船这种极端维权方式的仰仗。针对目前只有类似《合同范本》标准合同和单纯鼓励合同备案的现状，笔者建议：第一，可由相关政府部门推出“乘客船票合同文本”作为各邮轮公司制备本公司船票参考之用。第二，要求各旅行社和邮轮公司的邮轮旅游合同和邮轮船票进行强制备案。

论外国同性结合效力在中国的承认

李 珏*

摘 要：在全世界近40个国家和地区承认同性结合的大背景下，我国在立法和司法实践中均未承认外国同性结合的效力，这将对司法实践处理很多涉外同性家庭人身和财产纠纷造成困扰。本文将从司法层面，通过分析外国同性婚姻在我国的法律适用过程，以及深入探讨三大“逃避阀”对承认涉外同性婚姻的影响，摸索一条可以切实解决涉外同性婚姻在我国承认问题的道路。本文认为，在承认外国婚姻效力领域应慎用逃避阀，在案件中具体问题具体分析，有限度地承认涉外同性婚姻，尤其是在同性婚姻作为先决问题时，对其效力进行妥善判定是司法实践的重中之重。

关键词：外国同性婚姻的承认；跛脚婚姻；法律规避；公共秩序保留

一、国内与国际同性婚姻合法化的日前进展概述

根据法律承认同性结合和赋予同性伴侣权利的程度和范围的差异，同性结合的立法模式分为同性婚姻与民事结合两大类。同性婚姻模式通过对婚姻法进行根本上的修改，允许同性结婚，虽然同性伴侣与异性伴侣在诸如收养等问题上权利义务有所不同，但配偶身份认可是一致的；〔1〕而民事结合模式虽未赋予同性结合双方类似于婚姻配偶的身份权，但是以注册登记的形式为

---

* 李珏（1994—），女，武汉大学法学院研究生，研究方向：国际私法。

〔1〕 加拿大、荷兰、西班牙、比利时《同性婚姻法案》；英国、德国、挪威、冰岛、瑞典、英国《同性伴侣法》。

同性结合者提供了生活和身份上的权利和保障。[1] 本文对同性婚姻的定义则采用广义范畴，即既包含狭义上的同性婚姻[2]制度，也包括民事结合[3]等“法定准婚姻制度”。

我国在保护同性婚姻的领域，存在着立法空白。实践中领事、司法部门对同性婚姻的保护也持消极态度。2014 年底，一位定居在美国旧金山的中国男性公民，依当地法律与一位美籍男性公民在加利福尼亚州办理了“同性结婚”手续后，为在中国内地办理购买房产手续，双方当事人要求中国领事为其“结婚文书”办理领事认证，由于我国《婚姻法》不承认“同性婚姻”，中国领事并未为其办理领事认证手续。[4] 2014 年 9 月 6 日，英国驻上海总领事戴伟绅与其华裔男友举办了同性婚礼，但该婚姻在中国境内的法律效力以及由此产生的双方当事人的权利义务关系是否应该受到中国法律保护的问题，仍然值得探讨。

我国已经分别在 1997 年和 2001 年完成同性恋的非罪化和去病化，[5] 且我国很大一部分大学生群体都对同性恋、甚至同性婚姻持有开放包容的态度，[6] 笔者对于中国承认外国同性婚姻效力秉持积极推动的立场。在此基础上，笔者认为在同性婚姻的问题上，我国已经是时候走出“见而不为”的阶段，积极作为，也就是承认有这个群体，并且去研究这个群体，进行一些相关的立法，可以先从涉外同性婚姻开始，采取开放、包容、接纳的态度，在我国法律允许的范围内，承认其配偶身份，保护其婚姻权利。

---

〔1〕 法国《民事互助契约法》、美国夏威夷州、马萨诸塞州。

〔2〕 至 2018 年 2 月 1 日，有 23 个国家和 1 个地区承认同性婚姻合法性：荷兰、比利时、加拿大、西班牙、南非、挪威、瑞典、葡萄牙、冰岛、阿根廷、丹麦、乌拉圭、新西兰、法国、巴西、英格兰、苏格兰、威尔士、卢森堡、爱尔兰、美国、哥伦比亚、芬兰和我国台湾地区。

〔3〕 至 2018 年 2 月 1 日，有 18 个国家承认同性民事结合合法性：德国、英国（北爱尔兰）、捷克、斯洛文尼亚、瑞士、匈牙利、奥地利、列支敦士登、马耳他、克罗地亚、安道尔、塞浦路斯、希腊、爱沙尼亚、意大利、厄瓜多尔、智利、澳大利亚。

〔4〕 任正红：“中国不承认‘同性婚姻’的法律效力——以中外领事实践为视角”，载《世界知识》2015 年第 16 期。

〔5〕 蒋月：《婚姻家庭法前沿导论》，科学出版社 2007 年版，第 329 页。我国刑法中类似于鸡奸罪的流氓罪于 1997 年废除，《中国精神障碍分类与诊断标准》于 2001 年 4 月将同性恋从精神疾病中删除。

〔6〕 张沛超、迟新丽、吴明霞、王莎莎、王健：“大学生同性恋、双性恋及跨性别者认知调查”，载《中国公共卫生》2012 年第 7 期。

二、同性婚姻诉讼在我国的法律适用过程

外国同性婚姻在中国法院请求承认，大致分为两种情形：第一种情形是双方当事人专门向法院请求承认其婚姻效力的确认之诉；第二种情形是双方当事人因为遗产纠纷、离婚财产分割纠纷或子女抚养纠纷等提起诉讼，法院需要对其同性婚姻效力作为先决问题予以确认。下文将通过对识别、准据法的选择，再到三大逃避阀的运用进行分析，最终判断该同性婚姻在我国的效力。

（一）识别：婚姻还是合伙？

本文讨论的同性婚姻分为狭义上的外国同性婚姻和民事结合，以下将在前述两种情形下分别探讨这两类同性结合究竟应该被识别为婚姻效力问题还是合伙纠纷问题。

根据我国《涉外民事关系法律适用法》规定，涉外民事关系的定性适用法院地法，但是此时会面临一个问题，外国同性婚姻中该外国是合法缔结的同性结合模式，但是我国法律规定中并没有与之相对应的法律概念，在该当事人请求确认其婚姻效力时，直接将其识别为婚姻效力问题是否恰当？本文认为在上述两种情形下将其识别为婚姻效力问题都是恰当的。原因有二，首先，同性婚姻虽然在我国的成文法律规定中未明确予以规定，但是在一般法律观念中是可以接受同性婚姻作为婚姻的一种的，即使我国尚未承认这种婚姻类型；其次，识别为婚姻效力问题更加符合案件本身的性质，如果当事人请求确认其同性婚姻效力，而我国将其识别为“合伙关系”或者其他民事关系，而对其效力予以判断，最后无论我国法院承认与否，都将无法达到当事人申请法院判决的目的。

但是，民事结合有其独立性，虽然可以将其理解为承认同性婚姻的一个过渡阶段，但是它与同性婚姻之间仍有较大差别，至少当事人之间没有作为合法配偶的身份权。笔者认为，当事人专门请求中国法院承认其民事结合的效力时，虽然这种问题发生的概率较小，在对照我国法律相应的法律概念的前提下，民事结合因其涉及双方财产和生活扶助关系的特殊性可以被识别为民事合伙。当民事结合作为先决问题时，我国司法解释规定，应该根据先决问题自身的性质确定其准据法，民事结合是当事人在外国合法缔结的同性结

合关系，通过分析其权利义务所涉及的内容，其性质与中国法律中婚姻的概念最为接近，所以，可以将其识别为婚姻。

所以，笔者认为，无论在上述哪种情形下，同性婚姻都宜被识别为婚姻关系。而民事结合则不同，当其专门申请法院承认其结合效力时，宜将其识别为民事合伙关系，而当其作为先决问题需要法院裁断其性质时，将其识别为婚姻关系更加有利于本问题的合理解决和我国法律的内部一致性的达成。同时，因本文篇幅的有限性以及实践中可能发生的可能性较小，本文不予讨论外国民事结合当事人专门请求法院承认其效力的问题，而只讨论被识别为同性婚姻的同性结合的效力问题。

（二）法律选择

国外承认外国同性婚姻的立法大都存在于已承认同性婚姻的国家，但是不承认同性婚姻的国家也有部分通过冲突法指引最后承认了外国的同性婚姻。首先，因为承认同性婚姻相比承认民事结合是对同性结合更高程度的肯定和保护，所以承认同性婚姻的国家对外国同性婚姻和民事结合大都抱有积极承认的态度；〔1〕其次，承认民事结合的国家一般都会对外国的民事结合予以承认，〔2〕但是对涉外同性婚姻的承认却不完全一致，有的通过冲突法指引间接予以承认其效力，〔3〕有的在民事结合的范围内承认涉外同性婚姻的效力，〔4〕有的则干脆拒绝予以承认。〔5〕最后，不承认同性结合合法性的国家对承认涉外同性结合的效力大都持消极态度，或根本不承认涉外同性结合，或通过冲突法指引不承认同性结合的法律，少部分国家通过冲突法指引承认同性结合的法

---

〔1〕 See Saez, M., "Transforming Family Law Through Same-Sex Marriage: Lessons from (and to) the Western World", *Duke J. Comp. & Int'l L.*, 125 (2014), p. 15; See "National Report: Belgium", *Journal of Gender, Social Policy & the Law*, vol. 19, 1 (2011), p. 84; See European Commission-European Judicial Network-Applicable law-France, Unmarried couples and partnerships, p. 12; See https://en. wikipedia. org/wiki/Same-sex marriage in Mexico，访问日期：2017年2月1日；See Dicey, Morris & Collins, *The Conflict of Laws*, Sweet&Maxwell Limited, 2006, pp. 74-75; See Stuart Davis, "Same-Sex Couples and the Harmonisation of EU Matrimonial Property Regimes: Unjustifiable Discrimination or Missed Opportunities?", *Child and Family Law Quarterly*, 1 (2013), p. 24.

〔2〕 Einfllhrungsgesetz zum Burgerlichen Gesetzbuch Art. 17b.

〔3〕《斯洛文尼亚共和国关于国际私法与诉讼的法律》第34条；《奥地利共和国关于国际私法的联邦法》第17.1条。

〔4〕《瑞士关于国际私法的联邦法》第45.3条。

〔5〕 See Virginia Zambrano, "2012 National Report: Italy", *American University Journal of Gender, Social Policy & the Law*, vol. 19, 1 (2011), p. 247.

律，但是最后还要通过法律规避或公共秩序保留的关卡才能对该结合予以承认。[1]例如，美国承认同性婚姻合法之前，各州之间对同性婚姻并不相互承认，美国法院认为，不承认其他州的同性婚姻并不影响婚姻权利的平等保护，因为该判决州要鼓励一夫一妻模式下孩子的抚养。[2]立陶宛的规定则弹性相对更大一些，依照外国法合法取得的婚姻，在立陶宛共和国境内予以承认；但是，夫妻双方在立陶宛共和国境内有固定住所地，且取得婚姻旨在规避立陶宛共和国法律关于该结婚无效的规定的情况除外，[3]即该国除了当事人法律规避的情形，对涉外合法缔结的同性结合是予以承认的。哈萨克斯坦共和国的国际私法采取了相当宽松的立法模式，公民之间或哈萨克斯坦公民与外国人或无国籍人之间在哈萨克斯坦共和国境外依照婚姻举行地国法缔结的婚姻，在哈萨克斯坦国承认为合法，外国人之间在哈萨克斯坦共和国境外依照婚姻举行地法缔结的婚姻，在哈萨克斯坦亦为有效。[4]

所以在立法层面上，笔者建议我国修改《涉外民事关系法律适用法》时，可以效仿立陶宛，将涉外婚姻部分修改为“依照外国法合法取得的婚姻，在中华人民共和国境内予以承认；但是，夫妻双方在中华人民共和国境内有固定住所地，且取得婚姻旨在规避中华人民共和国法律关于该结婚无效的规定的情况除外”。如此可以达到保护涉外同性伴侣权利和维护我国公共秩序的立法平衡。

在司法层面上，在我国现行《涉外民事关系法律适用法》的规定下，结婚条件，以双方当事人共同经常住所地法为先，共同国籍国法律次之，婚姻缔结地法为补充。所以依据我国的冲突规范可以得出，当两个外国人经常住所地为中国时，要适用我国法律裁判其婚姻效力，即当事人的同性婚姻无效；当外国当事人经常住所地不在我国，只是出于遗产继承、离婚等纠纷需要法院对同性婚姻效力作为先决问题予以判定时，是有可能适用到当事人的共同国籍国法或婚姻缔结地法的，此时通过冲突规则的指引，该婚姻应被判定有效。

---

〔1〕《卡塔尔国民法典》第13条；《马其顿共和国关于国际私法的法律》第38条；《土耳其共和国关于国际私法与国际民事诉讼程序法的第5718号法令》第13.1条；《阿尔及利亚民法典》第13条。

〔2〕 Sec. 1738C-Certain acts, records, and proceedings and the effect thereof. September 21, 1996, p. 23.

〔3〕《立陶宛共和国民法典》第125条：结婚条件的准据法。

〔4〕《哈萨克斯坦共和国家庭法典》第202条。

法理上也可以得出一致的结论，如孟西尼主张，凡人的身份、能力、亲属关系和继承关系，都应适用当事人国籍所属国法。[1] 结婚涉及自然人的特别行为能力并导致当事人身份的改变，因而应当适用确定自然人身份和能力的准据法。[2] 虽然如今的属人连结点大都变为经常居所地，但国籍仍然起到十分重要的作用，如本文中涉及的经常是出生后一直在外国，取得同性配偶身份后才定居中国的情况，此时，当事人身上的外国籍背景便能很好地解释其生活习惯、思维方式，我国也应予以保护，所以法院应当适用该外国法，承认其同性婚姻效力。里斯的最密切联系主义认为，在确定准据法时，不可机械、呆板，而应看哪个地方与案件事实和有关当事人有最密切的联系，此时应考虑到国家和国际体制的需要、法院地的相关政策、当事人的合理期望、判决结果的一致性、确定性和可预见性等方面后，结合具体案件事实，灵活选择准据法。[3] 外国同性配偶申请本国法院承认其婚姻合法效力时，可能只是为了在中国解决一系列人身和财产纠纷，而当事人在外国从小生活并合法获取配偶身份，而且双方思想观念均以在外国生活成长为背景，所以外国的法律应与当事人及其配偶关系联系最密切，我国法院应适用该外国法承认其同性婚姻效力。

但是外国同性婚姻效力在我国获得承认的最大障碍并不在于冲突法指引的法律选择，而在于之后的“逃避阀”对于准据法的排除，然后依据我国法律规定适用法院地法，而对该同性婚姻效力不予认可。下文将对三大逃避阀的适用进行详细分析论述。

（三）我国承认涉外同性婚姻效力之障碍

由于我国国际私法中的逃避阀（escape valve）包括法律规避、强制性规范（直接适用的法）以及公共秩序保留三大类，并不像一些欧美国家，只有其中之一二，[4] 且每一个逃避阀都会对涉外同性婚姻的效力造成阻碍，所以，本文将对上述三个逃避阀逐个分析。

1. 法律规避

首先，当事人法律规避是我国法院承认其婚姻合法性的第一大障碍，且

---

〔1〕 肖永平：《国际私法原理》，法律出版社 2003 年版，第 43 页。

〔2〕 张潇剑：《国际私法论》，北京大学出版社 2004 年版，第 369 页。

〔3〕 肖永平：《国际私法原理》，法律出版社 2003 年版，第 46 页。

〔4〕 Einfllhrungsgesetz zum Burgerlichen Gesetzbuch Art. 3-6.

该障碍也是真实存在并成立的。法律规避有两种情形，同性婚姻缔结双方为规避适用本国法律对同性婚姻的禁止性规定而去其他承认同性婚姻的国家缔结婚姻，或者当事人选择其他国家法律作为准据法，都可能构成法律规避。

第一种情形下，当事人去其他承认同性婚姻的国家依照当地法律缔结婚姻，故意制造新的连结点，以规避我国的法律规定，上述法律规定是否属于第11条中所说的“强制性规定”在下文中将详细论述，而无须在此处讨论，因为依照我国学术界的主流观点，规避本国法的强制性规定一律无效，[1] 所以当事人选择在外国缔结同性婚姻以规避我国法律，无论如何都构成法律规避，该连结点无效，此时我国法院可以依法拒绝适用该外国法律，[2] 从而判定该当事人之间的同性婚姻无效。

第二种情形下，当事人选择其他国家法律作为准据法，在我国不仅构成法律规避，而且还违反了我国国际私法中关于当事人对于法律选择的限制性规定。我国司法解释对于当事人选择准据法采取“法律授权才可为”的原则，[3] 婚姻领域并不属于当事人可以选择准据法的领域，我国《涉外民事关系法律适用法》及其司法解释涉及婚姻效力的条文中并未肯定当事人进行法律选择的权利，所以当事人的法律选择无效。

2. 强制性规定

强制性规定排除其他国家法律的适用是我国法院承认涉外婚姻合法性的第二大障碍，但障碍是否成立值得研究，笔者持否定态度，理由如下：

第一，《涉外民事关系法律适用法》中规定，我国法律对涉外民事关系有强制性规定的，直接适用该强制性规定。[4] 司法解释又对该强制性规定进行了限定，将其限制在劳动者保护、公共安全、环境安全、外汇金融安全等领域。[5] 此时再反观，我国《婚姻法》中对性别的限制是否符合上述法条明确规定的“强制性规定”的类型？答案是否定的，所以，强制性规定这一逃避

---

〔1〕 韩德培主编：《国际私法》（第3版），高等教育出版社2014年版，第393页。

〔2〕 最高人民法院关于适用《中华人民共和国涉外民事关系法律适用法》若干问题的解释（一）第11条。

〔3〕 最高人民法院关于适用《中华人民共和国涉外民事关系法律适用法》若干问题的解释（一）第6条。

〔4〕《中华人民共和国涉外民事关系法律适用法》第4条。

〔5〕 最高人民法院关于适用《中华人民共和国涉外民事关系法律适用法》若干问题的解释（一）第10条。

阀也不适用于涉外同性婚姻在我国承认的案件。

第二，即使将《婚姻法》中禁止同性结婚认定为“强制性规定”，在法理上，该强制性规定是否应该适用仍有待商榷，其性质仍需分析。例如，在英国法律中，强制性规定分为 domestic mandatory rules 和 overriding mandatory rules，[1] 而法律要求的直接适用的强制性规定指的是后者，[2] 涉及更多国家公共安全和大众福祉的保护，前者更类似于我国《婚姻法》中关于法定婚龄的强制性规定，适用范围大多限制在国内或者本国公民。所以，我国《婚姻法》中禁止同性婚姻的规定并不属于国际私法领域的“强制性规定”，而只是国内法中的“强制性规定”，所以并不能直接适用于涉外同性婚姻效力的判定。

同时，笔者认为，不仅不能适用强制性规范排除别国法律的适用，而且法律要保护弱者的权益，罗尔斯《正义论》中以差别对待原则，即在与正义的储存原则一致的情况下，施予最少受惠者最大利益。[3] 从维护当事人最大利益的原则出发，我们的立法者应当摒弃道德派的立法思想，按照当事人最大利益原则来制定我们的法律。[4] 同性恋者在各国都是少数群体，也大多是弱势群体，他们的很多权利都没有得到法律的认可和世俗的接纳与尊重，法院作为正义的最后一道防线，应当保护好弱者的权益，承认其婚姻的效力。

3. 公共秩序保留

公共秩序保留是同性婚姻在我国得到承认的最大的障碍。[5] 认为我国不应该承认涉外同性婚姻的最大理由，便是承认其效力会违反我国的重大利益、基本政策、法律的基本原则或道德的基本观念。[6]但是对公共秩序保留这一“安全阀”的适用，我国理论界和实务界都秉持谨慎的态度，所以，下文具体

---

〔1〕 See Zheng Sophia Tang, “Cross-border enforcement of gambling contracts: a comparative study”, *Int. J. Private Law*, vol. 7, 1 (2014), p. 7.

〔2〕 See Hamilton v. Abadjian, 30 Cal. 2d 49 (1947); Casanova Club v. Bisharat, 189 Conn. 591 (1983); McBurney v. Kentucky Off Track Betting, 1997 WL 689507 (Ky. Ct. App. 1997) aff'd 1999 WL 401683 (Ky. 1999). Mandatory rules cannot be derogated from by the parties' agreements. Mandatory rules here primarily refer to international mandatory rules or overriding mandatory rules, which are rules that must apply irrespective of the applicable law.

〔3〕［美］罗尔斯：《正义论（修订版）》，何怀宏、何包钢、廖申白译，中国社会科学出版社 2009 年版，第 77 页。

〔4〕 李银河：《李银河说性》北方文艺出版社 2006 年版，第 102 页。

〔5〕《中华人民共和国涉外民事关系法律适用法》第 6 条。

〔6〕 韩德培主编：《国际私法》（第 3 版），高等教育出版社 2014 年版，第 43 页。

分析，承认涉外同性婚姻究竟是否违反我国的公共秩序。

第一，公共秩序保留并未违反我国的重大利益和基本政策。同性婚姻对我国利益的影响最大便是生育率的相对降低，老龄化的略微升高，但是这并不构成对我国重大利益的背离。而且，当今社会中，生育并不再是人们选择结合的核心诉求，其重要意义还在于它是两个人基于自愿而共同生活，在情感上相互慰藉、在物质上互为依赖。〔1〕同时，随着我国男女平等平权的推进，家庭规模逐步变小，结婚在更大层面上变成“两个人之间的事”，而并不涉及家族、政府、国家的利益，国家无须再为婚姻的性别套上沉重的枷锁。

第二，公共秩序保留未必违反我国法律的基本原则。在1986年德国《民法施行法》改革将“外国法律在具体的案件中的适用结果无可容忍地（untragbar）违反了德国法律的基本理念（Grundgedanken）和正义观念（Grechtigkeitsvorstellungen）”〔2〕改为“如果适用其他国家某一法律规范的结果与德国法律的基本原则（wesentlichen Grundsatzen）明显不相容（offensichtlich unvereinbar），尤其当外国法的适用违背基本权利时，不予适用”〔3〕。德国公共政策与我国一样，都尝试保护法律的基本原则不受外来冲击，但是，德国公共秩序将基本权利保护单列出来，而将所谓的“正义观念”摘除，就是为国内一些基本权力设置一套安全阀，这是德国法律“基本权利高于道德”的立场，但是我国的公共秩序的适用相反会导致依据国外法律所赋予并保护的基本权利无法在我国得到承认。承认涉外婚姻的有效性分为两种，第一种是同性婚姻双方向中国法院请求确认其婚姻效力，第二种是同性婚姻效力问题作为诸如离婚、继承、财产分割等主要问题的先决问题，法院对其效力进行判定。这两种情形所涉及的公共秩序都属于“国际民事诉讼领域的公共秩序保留”，即承认外国判决将违反被请求国公共秩序，而非适用外国法将导致法院地国公共秩序受损的“外国法律适用与排除等公共秩序保留”。〔4〕且第二种情形与第一种情形相较，其承认标准更低，因为此种情形之下的承认只是

---

〔1〕 李银河：《李银河：我的社会观察》，中华工商联合出版社2014年版，第87页；李小江：《女性乌托邦：中国女性/性别研究二十讲》，社会科学文献出版社2016年版，第103页；蒋月：《20世纪婚姻家庭法：从传统到现代化》，中国社会科学出版社2015年版，第110页。

〔2〕 王葆莳：《德国联邦最高法院典型判例研究·国际私法篇》，法律出版社2015年版，第129页。

〔3〕 Einfllhrungsgesetz zum Burgerlichen Gesetzbuch，Art. 6 Offentliche Ordnung.

〔4〕 李良才：“荷兰同性婚姻的国际私法问题”，载《兰州学刊》2010年第7期。

将同性婚姻作为先决问题的判定，其根本目的是为了解决主要问题，对我国法律的基本原则的影响和冲击也更小。此时禁止同性婚姻是 lower level 的内部政策，而保护同性婚姻规定则变为了 higher level 的外部政策，[1]且此时因同性婚姻对我国内部政策的冲击较小，内部政策让位于外部政策，对本国公共秩序不予适用。

第三，公共秩序保留并未违反我国道德的基本观念。我们常说的"善良风俗"通常是伴随着主流价值而形成的，它反映出的是一种大众化的标准，同时也是对"小众"人群的文化霸权。法律道德化极大地制约着立法、执法和司法的创造力，导致其不愿意也不敢做出与传统伦理道德或民意相冲突的法律，从而无法完成同性婚姻立法的革新，从而导致了立法的缺失，我国对于同性婚姻的承认没有明确的指导方向。而执法人员也难免会受到我国传统婚姻家庭观念的影响，在面对同性婚姻的时候，常常容易带着个人偏见认定同性婚姻不符合我国"善良风俗"而主观的予以回避或拒绝。这样，就又为同性者追求自身权益多加了一层阻碍。英国心理学家 R. M. Sainsbury 在其所著《悖论》中提出一个叫"moral dilemmas"的理论，即人在某些状态，需要做一些为自己内心道德所不容的事情去维护真正的道德。[2] 笔者认为执法人员作为法律的执行者，应当至少抽离自己内心的偏见，站在中立的角度去维护真正的公平正义，同性恋者不是怪物，只是性取向与多数人不同而已。总之，同性恋不伤害他人，对社会的影响也不直接，它既不是犯罪和邪恶，也不是心理疾病，而是一种属于少数人所有的生活方式。[3] 以缺乏多数人的共识为理由，而去拒绝少数人为维护正当权益而作出的申诉，是对基本权利原则的敌意。

第四，我国公共秩序保留采取的是结果论，也即外国法律的适用结果会违反我国公共秩序时，才会对该外国法律予以排除适用，而非该外国法律本身违反我国的公共秩序而对其排除适用。所以，我国法院不宜仅因为外国法允许同性婚姻，中国法不允许同性婚姻的法律差异而直接对外国法予以排除，而应具体问题具体分析，看个案的适用结果是否会对我国的公共秩序造成严重影响，再进行裁判。对于同性婚姻效力问题作为诸如离婚、继承、财产分

---

〔1〕 See England and Wales High Court (Queen's Bench Division) Decisions, Neutral Citation Number: 2007 EWHC 132 (QB), Case No: HQ05X01103, p. 21.

〔2〕 See R. M. Sainsbury, *Paradoxes*, *3rd ed.*, Cambridge University Press, 2009, pp. 34-35.

〔3〕 李银河：《李银河性学心得》，时代文艺出版社 2008 年版，第 242 页。

割等主要问题的先决问题，法院对其效力进行判定时，其根本目的是为了解决主要问题，故对我国的传统观念冲击更小，对我国司法权威和公共利益的影响也更弱，法院没有必要适用公共秩序保留排除该外国法。

第五，公共秩序保留原则虽然可以保障我国法律的权威，也可以维护我国国内的公序良俗，但是在法律实践中就会对当事人的权利产生消极影响。例如，我国法院在审理涉外同性婚姻案件时以公共秩序保留制度为由拒绝承认涉外同性婚姻的合法性，这时同性婚姻关系缔结者在我国的身份将难以确定：若是确定其为合法的婚姻关系会影响到我国的社会公共利益；但如果确定双方的同性婚姻关系无效，那么他们在我国的法律下将是单身，这时就会存在许多诸如他们在我国领域内与异性结婚是否构成重婚的法律与社会问题。公共秩序保留原则可以保障我国法律的权威性和排除不利因素在我国法律实施中的影响，但是公共秩序保留原则也应当有选择地，根据不同案件事实分析整理后再进行适用。〔1〕

综上所述，外国同性婚姻在我国请求法院承认其婚姻效力时，如果当事人共同经常住所地不在中国，而其有共同国籍，或其婚姻缔结地承认同性婚姻，则通过冲突法的指引，可能判定该同性婚姻有效。但是如果当事人共同经常住所地在中国，则应适用我国法律判定其婚姻无效。当事人缔结同性婚姻存在法律规避的情形时，该人为的连结点不能被采用，我国法院应适用中国法律判定婚姻无效。

三、同性婚姻效力作为先决问题时的纠纷解决

同性婚姻作为先决问题时，主要问题分为两类，财产关系纠纷和身份关系纠纷。本文将主要分析作为财产关系纠纷的继承问题和作为身份关系纠纷的收养和离婚问题。

（一）继承问题

首先依据戴西的既得权说，凡依他国法律有效取得的权利，一般都应被承认与执行，除非与本国公共秩序相抵触。〔2〕比尔继承戴西的理论并将其发

〔1〕 褚宸舸主编：《自由与枷锁：性倾向和同性婚姻的法律问题研究》，清华大学出版社2014年版，第388页。

〔2〕 韩德培主编：《国际私法》（第3版），高等教育出版社2014年版，第43页。

展为，一项权利可以由创造它的法律或者被任何对它有管辖权的法律改变，如果没有任何法律改变这一项权利，那么该项权利就应当得到承认，尽管这样做只是承认一个事实。〔1〕在欧洲，结婚是一种宪法权利，也有诸如UDHR、CEDU〔2〕等一系列宪章和条约要求国家和地区修改其国内法，以保障每一位公民都有权利缔结婚姻，享有家庭生活。〔3〕欧洲人权公约把保护个体的自由权、婚姻权、组建家庭权等个体权利和其生活作为其目标，〔4〕美国联邦最高法院也认为结婚和生育都是人类的基本民事权利。〔5〕依此可得，在欧美发达国家，已经将结婚权利认定为宪法权利，当地合法结婚的同性恋者已经合法拥有了对彼此的配偶权。对此等依法取得的权利，我国法院应当予以承认并加以保护，而慎用公共秩序保留以排除外国法律的适用。我国司法实践中也应保护当事人依据外国法已合法取得的继承权利。

根据《涉外民事关系法律适用法》，我国法律关于涉外继承采用的是分割制，即将遗产分为不动产和动产，不动产适用物之所在地法，法定继承适用被继承人死亡时经常居所地法；遗嘱效力则适用遗嘱人立遗嘱时或者死亡时经常居所地法律或者国籍国法律。

由此可知外国同性配偶如果希望在中国通过自由意志支配自己的遗产，则可通过订立遗嘱来选择适用国籍国的法律，在遗嘱中规定遗产由同性配偶继承。但是继承权的问题集中在法定继承和不动产继承中，如被继承人死亡时经常居所地为我国，或者不动产所在地为我国，法院则应该适用我国法律，此时则产生一个先决问题，即同性婚姻是否合法有效，从而可以判断该同性配偶是否是被继承人的合法配偶，即第一顺位继承人。根据最高人民法院关于适用《中华人民共和国涉外民事关系法律适用法》若干问题的解释（一）的规定，法院应当根据先决问题自身的性质来决定应当适用的法律，婚姻效力问题在没有共同居住地的情况下可以适用共同国籍国法律，此时该同性婚姻是有效的，即同性配偶可以有权继承遗产。或者也可以直接根据我国《继

〔1〕 See Dicey, Morris & Collins, *The Conflict of Laws*, Sweet & Maxwell Limited, 2006, p. 184.

〔2〕 See Virginia Zambrano, "2012 National Report: Italy", *American University Journal of Gender, Social Policy & the Law*, vol. 19, 1 (2011), p. 247.

〔3〕 蒋月：《婚姻家庭法前沿导论》，科学出版社2007年版，第52页。

〔4〕 See Convention for the Protection of Human Rights and Fundamental Freedoms, Article 12: Right to Merry.

〔5〕 See Harry D. Krause, *Family Law*, 3rd ed., West, 1986, p. 3.

承法》规定，对继承人以外的对被继承人扶养较多的人，可以分给适当遗产，即提供了主要经济来源或者劳务扶助的人享有一定的继承权。但是此时将同性婚姻关系界定为扶助关系，只是在表面上为个别案件提供了相对妥当的解决方法，但是并未在法理上给予逻辑清晰的分析，尚有不当之处。如上述两种方式不能适用，且被继承人没有订立遗嘱为其配偶保留特定份额，则同性配偶无法合法继承该被继承人的遗产。

（二）收养问题

因为生理结构问题，同性恋者不能自然生育。因此他们想要有自己的子女，只能通过收养、人工授精或者是在缔结婚姻之前其中一方和异性生育或者收养子女，其中收养是最主要的方式。

根据我国《涉外民事关系法律适用法》规定，收养的效力适用于收养时收养人经常居所地法律，收养的解除适用被收养人经常居所地法律或者法院地法律。由此可推出，一对定居国外的同性配偶在中国收养小孩时，适用该外国法律，即我国法院应根据其国家对同性收养的态度来决定是否允许该伴侣收养小孩；但是如果该同性配偶定居中国，则应该适用中国法律，我国《收养法》在总则中就有提到“收养应当有利于被收养的未成年人的抚养、成长”，同时要求“收养人必须无子女，有抚养教育被收养人的能力，未患有医学上被认为不应该收养的医学疾病，年满35周岁”。虽然《收养法》上并没有明确规定国外同性伴侣不能在我国进行收养行为，但是根据《外国人在中华人民共和国收养子女实施办法》的规定，外国人在华收养子女，需提交收养申请书、出生证明、婚姻状况证明，因此在程序上来看，国外同性配偶想在我国收养小孩，他们的婚姻合法性将作为先决问题进行认定。

此时适宜适用荣格提出的“目的论方法”，即绕过了冲突规范的指引，直接就有关国家的实体法规范进行比较，选择那种更适合案件公正解决的法律。〔1〕在外国同性配偶婚姻效力承认的案件中，适用外国法律将承认同性婚姻，将承认该同性婚姻的合法性，而适用我国法律将否认同性婚姻的效力。结果选择和优先选择都主张要适用对当事人公正、符合一定社会目的的法律，而保障人基本的结婚权利应该是法律的目的，所以为了保护外国同性配偶的合法

〔1〕 See Friedrich K. Juenger, *Choice of Law and Multistate Justice*, Springer Netherlands, 1992, p. 194.

权益，我国法院应当选择适用外国法律作为准据法，承认其婚姻效力。

本文认为，如果同性伴侣符合我国各项涉外收养的要求且自愿收养，且其婚姻效力作为先决问题已被我国法院承认，而同时根据当事人本国法律，此收养行为合法有效的话，那么收养关系应当成立。

（三）离婚问题

我国离婚分为协议离婚和诉讼离婚，针对协议离婚而言，我国婚姻登记机关无权为外国缔结的同性婚姻进行离婚登记，因为截至 2017 年 6 月 16 日，我国领事机关尚未办理过一例外国同性婚姻的领事认证，即外国的同性婚姻证明在我国并不当然有效，所以在不存在合法有效的婚姻缔结证明的情况下，当事人不能直接申请我国婚姻登记机关对其进行离婚登记。故本部分主要讨论的是诉讼离婚中法院将当事人同性婚姻效力作为先决问题而对其效力进行裁断。

笔者认为，同上文推理过程，同时可参考《海牙结婚仪式和承认婚姻有效公约》的规定，即只要举行时依外国婚姻举行国的地方法为有效，公约国即应承认其有效性。[1]所以我国应当肯定作为先决问题同性婚姻的效力，也就是我国法院有权为外国同性婚姻进行离婚判决。但是该当事人在我国离婚登记之后，还存在外国法院对我国离婚登记的承认问题。如此循环往复，不仅给当事人造成很大的不便，增加其时间和经济成本，而且会带来司法和行政资源的浪费。在当今全球化大背景下，交通便利，本文建议当事人返回原婚姻缔结地或者其国籍国进行离婚，以从根源解决跛脚婚姻的问题。

四、结论

笔者认为，我国法院在受理关于涉外同性婚姻身份关系确认的案件时，应当具体问题具体分析，且不应过度依赖安全阀，对涉外同性伴侣的权利应采取积极保护的态度。

---

〔1〕 See Convention On Celebration And Recognition Of The Validity Of Marriage (Concluded March 14, 1978) Article 9: A marriage validly entered into under the law of the State of celebration or which subsequently becomes valid under that law shall be considered as such in all Contracting States, subject to the provisions of this Chapter. A marriage celebrated by a diplomatic agent or consular official in accordance with his law shall similarly be considered valid in all Contracting States, provided that the celebration is not prohibited by the State of celebration.

首先，法院受理案件并需要以同性婚姻合法性作为先决问题考虑的时候，不妨把同性婚姻进行分类，分为规避婚姻以及非规避婚姻两种。当事人明知我国同性婚姻不合法，为了想要结婚，于是故意离开中国，并且在结婚之后短期内便返回中国的，这种行为存在明显的规避我国法律，藐视我国法律权威，属于“规避婚姻”，因此可以通过法律规避或公共秩序保留予以拒绝承认。

其次，在“非规避婚姻”中，如果当事人通常早已在国外合法缔结同性婚姻，而后因为工作、生活等原因移居中国，且当事人双方共同经常住所地为中国，根据我国《涉外民事关系法律适用法》应适用我国的法律判断其婚姻效力，因为我国不承认同性婚姻，故应判定该同性婚姻无效。如果当事人没有共同经常住所地，或其经常住所地不在中国，对于这一类当事人，笔者觉得我国法院可以通过冲突规范指引适用当事人共同国籍国法或婚姻缔结地法，承认当事人同性婚姻的合法性。最后，依据前文所述，不适用强制性规范和公共秩序保留，这样既能解决实际问题，保护当事人合法权益，又能树立我国法律的权威。

最后，如果该同性婚姻有效性只是继承、收养、离婚等先决问题，笔者认为也应对其效力予以承认。因为承认该同性婚姻不仅有利于当事人合法权益的保护，而且解决此先决问题后，还有利于我国法院正确、合法、高效且从根本上解决当事人之间的人身、财产纠纷，既增强了当事人对案件纠纷解决的满意度，也大大提高了司法效率和质量。

学者专论

学位论文相似度检测的著作权意义*

周　平

一、问题的提出

根据2012年11月13日教育部发布的《学位论文作假行为处理办法》第2条的规定，学位论文包括向学位授予单位申请博士、硕士、学士学位所提交的博士学位论文、硕士学位论文和本科学生毕业论文。学位论文的正文前面，通常有“独创性声明”，以我校为例，独创性声明的内容为：“本人郑重声明：所呈交的论文是本人在指导教师指导下独立进行研究工作所取得的成果，论文中有关资料和数据是实事求是。尽我所知，除文中已经加以标注和致谢外，本论文不包含其他人已经发表或撰写的研究成果，也不包含本人或他人为获得首都经济贸易大学或其他教育机构的学位或学历证书而使用过的材料。与我一同工作的同志对研究所做的任何贡献均已在论文中做出了明确的说明。若有不实之处，本人愿意承担相关法律责任。”其他高校学位论文也有类似的内容。从著作权法角度来看，“独创性声明”主要包含三层含义：第一，声明论文由本人创作，即意味着本人可以在论文上署名；第二，声明论文有独创性，符合作品的构成要件；第三，论文中的引用部分已经注明来源，引用部分或者属于合理使用，不构成对他人著作权的侵犯，或者是公共领域不受著作权法保护的内容，但不属于论文独创性的部分。

该办法第3条规定的论文作假情形主要包括：①购买、出售学位论文或者组织学位论文买卖的；②由他人代写、为他人代写学位论文或者组织学位

* 本文系首都经济贸易大学校级规划项目“学位论文检测相关问题研究”的阶段性成果，项目编号：2017XJG006。

论文代写的；③剽窃他人作品和学术成果的；④伪造数据的；⑤有其他严重学位论文作假行为的。对于论文作假的处理，该办法第 7 条规定：学位申请人员的学位论文出现上述作假情形的，学位授予单位可以取消其学位申请资格；已经获得学位的，学位授予单位可以依法撤销其学位，并注销学位证书。

该办法所列论文作假的几种情形，均属于违反学术道德的表现，但又是有区别的：第①和第②种情形，论文不是由学位申请人员亲自撰写，即不是"学位申请人员独立完成"，即使论文的专业水平再高，因不是其独立完成，也不能获得相应的学位申请或者学位证书。第③和第④种情形，论文通常是由学位申请人员独立完成，但论文内容并不是由学位申请人员自行研究并经过独立思考所得，其在文中论证所用的材料或来自他人的成果，或来自伪造。来自他人成果的，不能反映申请人的真实水平；根据伪造数据得出的结论与学术道德背道而驰，这两种情况下完成的论文，其专业水平并未达到相应的学位要求，同样不能获得相应学位申请或学位证书。

在此办法明确列举的四种作假情形中，对于第①、②和④种情形，认定论文属于作假，违反学术道德，相对较容易（并没有统一的做法）；对于第③种情形，论文中不可避免地会引用他人的作品，当论文的某些文字与他人作品中的文字相同或相似时，在何种情况下构成剽窃，在何种情况下属于合理使用，判断起来则要复杂得多。而在实践中，最为普遍的是剽窃他人作品的现象。学位论文相似度检测主要就是针对第③种作假情形，即"剽窃他人作品和学术成果"而出现的。

学位论文的评价标准包括两个方面：一个方面是专业标准，另一个方面是著作权标准，也就是法律标准。学位论文是否达到相应的学术水平、是否符合专业标准，由相关专业领域的评审专家和具有相应资格的专家组成的答辩组，根据相关标准进行判断，此文不作讨论。关于学位论文的著作权标准，教育部科学技术委员会学风建设委员会编写的《高等学校科学技术学术规范指南》（第二版），其中"合理使用和适当引用的规定"是根据我国《著作权法》和《著作权法实施条例》中的相关规定而编写〔1〕、"抄袭和剽窃是一种欺骗行为，它被界定为虚假声称拥有著作权……"，其法律后果是根据《著作

〔1〕 教育部科学技术委员会学风建设委员会编写：《高等学校科学技术学术规范指南》（第二版），中国人民大学出版社 2017 年版，第 28 页。

权法》第47条规定承担民事责任〔1〕。教育部社会科学委员会学风建设委员会编写的《高校人文社会科学学术规范指南》，其中“引用与注释规范”部分认为“……明明采用了他人的观点或资料……不作标志，也不出现注释……实际上已经形成抄袭，构成侵权”〔2〕，此处的“侵权”即侵犯的著作权。上述两个指南对于“抄袭”和“剽窃”的界定是在著作权法的框架内进行的，并没有在著作权法之外另立标准。所以，学位论文是否构成抄袭或者剽窃，需要从著作权法的角度进行判断，即学位论文采用著作权标准（法律标准）。

许多高校规定在学位论文送审评阅和答辩前需要进行“学位论文学术不端行为检测”（简称“论文检测”），论文相似度（文字重复率）超过一定比例的，被认定为学位论文作假，不予送审评阅和答辩。至于文字重复的比例是多少，每个学校的标准不一样，而且不同的学位所要求的文字重复比例也不一样。比如，某高校本科毕业论文（设计）学术不端行为检测管理办法规定，毕业论文（设计）上传“大学生论文管理系统”进行文献比较后，重合文字部分所占比例（不含已标注的引用部分），即检测结果小于30%，视为毕业论文（设计）通过检测，检测结果大于或等于30%，视为毕业论文（设计）检测不合格。检测结果不合格的论文，不能参加论文（设计）答辩。对研究生论文的要求与本科生毕业论文的要求则有不同：学位论文相似百分比小于等于15%的学位论文，视为通过检测，直接送审评阅；论文相似百分比大于15%但小于30%的学位论文，需要复检；论文相似百分比大于等于30%的学位论文，视为未通过检测。

其他的作假行为，比如由他人代写的论文、伪造数据等，只要在学位申请答辩前不被发现，均有机会送审评阅甚至参加答辩。对学位论文进行相似度检测，一方面是因为抄袭他人作品的情况普遍存在，另一方面是因为计算机程序使得相似度检测简便易行。学位论文是否构成剽窃，需要从著作权法的角度进行深入分析。

---

〔1〕 教育部科学技术委员会学风建设委员会编写：《高等学校科学技术学术规范指南》（第二版），中国人民大学出版社2017年版，第41页。

〔2〕 教育部社会科学委员会学风建设委员会组编：《高校人文社会科学学术规范指南》，高等教育出版社2009年版，第30页。

二、学位论文的独创性

《伯尔尼公约》第2条第1款规定："'文学和艺术作品'一词包括文学、科学和艺术领域内的一切作品，不论其表现形式或方式如何。"我国《著作权法实施条例》第2条规定："著作权法所称作品，是指文学、艺术和科学领域内具有独创性并能以某种有形形式复制的智力成果。"著作权法意义上的作品，应当具备几个基本特征：作品应当具有独创性；作品是思想、情感的有形形式的表达；作品属于文学、艺术和科学领域的有形形式的表达；作品能以某种有形形式复制。学位论文以文字形式表现，属于著作权法所称的作品。学位论文相似度检测主要针对的是作品是否具有独创性。

作品受著作权法保护的前提是要有独创性，但著作权法对独创性的概念和标准没有进行规定。吴伟光教授认为，独创性，英文为originality，是指受著作权法保护的作品必须是作者智力劳动创作出来的，而不是抄袭他人的作品，或者将公共领域的作品据为己有，也不是对事实的重复描述。[1]崔国斌教授认为，独创性至少包括两个方面的要求：独立创作；创作结果具有最低限度的创造性。但是，版权法上的独创性标准并不要求实质性的创造性、艺术美感或者新颖性。独立创作是指创作者独立完成作品，没有抄袭他人的在先作品。"独立创作"只是禁止抄袭，而不是要求作品具有绝对意义上的新颖性。[2]刘春田教授认为，独创性标准首先要求作品系作者独立完成，不是抄袭而来；作品应当具有一定的创造性。[3]司法实践中，有观点认为，"'独创性'是一个具有弹性的概念，难以实行论斤计两的考量，它需要法官进行实事求是的比较和鉴别，也需要法官在审判实践中继续探索，逐步归纳出一个相对客观的标准来"[4]。

创作是把某个思想观念或者情感用一定的形式表达出来。《著作权法实施条例》第3条规定："著作权法所称创作，是指直接产生文学、艺术和科学作品的智力活动。为他人创作进行组织工作，提供咨询意见、物质条件，或者

---

〔1〕 吴伟光：《著作权法研究：国际条约、中国立法与司法实践》，清华大学出版社2013年版，第57页。

〔2〕 崔国斌：《著作权法：原理与案例》，北京大学出版社2014年版，第69页。

〔3〕 刘春田主编：《知识产权法》（第五版），高等教育出版社2015年版，第56页。

〔4〕 最高人民法院中国应用法学研究所编：《人民法院案例选：分类重排本·知识产权卷》，人民法院出版社2017年版，第548页。

进行其他辅助工作，均不视为创作。”作品应当具有一定的创造性。这里的创造性是指形式上的独创，不是指思想或理论观点上的创新。[1]法律上所要求作品的独创性是与作者的智力成果这一要求直接相关的，作品是作者的智力成果这一点在《伯尔尼公约》第2条关于作品的界定中有明确的表述。而由于人对智力的表现，即思想表达是非常具有个人特征的，几乎不存在思想完全一样的人。因此，只要是作者的智力成果，就必然有作者的个人痕迹，即所谓的个人印记。[2]独创性标准：独立完成、最低限度的创造性、不要求是首创。独立完成，要求即使对同样的主题、观点或者思想，用自己独特的方式表现出来，即可以认定为具有独创性。

著作权法要求的独创性与专利法要求的新颖性不同，新颖性是指专利申请日之前没有相同的技术方案被公开，否则新颖性被破坏，即使是申请人独自完成的发明创造，也不能获得专利权。独创性则无此要求，只要是独自完成且有创造性，即使与他人作品相似甚至相同，也同样享有著作权。最高人民法院《关于审理著作权民事纠纷案件具体适用法律若干问题的解释》(2002)第15条规定，由不同作者就同一题材创作的作品，作品的表达系独立完成并且有创作性的，应当认定作者各自享有独立著作权。《计算机软件保护条例》第29条规定，软件开发者开发的软件，由于可供选用的表达方式有限而与已经存在的软件相似的，不构成对已经存在的软件的著作权的侵犯。上述规定说明，两个或者多个作者分别创作完成的作品相似甚至相同，只要不是抄袭，则各作者分别对各自创作的作品均享有著作权。

三、抄袭剽窃的认定

根据《现代汉语词典》的定义，抄袭是指把别人的作品或者语句抄来当作自己的。[3]剽窃是指抄袭窃取（别人的著作或者其他成果）。[4]《现代汉语

---

〔1〕 刘春田主编：《知识产权法》（第五版），高等教育出版社2015年版，第56页。

〔2〕 吴伟光：《著作权法研究：国际条约、中国立法与司法实践》，清华大学出版社2013年版，第73页。

〔3〕 中国社会科学院语言研究所词典编辑室编：《现代汉语词典》（第6版），商务印书馆2012年版，第151页。

〔4〕 中国社会科学院语言研究所词典编辑室编：《现代汉语词典》（第6版），商务印书馆2012年版，第993页。

词典》对抄袭和剽窃在文字表述上有所不同，但从内容上看没有本质区别。

我国 1990 年《著作权法》第 46 条将抄袭和剽窃并列为一项侵犯著作权的行为，表述为“剽窃、抄袭他人作品的”。有关部门和专家指出，抄袭和剽窃基本上是同一语义，不必重复。〔1〕2001 年《著作权法》第 46 条修改为仅使用“剽窃”一词，表达为“剽窃他人作品的”，并一直沿用至今。有的学者将抄袭和剽窃并列使用，〔2〕教育部于 2016 年发布的《高等学校预防与处理学术不端行为办法》第 27 条将“剽窃、抄袭、侵占他人学术成果”认定为构成学术不端行为。在司法实践中，法院并未对“抄袭”和“剽窃”加以刻意区分，而是根据行文表达的习惯，对这两个词交替使用，甚至只使用“抄袭”一词。如在蒋友柏与周为军、江苏人民出版社有限公司、北京凤凰联动文化传媒有限公司侵害著作权纠纷上诉案中，原审法院认为，“根据前述认定，周某的抄袭行为……”，“本院认为，……参考第一手资料是合理的，但参考并不意味着抄袭”。〔3〕

《著作权法》没有规定什么样的行为属于抄袭，国家版权局版权管理司关于如何认定抄袭行为给××市版权局的答复（权司［1999］第 6 号）中对抄袭的表述为：“著作权法所称抄袭、剽窃，是同一概念（为简略起见，以下统称抄袭），指将他人作品或者作品的片段窃为己有。抄袭侵权与其他侵权行为一样，需具备四个要件：第一，行为具有违法性；第二，有损害的客观事实存在；第三，和损害事实有因果关系；第四，行为人有过错。由于抄袭物需发表才产生侵权后果，即有损害的客观事实，所以通常在认定抄袭时都指经发表的抄袭物。因此，更准确的说法应是，抄袭指将他人作品或者作品的片段窃为己有发表。”

从国家版权局版权管理司的答复可以看出，抄袭表现为将他人作品的全部或者部分窃为己有，窃为己有的判断以作品发表为前提。根据《著作权法》第 10 条的规定，发表即将作品公之于众。作品发表后，不特定的公众可以通过公开的渠道获得作品。窃为己有，意味着将他人的作品署上自己的名字发表。如果没有发表，比如为了学习欣赏或者自娱自乐而全部或者部分照抄一

---

〔1〕胡康生主编：《中华人民共和国著作权法释义》，法律出版社 2002 年版，第 194 页。

〔2〕陈锦川：《著作权审判：原理解读与实务指导》，法律出版社 2014 年版，第 314 页。

〔3〕浙江省杭州市中级人民法院（2013）浙杭知终字第 13 号民事判决书。

遍他人的作品，没有以自己的名义发表，并不能使公众误认为作品是其所创作，则不构成著作权法意义上的抄袭。

从广义上来说，使用他人受著作权法保护的有独创性的部分而没有注明出处，使读者误认为是其所创作，构成剽窃，侵犯了著作权人的著作人身权（署名权），还有可能构成侵犯著作权人的复制权；使用不受著作权法保护的内容（比如引用司法文书的一段话）而没有注明出处，虽然不构成侵权，但仍然构成剽窃。从作品特征来看，由作者独立创作的部分才具有独创性，而对公共领域的作品或者事实没有注明出处，使公众误认为是其创作，不仅构成抄袭，也不具有独创性。

四、合理使用

根据我国《著作权法》的规定，合理使用是指著作权人以外的人在某些情况下使用作品，即行使依法本属于著作权人有权行使的权利，可以不经著作权人的许可，不向其支付报酬，但应当指明作者的姓名、作品名称，并且不得侵害著作权人的其他权利。[1]著作权合理使用制度的确立，其依据是著作权法的立法目的。著作权法的立法目的包括两个方面：一是保护文学、艺术和科学作品作者的著作权，以及与著作权有关的权益；二是鼓励有益于社会主义精神文明、物质文明建设的作品的创作和传播。为平衡著作权人与社会公众的利益，在对著作权人利益损害不大的情况下，对著作权人的权利做出适当的限制，有利于公众方便在一定情况使用和传播作品。从本质上讲，未经著作权人许可使用作品的行为属于对著作权的侵犯，但基于公共利益的考量，通过法律规定，在一定情况下使用他人作品不构成侵权。

论文写作过程中，不可避免地要借鉴他人的研究成果，引用他人的一些论述或者观点的表达，可以是对其加以评述，也可以是用以论证自己的观点或者说明问题。《著作权法》第 22 条第 2 项规定："为介绍、评论某一作品或者说明某一问题，在作品中适当引用他人已经发表的作品"。刘春田教授认为，把握这项规定，需要从四个方面考虑：①引用的目的，通常是为了说明自己的思想观点或情感而引用；②要符合"引用"的要求，应当比例适当，如果"引用"比例失当，则很可能转化为抄袭；③要求被引用的作品必须是

[1] 刘春田主编：《知识产权法》（第五版），高等教育出版社 2015 年版，第 122 页。

已经发表的，引用他人未发表的作品，有可能导致分割他人对其作品的发表权；④引用他人的作品，应当说明作品出处和作者姓名。[1]四个条件在判断使用他人作品行为的合理性时，必须综合考虑，只要不具备其中一个条件，合理使用即不能成立。

在李强诉于芬侵犯著作权案中，被告于芬在其博客上发表的题为《如何突破难度与稳定的瓶颈，继续领跑世界跳坛》（简称《如》文）的文章，其中第六段整段引用了原告李强的文章《西方理念是科学，东方思想是宗教》（简称《西》文）的第五段内容，相同部分的字数为261个字，却未注明作者和出处。被告辩称《如》文引用《西》文的字数很少，只占《如》文全文字数的10%，对《西》文内容的使用属于合理使用，不构成侵权。法院认为，从《西》文和《如》文的研讨主旨及于芬在博客上的回复中可知，《如》文对《西》文的使用已构成对《西》文核心内容的使用，……其博客上发表的文章对他人作品的使用不属于法定合理使用事由。[2]从此案中可以看出：第一，引用的部分只占其文章的10%，比例不高，但因引用的部分是他人享有著作权作品的核心内容，未经许可的使用仍然构成侵权。第二，退一步讲，即使引用的部分不是他人享有著作权作品的核心内容，而且引用比例适当，也应当指明作者姓名和作品名称。被告于芬在其文章中引用他人作品的一部分，没有指明作者姓名和作品名称，使公众误认为是其创作，同样属于抄袭，构成侵权。

需要说明的是，引用"比例"失当，通常指的是过度引用，过度引用指的是引用他人文字超过自己的论证。[3]过度引用是否转化为抄袭，笔者有不同看法：引用他人作品，无论是适当引用还是过度引用，只要注明出处，即表明作者并没有将他人有独创性的部分当作自己创作的部分，没有让读者误认为是其创作，就不应当认定为抄袭，不构成对他人署名权的侵犯。但过度引用不属于合理使用，有可能影响到权利人对作品的正常使用，构成对他人作品复制权的侵犯。就学位论文而言，过度引用包含两层含义：一是学位论文过度引用了一个作品中有独创性的部分，构成学位论文的主要部分，不仅

---

〔1〕 刘春田主编：《知识产权法》（第五版），高等教育出版社2015年版，第123页。

〔2〕 北京市海淀区人民法院（2010）海民初字第2197号民事判决书。

〔3〕 教育部社会科学委员会学风建设委员会组编：《高校人文社会科学学术规范指南》，高等教育出版社2009年版，第24页。

侵犯了他人的著作权，学位论文本身也不符合独创性的要求；二是学位论文分别引用了多个作品有独创性的部分，每个部分的引用都属于合理使用，但所有引用加起来，构成了学位论文的主要部分，则学位论文同样不符合独创性的要求。

五、不受著作权法保护的相同或相似的表达形式

基于作品应当具备的条件以及公共利益的考量，有些表达形式不宜成为著作权法保护的客体。《著作权法》第5条规定了三类不受著作权法保护的客体，主要包括通用表达、有限表达和官方文件。

通用表达。通用表达属于公有领域，不具有独创性，谁都可以自由使用，即使相同也不构成侵权。换言之，作者对其作品中不具有独创性的部分不享有著作权。如日常用语、地名等不具有独创性，即使文字相同也不构成侵权。

有限表达。在某一个领域，如果对某一内容的表达非常有限甚至只有一种，则该种表达不具有独创性，表达本身不受著作权法的保护。

在李淑贤、王庆祥诉贾英华著作权侵权纠纷案中，原告诉称：被告所著《末代皇帝的后半生》一书对其所著《溥仪的后半生》《溥仪与我》等书的主题思想、语言内容、章节段落、史料排列等大量抄袭达70%以上，严重侵害了原告的著作权。法院经审理后认定，被告贾英华在创作《末代皇帝的后半生》一书过程中，通过长期搜集、整理，获得了对溥仪生平的广泛了解，以此构成了其书的主要内容，这些内容不是抄自原告作品。创作历史人物传记作品，当需要表现特定历史人物活动的客观真实时，都不可能凭空杜撰，由此造成原、被告所著之书在记述人物、时间、事件等内容时所反映的客观史实和利用的史料部分相同，不能作为抄袭的依据。被告所著之书在创作风格、文学处理等表达形式上亦体现了自己的特点，表明了其作品的独创性。原告并不能证明这些表现形式属其独自所有。故原告认为被告所著之书抄袭了原告所著之书，侵害了原告的著作权不能成立。[1]

官方文件。根据我国《著作权法》第5条规定，法律、法规，国家机关的决议、决定、命令和其他具有立法、行政、司法性质的文件，及其官方正式译文，符合著作权法关于作品的特征，不予著作权保护，是因为这些文件

〔1〕 北京市西城区法院（1990）西民字第2213号民事判决书。

涉及社会公众和国家整体利益，属于国家和相关社会成员的公有的资源，不应为任何人专有而限制他们的传播和被人们利用。[1]这一规定和《伯尔尼公约》第2条第4款的规定是一致的，因而也符合国际公约的精神。

一些国家的著作权法或者版权法对此也有相关规定。德国《著作权法》第5条（官方著作）第1款规定，法律、法令、官方公告和通请问告，以及判决和官方撰写的判决要旨不受著作权保护。本条亦适用于为使公众知晓出于官方利益而发表的其他官方著作。[2]意大利《著作权法》第5条规定，国家或者公共管理机构的正式文件，无论是意大利的或者是外国的均不适用本法的规定。[3]日本《著作权法》第13条（不成为权利客体的作品）规定，符合下列情形之一的作品，不得成为本章规定的权利客体：宪法和其他法令；国家或者地方公共团体机关、独立行政法人或者地方独立行政法人发布的告示、指示、通知等；法院判决、决定、命令以及行政厅按照准司法程序作出的裁决、决定；国家或者地方公共团体机关、独立行政法人或者地方行政法人对前三项所列作品的翻译或者汇编。[4]俄罗斯联邦民法典（著作权部分）第1259条之六规定，不属于著作权客体的有：国家机关和市政府机构、地方自治机关的官方文件，包括法律、其他法规、法院判决书、其他具有立法、行政及司法性质的资料、国际组织的官方文件及其正式译文。[5]韩国《著作权法》第7条规定，著作权法不保护下列作品：宪法、法律、条约、法令、市政条例和市政规则；由国家或地方政府发布的通知、公告，说明书以及其他类似文件；判决、决定、命令、法院裁决，以及由行政复议程序或其他类似程序作出的裁决和决定。国家或者地方政府就第1项至第3项所制作的编辑物或者翻译物。[6]美国《版权法》第105条规定，美国政府作品不受版权法保护。[7]

需要说明的是，法律规定的此项内容尽管不受著作权法的保护，公众可

[1] 刘春田主编：《知识产权法》（第五版），高等教育出版社2015年版，第69页。

[2] 《十二国著作权法》翻译组译：《十二国著作权法》，清华大学出版社2011年版，第147页。

[3] 《十二国著作权法》翻译组译：《十二国著作权法》，清华大学出版社2011年版，第280页。

[4] 《十二国著作权法》翻译组译：《十二国著作权法》，清华大学出版社2011年版，第369~370页。

[5] 《十二国著作权法》翻译组译：《十二国著作权法》，清华大学出版社2011年版，第433页。

[6] 《十二国著作权法》翻译组译：《十二国著作权法》，清华大学出版社2011年版，第512页。

[7] 《十二国著作权法》翻译组译：《十二国著作权法》，清华大学出版社2011年版，第729页。

以自由使用，但引用时仍需注明出处。比如论文中引用某一法条的内容或者判断书中的一段话，要注明哪一部法律的第几条规定，判决书要注明来源或者案号。如果没有注明出处，尽管不构成侵权，但仍属于抄袭，而且不符合著作权法关于作品应当具有独创性的要求。

根据《著作权法实施条例》第 5 条的规定，时事新闻，是指通过报纸、期刊、广播电台、电视台等媒体报道的单纯事实消息。这类资讯直接涉及国家、社会公众、国际社会乃至全人类的经济、政治、文化和社会生活，因而要求广泛而迅速地传播，不应垄断。[1]此外，时事新闻是对时间、地点、人物、起因、经过、结果等新闻要素的简单排列组合，属于公有领域的客观事实，其表达方式非常有限，也不具有独创性。《伯尔尼公约》第 2 条第 8 项规定，本公约规定的保护不适用于具有纯粹消息报道性质的日常新闻。俄罗斯联邦民法典（著作权部分）第 1259 条之六规定，关于事件和事实的纯新闻性质的报道（今日新闻报道、电视节目、运输车辆时刻表等方面的新闻报道）不属于著作权客体。[2]韩国《著作权法》第 7 条规定，著作权法不保护单纯传播简单事实的时事新闻报道。[3]

与实事新闻的性质一样，历法、通用数表、通用表格和公式同样不具有独创性，不受著作权法保护。

六、学位论文相似度检测的利弊分析

（一）学位论文相似度检测的积极作用

第一，方便快捷。检测系统就是通过计算机程序，将要检测的论文与对比库的数据进行比对，从而得出被检测论文中的文字复制他人作品文字的多少以及复制文字占其论文的比例。以知网为例，其系统检测文献库范围主要包括：中国学术期刊网络出版总库；中国博士学位论文全文数据库；中国优秀硕士学位论文全文数据库；中国重要会议论文全文数据库；中国重要报纸全文数据库；中国专利全文数据库；互联网资源；英文数据库（涵盖期刊、博士硕士、会议的英文数据库等）；港澳台学术文献库；互联网文档资源；图

---

〔1〕 刘春田主编：《知识产权法》（第五版），高等教育出版社 2015 年版，第 70 页。

〔2〕《十二国著作权法》翻译组译：《十二国著作权法》，清华大学出版社 2011 年版，第 433 页。

〔3〕《十二国著作权法》翻译组译：《十二国著作权法》，清华大学出版社 2011 年版，第 512 页。

书资源等。要在这浩如烟海的数据中，找出被检测论文中的哪一部分是复制了他人的作品，人工恐怕很难做到，即使能找到，也是费时费力，而且不一定能够穷尽。采用计算机软件进行比对，则方便快捷的多。一篇3万字左右的论文，检测用时不到30分钟，即可得出检测结果，大大地节省了时间。

第二，警示作用。论文检测结果会显示文字复制比例，让人们能够一目了然地看出论文中复制的部分以及独立完成的部分。如果文字复制比越高，则论文存在抄袭的可能性越大。论文检测可以警示学生，在引用他人作品时要注明出处，不得随意抄袭他人作品，不得将他人有独创性的部分作品当成自己作品的一部分。

（二）学位论文相似度检测的局限性

第一，系统检测文献库范围没有穷尽所有的作品，相似度检测结果不一定准确。从对比库的范围来看，尽管对比库收录了从1900年以来的大部分期刊、博士论文、优秀硕士论文、重要会议论文等文献，且其比对库的数量随着新近出版的内容还在不断增加，但未经著作权人授权并在著作权保护期内的图书并未被收录。如果学位论文引用了这些未收录在比对库中的图书的内容，查重检测系统并不能检测出这些引用的部分，即使原文在脚注或者尾注中注明引用了书中的内容，但因为对比库中没有，检测结果也不会将此部分列入重复范围，导致检测结果不准确。

第二，有些检测出的引用的内容不能显示真正的原始来源。如果论文引用了对比库中文献的内容，检测结果会显示哪些文献曾出现过这些被引用的内容。但如果论文引用的部分是对比库未收录的内容而且是第一次引用，则会被检测系统当成原创内容，当第二个人再引用此部分内容时，就会被检测成是引用了第一次出现这部分内容的论文。比如，一篇题为“浅析间断文学作品实质性相似的‘抽象-过滤-比较’三步法——以琼瑶诉于正案为例”的论文，其中引用了法院判决书的一段文字：“任何著作权作品必须由思想和表达构成。思想是表达的灵魂，表达是思想的体现。在著作权中，思想主要指作者对于作品的整体构思、主线情感及具体情节中蕴含的背后意韵；表达不仅指文字等符号的最终形式，即最终呈现给读者的文字，同时当作品的内容用于展现作者的思想、情感时，则其表达也属于表达，但公知素材、固有表达、唯一或有限表达则不在著作权法的保护范围之内。”作者对这部分引用的内容作了脚注，注明来源于判决书，而检测结果显示红色，表明这部分是复制了另一作者的一篇题为“浅析思想表达二分法在文学作品侵权纠纷中的运用——以琼瑶诉于正案为视角”的文章，且未做引证。进一步查阅显示来源的这篇文章，此部分内容同样注明来源于判决书而非原创。由于检测系统的比对库中未收录判决书的内容，第一次引用判决书中的内容被当成了原创，即便作了脚注，也不会被检测出是引用部分。相反，后面的论文再引用此部分内容时，即便注明来源于最原始的判决书，仍会被标注成复制他人的文章且未注明出处，造成检测结果与实际情况不相符。

第三，常用表达或者唯一表达被检测为重复部分。常用表达或者唯一表达属于公有领域，任何人均可以自由使用，在文中出现不需要注明出处，而检测系统并不能准确地区分。在一篇题为“劳动法中违约金、补偿金的适用”的本科论文中，其中“《最高人民法院关于人民法院审理事业单位人事争议案件若干问题的规定》”被检测出与他人论文的表述重复且没有注明出处，而这只是一个司法解释的名称，属于唯一表达，其标题本身就是出处，没有其他的表达方式，检测结果显示红色，即与他人论文重复，但未注明出处。

七、文字重复率对学位论文独创性的影响

作品是否具有独创性，与作品中文字重复比例的高低有一定的关系，如果作品中引用的部分构成整部作品的主要内容，那么此作品当然不具有独创性。但比例高并不必然导致作品没有独创性，比如作品除了引用部分以外，其余有独创性的表达，构成了作品的主要内容或实质部分，即使文字重复比例超过30%（本科生毕业论文标准）或者15%（研究生学位论文标准），整部作品仍具有独创性。相反，比例低也不能说明作品就一定具有独创性或者不存在抄袭，比如作品除了文字重复部分以外，其余部分均为公有领域的表达，没有作者的个性表达，那么此作品也不具有独创性。比对库不可能汇集所有的文献内容，尤其是专著类书籍。从实际检测报告也可以看出，论文中引用某著作的部分且注明出处的内容并未被检测出来，这种情况也会造成文字重复比例低。

单纯采用文字复制比来评判论文是否合格，不能引导学生真正掌握和学习正确的学术规范。学生为了使其论文的文字复制比低于学校相关办法的要求，会挖空心思、绞尽脑汁琢磨如何不被检测系统检测出重复文字的数量，

以至于一些不受著作权法保护、属于公有领域的通用表达、有限表达、法律规定等也不敢轻易使用，造成行文不流畅。论文相似度检测的初衷是为了防止学生抄袭，强化论文的独创性，而单纯强调文字复制比并不能达到此目的。

单纯以文字重复率来判断学位论文是否构成抄袭，会让学生对学术不端的内涵产生误读，在一定程度上影响了学生对于抄袭和合理使用的正确理解和判断，不利于学生养成良好的学术道德和学术规范。不可否认，计算机学术不端行为检测系统在比对论文文字复制比方面具有高效性，对前期杜绝论文抄袭起到了一定的积极作用，但由于计算机算法也有一定的局限性，使得其比对后的检测结果与著作权法意义上的对论文独创性和合理使用的判断标准不能吻合，有时甚至会有很大差异。此外，对不同领域的学位论文，文字重复率采用单一标准也不尽合理，文史法学类论文需要引用相关史料、法律规定和案例等内容，文字重复率一般会高于其他领域的论文。学位论文文字重复率低于学校规定的比例，不能得出论文一定不存在抄袭的结论；同样，学位论文文字重复率高于学校规定的比例，也不能得出论文必然存在作假的结论。

通过检测系统得出的结果有一些缺陷，不能准确认定重复部分是构成抄袭，为弥补检测结果的不足，可以考虑反其道而行之，比如可要求学位论文中引用部分与自己独创部分用不同的字体显示出来，这样更能够一目了然地看出哪些是作者引用的，哪些是作者独立创作的，重点对作者声称独创的部分进行审查。

从知识产权国际保护评复边主义造法模式[*]

张　娜[**]

摘　要： 发达国家中的知识产权强国不满足于现有知识产权国际保护缓慢发展，积极尝试不同的造法模式，旨在以贸易推高知识产权的保护标准。以美国为例，有逐步放弃全球化多边主义立法模式的趋势。未来发达国家将以何种方式影响国际立法？虽然《反假冒贸易协议》（ACTA）由于欧盟的拒绝而搁浅，但其所引发的知识产权国际保护新的造法模式（复边主义 Plurilateralism）值得研判，以便为中国未来参与知识产权国际保护规则制定提供理论支持和实践指导。应对知识产权国际保护的复边主义模式，中国一方面面临考虑是否加入复边主义模式制定的知识产权国际保护规则，另一方面需考虑利用这种复边主义模式，积极参与知识产权国际保护规则的制定，表达中国所关心的知识产权利益，同时为将来的相对统一的多边知识产权国际保护中体现自己的利益做好必要准备。

关键词： 知识产权；国际保护；复边主义；《反假冒贸易协议》（ACTA）；造法

引　言

知识产权国际保护制度是当代国际经济、文化、科技贸易领域中的一种法律秩序，它是指以多边国际公约为基本形式，以政府间国际组织为协调机

---

* 本论文系北京市社会科学基金项目“促进数字音乐发展的法律规制研究”（项目号：16FXC046）的阶段性研究成果。

** 张娜，女，法学博士，首都经济贸易大学法学院讲师。

构，通过各国国内知识产权法律进行协调并形成相对统一的国际法律制度。[1]知识产权的国际公约包括世界知识产权组织（WIPO）下的专门条约和世界贸易组织（WTO）下的与贸易有关的知识产权国际条约。知识产权的国际保护以《与贸易有关的知识产权协定》（TRIPS）为最普遍也是最低保护标准。[2]TRIPS开辟了将贸易和知识产权挂钩的模式，它适用世界贸易组织的争端解决机制，并规定了知识产权的执法规则。如能在世界贸易组织的法律框架内继续改善知识产权国际保护的秩序，将是最为理想的结果。然而，世界贸易组织谈判前途未卜，发达国家和发展中国家之间的矛盾难以调和。在知识产权国际保护领域，双方的矛盾表现为，发达国家诉求更高的知识产权保护标准，而发展中国家在签订TRIPS时就做了很多妥协，[3]同时发展中国家也意图引入新的有利于其国家发展的知识产权保护标准，[4]各成员方目前很难再通过世界贸易组织谈判来提高或实现自己关心的知识产权保护标准。有鉴于此，一些发达国家成员方为了实现对己有利的诉求，已经采用了许多其他路径，如双边贸易协议、多边贸易协议、区域贸易协议和自由贸易协议[5]中的知识产权保护条款。然而，以《反假冒贸易协议》为代表，提高知识产权国际保护标准又有了一种新模式——复边主义保护模式[6]。值得注意的是，此复边主义保护模式仍然延续了发达国家将知识产权保护和贸易挂钩的方式。本文拟对知识产权复边主义模式的界定、合法性及其发展趋势进行论证，以求从中得到启示，为未来我国利用这种模式积极参与知识产权国际保护规则

---

〔1〕 吴汉东："知识产权国际保护制度的变革与发展"，载《法学研究》2005年第3期。

〔2〕 刘春田主编：《知识产权法》（第四版），高等教育出版社2010年版，第468~471页。

〔3〕 我国为了加入世界贸易组织，先后修改了《中华人民共和国专利法》《中华人民共和国著作权法》和《中华人民共和国商标法》，以便达到《与贸易有关的知识产权协定》所规定的最低标准。

〔4〕 发展中国家在多哈会谈中提出了其所关心的问题涉及"知识产权保护和公共健康""传统知识的保护"等。详见 http://www.wto.org/english/tratop_e/trips_e/trips_e.htm#issues，访问日期：2014年3月20日。

〔5〕《跨太平洋战略合作协议》（TPP）和《跨大西洋贸易和投资合作协议》（TTIP）的谈判都提出了较高的知识产权保护标准。参见刘萍、冯帅："ACTA的'变相'回归及中国对策研究"，载《时代法学》2013年第5期。

〔6〕 笔者将"Plurilateralism"译为"复边主义"，有学者将其译为"诸边主义"。"复边主义（Plurilateralism）"协议是一部分世界贸易组织成员在《关税贸易总协定》下制定的协议，笔者认为译成"复边主义"更贴切。因为复边主义协议是在世界贸易协议的框架内制定的，同时复边主义协议的成员又都是世界贸易组织的成员，无论在协议主体还是协议内容上都具有双重性。所以"复边主义"一词可以更好体现这种特性。

的制定提供建议。

一、知识产权国际保护的复边主义模式界定

在界定知识产权国际保护复边主义模式之时，有必要澄清复边主义的起源、概念以及特征，以便更清晰地认识复边主义造法模式。

（一）复边主义概述

复边主义模式起源于世界贸易组织的谈判，在世界贸易组织协议附件4下的政府采购、民用航空器、牛肉和奶制品等四个议题中运用。笔者认为，所谓复边主义是指在世界贸易组织框架下，一部分成员（这些成员往往有共同的利益诉求且不需要处于同一地缘政治区域内）就同一议题制定一些高标准的规则或者提出新的标准，这些规则（标准）仅适用于选择加入的国家、地区；同时向其他世界贸易组织成员开放。复边主义之所以成为世界贸易组织成员方达成协议的一种模式，主要是其议题单一，有利于相同利益方快速达成协议且暂时不会影响其他未加入的成员方。但复边主义协议未来发展可以吸纳更多的世界贸易组织成员加入其中。典型的例子有世界贸易组织框架下的《政府采购协议》（The Plurilateral Agreement of Government Procurement, GPA）和《信息技术协议》（Information Technology Agreement, ITA）。以《政府采购协议》[1]为例，它最初就是采用复边主义模式制定的，当时的成员多为世界贸易组织成员中的发达国家或地区。因为协议没有规定最惠国待遇原则，所以香港、以色列和新加坡三个发展中国家和地区[2]虽然参加了“东京回合”政府采购的谈判，但是在1995年之前它们只是《政府采购协议》的缔约方而不是成员方。考虑到随着《政府采购协议》的评估和修改，可能会加入最惠国待遇原则，因此1997年香港和新加坡加入了协议。现在中国、越南等发展中国家都成为《政府采购协议》的观察员国。[3]《政府采购协议》在

---

〔1〕 曹富国主编：《WTO-政府采购协定的发展与改革专题文集》（2010年）。政府采购协议最初就是一个复边协议，许多发展中国家也正在寻求加入此协议。

〔2〕 在《政府采购协议》的谈判中，香港、以色列和新加坡3个国家自认为是发展中成员。

〔3〕 截至2013年6月27日，《政府采购协议》的成员有42个国家和地区，观察员有27个国家。详见 http://www.wto.org/english/tratop_e/gproc_e/memobs_e.htm#memobs，访问日期：2014年3月23日。

1996年生效时只有22个成员，截至目前成员数已经达到42个。[1]同样，《信息技术协议》最初只有29个国家和地区签订，目前该协议的成员已扩展到70个，占信息技术产品世界贸易量的97%。[2]无论是《政府采购协议》还是《信息技术协议》都正在逐步吸纳越来越多的成员加入。成员的增多表明协议的内容得到越来越多国家和地区的认同，协议的普遍性特点就越来越明显，这最终有利于形成相对统一的多边协议，甚至为世界贸易组织框架下全球性新公约的制定夯实了基础。正如有的学者指出，复边主义协议将成为一种新的促因而最终向多边保护过渡。[3]

在未来一段时间内，利用复边主义模式制定国际规则将在世界贸易组织中广泛运用。比如：除了前文提及的《反假冒贸易协议》《政府采购协议》和《信息技术协议》外，作为复边主义谈判进程的一部分，世界贸易组织还组成了13个"朋友团（Friends Groups）"[4]。这些朋友团采纳复边主义模式，它们将针对贸易中发生的问题，根据各自的议题，总结"共同利益诉求"的文件和需要递交此"共同利益诉求"文件的国家名单。这些朋友团将"共同利益诉求"的文件递交给上述名单上的国家，有可能形成新的具有复边主义属性的协议，从而推动复边主义谈判向前进以解决世界贸易中出现的问题。

复边主义现在之所以成为世界贸易组织部分成员选择的一种规则制定模式并被灵活应用，主要有以下几个原因：第一，随着跨境贸易、投资等活动日益增多，发达国家有更加迫切的意愿提高保护标准，加强保护力度，维持自己的竞争优势。第二，与发展中国家的利益诉求相比，发达国家之间的利益诉求更有共同性。因此，这些世界贸易组织的发达成员间更容易达成符合其共同利益的新协议。第三，一旦新的标准和规则通过复边协议达成，采纳

---

〔1〕 详见 http://www.wto.org/english/tratop_e/gproc_e/memobs_e.htm#top，访问日期：2014年3月23日。

〔2〕 详见 http://www.wto.org/english/tratop_e/inftec_e/inftec_e.htm，访问日期：2014年3月23日。

〔3〕 Laurence R. Helfer, "Regime Shifting: The TRIPs Agreement and New Dynamics of International Intellectual Property Lawmaking", 29 *Yale J. Int'l L.*, vol. 29, 2004, p. 1.

〔4〕 13个"朋友团"分别是：视听服务（Audio-visual service）、空运（Air Transport）、计算机相关服务（Computer-related services）、建筑服务（Construction services）、能源服务（Energy services）、环境服务（Environmental services）、快递服务（Express Delivery services）、金融服务（Financial services）、物流服务（Logistical services）、法律服务（Legal services）、海洋服务（Maritime services）、模式3（Mode 3）、模式4（Mode 4）和通讯（Telecommunication）。

规则的国家和地区会对未加入复边协议的国家和地区形成压力。第四，未加入复边协议的国家和地区和已经加入的国家和地区之间往往有贸易往来，前者可以加入协议换取贸易为条件迫使未加入的国家和地区加入进来（或称之为“被捆绑加入”）。否则，随着复边协议的成员增多，未加入的国家和地区将陷入“被边缘化”的危险之中。

（二）知识产权国际保护的复边主义模式的源起

在世界贸易组织成员达成《与贸易有关的知识产权协定》前，世界知识产权组织是主要的知识产权国际保护规则制定的政府间国际组织。20 世纪 80 年代，发达国家寻求并且促成了世界知识产权组织之外的知识产权国际保护路径——达成《与贸易有关的知识产权协定》，利用该协定将贸易和知识产权挂钩加强知识产权国际保护的多边模式。这标志着世界贸易组织开始参与知识产权国际保护规则的制定，[1]它也成为知识产权国际保护的新平台。随着科技及其他领域创新能力的增强，发达国家在推进知识产权国际保护中的作用不断强化。以美国为代表，它们对知识产权国际保护有更高的诉求。但是世界贸易组织多哈谈判前途未卜，多边谈判止步不前，发达国家很难通过世界贸易组织来提高知识产权的国际保护标准；同时，发展中国家也无法通过世界贸易组织加入其关心的知识产权国际保护诉求。面对这一困境，复边主义协议成为知识产权国际保护规则制定的最新尝试，[2]知识产权国际保护复边主义模式应运而生。与双边、区域和自由贸易协议中的知识产权保护一样，具有复边主义特点的条约或协议制定了高于现有的标准，以求保护成员方在诸如产品、服务、贸易等领域的优势地位。以《反假冒贸易协议》[3]为例，该协议是将贸易和知识产权挂钩，有关知识产权执法方面的复边主义协议。自 2006 年美国向各国发起策划，到 2010 年各成员方确定最后文本，共有三十多个发达国家先后参与了谈判。它是知识产权国际保护复边主义的典型范

---

〔1〕 Laurence R. Helfer, “Regime Shifting: The TRIPs Agreement and New Dynamics of International Intellectual Property Lawmaking”, *29 Yale J. Int'l L.*, vol. 29, 2004, p. 1.

〔2〕 Charles R. McManis, “The Proposed Anti-Counterfeiting Trade Act (ACTA): Two Tales of Treaty”, 46 *Hous. L. Rev.*, 2009.

〔3〕 此协议尚未生效。如果此协议生效，将是迄今为止最新的也是最全面执法的一部知识产权国际公约，因为关于知识产权执法只在《与贸易有关的知识产权协定》第三部分中规定。《反假冒贸易协议》对我国的影响，详见张娜：“论《反假冒贸易协议》对我国的影响”，载《国际商务（对外经济贸易大学学报）》2012 年第 2 期。

例，意在确立具体的知识产权执法的国际保护框架，帮助各缔约方在协议框架下有效打击版权和商标领域的侵权行为，尤其是猖獗的假冒盗版活动，从而保证全球经济的合法交易和可持续发展。该协议包括知识产权执法条款，涉及民事、刑事、边境和数字环境执法措施。该协议同时规定，各缔约方应在执法活动中积极合作，确立有效的知识产权保护的最佳实践。因为协议的谈判方多为世界贸易组织中的发达国家，且都对知识产权国际保护的有效执行有共同关心的利益，这些国家寻求制定统一的、高于现有公约协议标准的、无差别适用的知识产权保护标准。如果《反假冒贸易协议》将来被大多数发达国家所采纳，势必对协议外的国家造成很大压力。事实上，该协议作为专为保护知识产权的协议，在理论上可以根据最惠国待遇规定适用于世界贸易组织的其他成员。[1]这就可能使得协议的非成员方最终“被绑架”加入该协议。

（三）知识产权国际保护的复边主义模式的特征

综上所述，笔者认为，所谓知识产权国际保护的复边主义模式是指在世界贸易组织框架下，一部分成员（这些成员往往有共同的利益诉求）就同一知识产权议题制定一些高标准的规则，这些标准（规则）毫无保留地统一适用于选择加入的国家、地区；同时，此等规则可以通过贸易往来强加给未加入协议的国家、地区，或者此等规则理论上可以根据最惠国待遇适用于其他的世界贸易组织成员。虽然知识产权国际保护的复边主义模式也是将贸易和知识产权挂钩，但它有别于双边、多边、区域、自由贸易协议中的知识产权保护模式。

归纳起来，知识产权国际保护的复边主义模式有如下特征：

第一，知识产权国际保护的复边主义模式议题的单一性。在世界贸易组织框架内多议题谈判必须一揽子采纳的前提下，单一议题比多议题谈判更容易达成共识。比如，《反假冒贸易协议》只涉及知识产权执法问题，而且是针对贸易中的商标和版权侵权的知识产权执法问题。双边、多边、区域、自由贸易知识产权保护模式也都与贸易有关，但往往涉及多个议题，尤其是多边贸易知识产权保护模式，随着成员的不断增加，谈判议题也在不断增多，知识产权保护仅是双边、多边、区域、自由贸易协议中的知识产权保护协

〔1〕《反假冒贸易协议》第1.1款。

议中的议题之一。由于双边、多边、区域、自由贸易谈判采用“一揽子”采纳的模式达成协议，这就大大增加了各方就知识产权问题达成协议的难度。

第二，知识产权国际保护的复边主义模式成员的特殊性。《反假冒贸易协议》的制定是发达国家一力促成的。该协议中的成员都是世界贸易组织成员。《反假冒贸易协议》的缔约方共有十一方合计三十多个成员，它们全部都是世界贸易组织的成员，协议还向其他世界贸易组织成员开放，这为复边主义协议向多边协议过渡奠定了基础。双边、多边、区域、自由贸易知识产权保护协议的成员中有些根本不是世界贸易组织成员。比如欧盟与非洲、加勒比海、太平洋国家谈判的《经济合作协议》（EPA）中就包括了很多未加入世界贸易组织的国家和地区。〔1〕知识产权国际保护的复边主义模式具有成员利益的共同性。知识产权复边协议的缔约方多为发达国家，属于同一利益阶层，其利益诉求相通，有利于快速达成协议。比如《反假冒贸易协议》缔约方多是发达国家且都是知识产权强国。〔2〕《反假冒贸易协议》的谈判制定没有超过3年。〔3〕但是双边、多边、区域、自由贸易知识产权保护模式的利益阶层多元，涉及发达国家、发展中国家甚至最不发达的国家，即使在世界贸易组织协议框架下多边贸易知识产权保护模式的谈判也很难顺畅进行，因为各世界贸易组织成员利益不同，差异难以调和。

第三，知识产权国际保护的复边主义模式的强加性。知识产权复边主义协议可以通过贸易往来或者最惠国待遇原则强加给条约第三国，即其他世界贸易组织成员。这是发达国家极力促进《反假冒贸易协议》的动因。《反假冒贸易协议》的缔约方的贸易总量涵盖世界贸易总量的一半。未参加协议谈判的世界贸易组织成员不可能不与这些国家贸易往来，因此协议也可以通过世界贸易组织成员间的贸易往来对协议第三国产生约束。另外，根据《与贸易有关的知识产权协定》第4条以及《反假冒贸易协议》第1.1款的规定〔4〕，理论

---

〔1〕 详见 http://www.delbrb.ec.europa.eu/en/irtr/euacp_ overview.htm，访问日期：2014年3月23日。

〔2〕 陈福利：“《反假冒贸易协定》述评”，载《知识产权》2010年第5期。

〔3〕《反假冒贸易协议》从2008年1月第一轮谈判开始到2010年10月第11轮谈判结束，整个协议的制定时间没有超过3年。

〔4〕《反假冒贸易协议》第1.1款规定：此协议的任何规定不得有损于现存所有协议包括世界贸易组织《与贸易有关的知识产权协议》下一成员国对于另一成员国的义务。

上《反假冒贸易协议》可以根据最惠国待遇原则强加给所有《与贸易有关的知识产权协议》的成员。

二、知识产权国际保护的复边主义模式刍议

知识产权的国际公约为知识产权国际保护复边主义提供了合法性依据；知识产权复边主义协议旨在实现相对统一的知识产权国际保护准则。

（一）知识产权复边主义保护的合法性

1. 知识产权复边主义协议确定的高标准知识产权国际保护不违法

根据《维也纳条约法公约》第41条规定，原条约有许可修改的明文规定时，多边条约的两个或更多当事国可以缔结协定。《与贸易有关的知识产权协定》第1条“缔约方可以但没有义务提供比本协定更为广泛的保护”和第71条“可以做提高知识产权水平的修订”。可见，缔约方有制定或者不制定高标准知识产权保护的灵活性，这就为发达国家制定高标准的知识产权保护提供了法律上的支持，也为发达国家制定复边主义模式知识产权条约提供了法律依据。《与贸易有关的知识产权协定》〔1〕明确规定可以利用复边主义谈判模式就个别事项达成知识产权国际保护协议。此外，《保护工业产权巴黎公约》〔2〕，《保护文学艺术作品伯尔尼公约》〔3〕和《保护表演者、录音制作者和广播组织的国际公约》〔4〕都规定了条约的成员国可以签订协定保护更多的权利。所以知识产权复边主义协议中的知识产权高标准保护不违反现有国际公约。

2. 知识产权复边主义协议不违反普遍参与原则

普遍参与原则是指在制定多边条约时，一切国家应有权参加制定这种公约的国际会议；一切国家应有权以签署、批准或加入等方式成为这种条约的当事国。〔5〕首先，普遍参与原则并不是要求一切国家毫无例外的被邀请参加制定这些公约的国际会议，例如，《保护工业产权巴黎公约》的原始签署国只有11个，〔6〕可见，制定条约的国家并不见得和最终加入条约的国家一样多。

〔1〕《与贸易有关的知识产权协定》第24.2款。

〔2〕《保护工业产权巴黎公约》第19条。

〔3〕《保护文学和艺术作品伯尔尼公约》第20条。

〔4〕《保护表演者、录音制品制作者和广播组织的国际公约》第22条。

〔5〕 李浩培：《条约法概论》（第2版），法律出版社2003年版，第88页。

〔6〕 李浩培：《条约法概论》（第2版），法律出版社2003年版，第91页。

其次，国际条约可以秘密谈判并缔结，比如，《禁止在大气层、外层空间和地下实验核武器条约》是美、苏、英三国的政府代表在不公开会议上谈判而缔结的。[1]所以知识产权复边协议由一些国家不公开谈判且不邀请其他国家参与是不违反国际条约制定惯例的。最后，复边的《反假冒贸易协议》还规定任何世界贸易组织成员方都可以申请加入本协议，这就保证了没有参与制定条约的国家有普遍签署、批准和加入的权利。

3. 知识产权复边主义协议不违背透明度原则

透明度原则是指任何成员对本国制定和实施的与国际贸易有关的法律法规、司法判例、行政决定以及贸易政策都应当予以及时公布，以便其他成员政府及贸易商能够及时了解和熟悉它们。此外，成员间达成的有关贸易的协定也必须予以公布。[2]关于公布的时间，世界贸易组织并没有规定何时为确切时间，只是强调成员应迅速公布和公开有关贸易的法律、法规、政策等。以《反假冒贸易协议》为例，截至目前尚未生效，即使有些签署方已经交存批准书，但还没有真正意义上协议的成员方，所以没有义务的履行主体当然无法履行规定的义务。因此，知识产权复边主义协议在生效前不公布是不违反透明度原则的。事实上，《反假冒贸易协议》的最终文本已由缔约方于 2010 年 10 月 2 日公布。因此，知识产权复边主义协议没有违背透明度原则。

4. 知识产权复边主义协议符合公平自由贸易原则

世界贸易组织的目的就是推行公平贸易，促进贸易自由化。知识产权国际保护复边主义协议符合世界贸易组织公平、自由贸易的基本理念。《反假冒贸易协议》正好体现了世界贸易组织维护公平贸易的理念，该协议前言就曾提到“伪造和盗版物品的扩散与服务的扩散致使侵权物品传播，损害合法贸易和世界经济的可持续发展，导致权利所有者和合法企业的巨大经济损失”[3]。《反假冒贸易协议》的制定是因为假冒盗版产品阻碍世界贸易组织成员间的公平贸易，所以世界贸易组织的一部分成员，利用复边主义模式在知识产权国际保护领域制定了此协议。

---

〔1〕 李浩培：《条约法概论》（第 2 版），法律出版社 2003 年版，第 90 页。

〔2〕 沈四宝主编：《世界贸易组织法教程》，对外经济贸易大学出版社 2005 年版，第 59 页。

〔3〕《反假冒贸易协议》前言。

5. 知识产权复边主义协议符合非歧视待遇原则

利用复边主义模式制定知识产权国际保护协议会不会对其他世界贸易组织成员产生歧视？知识产权国际保护复边主义模式的产生有其合法依据。在实践中，因为知识产权复边主义协议本身规定了国民待遇和最惠国待遇，它的非歧视性正好符合世界贸易组织非歧视待遇原则。比如，《反假冒贸易协议》第1.1条规定“本协议不应减损各缔约方根据其缔结的任何其他现存协定包括TRIPS协定中既存的义务”。因为《与贸易有关的知识产权协定》包括了国民待遇和最惠国待遇，所以《反假冒贸易协议》也就有了非歧视待遇原则。此外，《反假冒贸易协议》还规定“世界贸易组织的任何成员国可以申请加入此协议”。〔1〕可见，在制定知识产权复边协议时，就规定协议对所有世界贸易组织成员开放。所以知识产权国际保护复边主义协议对世界贸易组织的成员不存在歧视。

6. 知识产权复边主义协议包括必要限制

众所周知，知识产权复边主义协议制定了高标准的知识产权国际保护。有学者担心知识产权复边主义协议将导致知识产权壁垒。〔2〕实际上，知识产权复边主义协议在制定之初为了防止构成知识产权壁垒就规定了必要的限制，比如不得阻碍合法贸易、不得滥用知识产权以及不得不合理限制贸易和国际技术转让。《反假冒贸易协议》前言中规定“确保知识产权的执法措施和程序本身不会成为合法贸易的障碍”。它第1.2.3款规定“TRIPS协定第一部分设置的目的和原则，尤其是第7条和第8条，应该在本协议中比照采用”。《与贸易有关的知识产权协定》第8条规定的原则是“可能需要采取适当措施以防止知识产权权利持有人滥用知识产权或采取不合理地限制贸易或对国际技术转让造成不利影响的做法”。

（二）知识产权复边主义模式的发展趋势

知识产权复边主义模式有其合法性，它的发展旨在实现相对统一的知识产权国际保护准则。

---

〔1〕《反假冒贸易协议》第6.5.1款。

〔2〕在商务部会议上，张乃根教授作《ACTA对我国企业海外IP维权的影响及对策》的主题发言时提到此观点。

1. 知识产权复边主义协议对所有世界贸易组织成员有效

如上所述，知识产权复边主义协议的产生是公平自由贸易的需要。如果知识产权复边主义协议对越多的国家产生效力，那么就越容易实现公平自由贸易，这就需要知识产权复边主义协议对条约第三国有效力。根据条约相对效力原则，条约只对缔约国有约束力，因此原则上条约不得给第三国创设权利和义务。但《维也纳条约法公约》也有补充规定：若第三国书面明示接受条约规定的义务，[1]则此义务对第三国有约束力；对第三国规定的权利，第三国可以同意或以默示推定同意的方式接受条约规定的权利。[2]知识产权国际保护复边主义协议对第三国有效力必须符合《维也纳条约法公约》第35条和第36条的规定。根据《与贸易有关的知识产权协议》第4条的最惠国待遇的规定，某一成员对他国国民提供的专为保护知识产权的“特权”和“利益”都会毫无例外地适用于全体成员国之国民。这就相当于世界贸易组织成员在制定《与贸易有关的知识产权协议》时，就对未来“专为保护知识产权”制定的协议履行了书面认诺义务。所以知识产权国际保护复边主义协议作为“专为保护知识产权”制定的协议理应对条约第三国有效，也即对其他未加入协议的世界贸易组织成员有效力。知识产权复边主义协议对全体世界贸易成员有效有利于实现相对统一的知识产权国际保护准则。

2. 知识产权复边主义协议旨在实现相对统一的知识产权国际保护

知识产权复边主义协议可否最终推动实现多边的相对统一的知识产权国际保护？《与贸易有关的知识产权协议》第71条第2款规定：“仅仅以提高知识产权保护水平为目的的修订，如果在其他多边协议中采用并已生效，而世界贸易组织的全体成员已接受该协议的修订，……一致同意的基础上，提交部长级会议讨论。”由此可见，知识产权国际保护复边主义协议生效后，即使其他的世界贸易组织成员没有选择加入协议，但是由于贸易往来和最惠国待遇的规定，这些世界贸易组织成员也可以被认为“已接受协议的修订”。这样，知识产权国际保护复边主义协议就可以视为被全体世界贸易组织成员接受，因而就可以提交部长级会议讨论，导致最终修订《与贸易有关的知识产权协议》。知识产权国际保护复边主义有利于实现多边的相对统一的知识产权

---

〔1〕《维也纳条约法公约》第35条为第三国规定义务的条约。

〔2〕《维也纳条约法公约》第36条为第三国规定权利的条约。

国际保护，比如《反假冒贸易协议》本身就是对《与贸易有关的知识产权协议》第三部分知识产权执法的修订，且通过贸易往来和最惠国待遇会使得世界贸易组织成员都“接受”修订。

3. 知识产权复边主义协议对“非共同利益”的发展中国家的胁迫

当然，实践中也有对知识产权国际保护复边主义提出质疑：复边主义协议被国际组织内大多数国家采纳，这势必对其他国家造成加入该协议的压力，而且复边协议很可能将世界贸易组织成员中最穷和最弱的成员边缘化。比如：发展中国家面临着是否加入《反假冒贸易协议》，加入后的履约成本与履约能力等重重压力。同时，即使在发展中国家不加入《反假冒贸易协议》的情况下，根据《与贸易有关的知识产权协议》中规定的“最惠国待遇”，它也对发展中国家产生影响。此外，知识产权国际保护复边主义协议与贸易天然的联系，使得与知识产权国际保护复边主义协议成员有贸易往来的第三国在贸易往来中也会受到协议约束。更何况知识产权国际保护复边主义协议还可以规定协议成员间的过境管辖。例如在《反假冒贸易协议》中规定：即使是非协议的成员国的侵权产品过境到协议成员国境内，协议的成员国可以对这些侵权产品采取措施，同时，如果侵权产品在几个协议成员国之间运输，这几个协议成员国应通力合作制止侵权产品流通。〔1〕这就使得无论是协议成员国还是未加入协议的国家地区，在实践中都会受到《反假冒贸易协议》的约束，从而迫使未加入协议的国家、地区谋求加入协议。所以知识产权国际保护复边主义的缺点就是：无论是否愿意加入知识产权国际保护复边主义协议或公约，发展中国家都会被动地受到协议或公约的约束，知识产权国际保护复边主义可能强迫非协议成员国加入到协议中。其实早在《反假冒贸易协议》制定之初，协议谈判国的矛头就是指向发展中国家日益猖獗的盗版假冒侵权行为。2010年10月3日到10月5日举行的“未来音乐联盟第十届峰会”上，美国知识产权执行协调官员维多利亚就说“我们之所以倡导制定《反假冒贸易协议》，是因为在《与贸易有关的知识产权协议》制定之时，世界经济还没有如此融合，中国还没有成为世界经济中重要的一员，中国的盗版行为还没有这么猖獗”，矛头直指中国。

〔1〕《反假冒贸易协议》第2条第5款临时措施规定可以针对第三方以及第3条第2款的过境危险管理。

综上，知识产权国际保护复边主义模式的形成不但有其合法前提，根据《与贸易有关的知识产权协议》的规定又具有实现多边的、相对统一的知识产权国际保护的可能性。

三、我国应对知识产权国际保护复边主义模式应采取的措施

随着知识经济深入发展，经济全球化进程明显加快，以信息技术为代表的高新技术日新月异，智力创造对物质生产、文化生产的作用越来越大，知识产权日益成为国家发展的战略性资源和国际竞争力的核心要素，成为国际经贸交流的重要载体，保护知识产权已经成为国际社会的基本共识，也是我国的重要任务。世界贸易组织中知识产权谈判前途未卜，我国虽然已是众多双边、多边、区域和自由贸易协议和多边知识产权保护的成员国，但双边、多边、区域和自由贸易协议和多边知识产权保护公约对知识产权保护的扩张效应远不及知识产权复边主义模式。所以我国从自身利益出发有必要开辟新的知识产权国际保护的制定模式。一方面，我国面临加入复边主义模式制定的知识产权国际保护规则的压力；另一方面，由于经济飞速发展，我国也应该学会运用复边主义模式制定规则，在未来的知识产权国际保护规则中加入中国所关心的利益。既然知识产权国际保护复边主义协议正在发生，它对我国既构成挑战又是机遇，未来该怎样应对这种知识产权国际保护复边主义协议？笔者有如下建议：

（一）对国际知识产权活动要有敏锐触角

我国应该关注世界贸易组织和世界知识产权组织关于知识产权的所有议题。涉及我国国家利益的知识产权议题，要做到必须参加而且积极参与讨论；未涉及我国国家利益的知识产权议题，也要派出观察员，在必要的时候代表中国发出声音，为未来中国加入该条约做好必要的准备。在《反假冒贸易协议》规定“委员会决定采纳或者修改一个特定的规则或程序需求签字国的一致同意，包括那些还不是协议成员国的签字国”，可见即使在协议生效后，不是协议成员的签字方也拥有表达自己利益的机会。所以积极参与知识产权国际保护规则的制定有利于实现我国的利益诉求。

（二）积极参与各种知识产权国际条约的谈判

我国应积极参与各种知识产权国际条约的谈判，让世界听到中国的声音。

世界上的一些国家总是埋怨我们不积极参与国际法律制定的谈判，以至于一部分国家或地区认为中国是在默许接受他们的要求。[1]另一方面我国不积极参与这些谈判将有两个边缘化效应：在制定国际条约的过程中越来越被边缘化；自己所关心的利益也被边缘化。《反假冒贸易协议》中规定："此协议在所有签字方交存他们各自的批准、接受或同意文书时，第六个批准、接受或同意的文书交存后的第三十天协议生效。"可见参与谈判并不一定就会成为协议成员国，而且知识产权国际保护条约的制定过程中，只有表达了我们所关切的利益，才有可能在知识产权国际保护的条约中体现。但是如果我国都不曾参加知识产权国际条约的谈判，那就根本没有机会表达我们所关心的利益。

（三）培养知识产权国际条约谈判的专门人才

知识产权国际条约本来就是专业性很强的条约，并不是具备法律知识的人就熟悉知识产权的各种规定。另外，知识产权国际条约的谈判更需要专业化人才，这些专业化人才不但要熟知各国的知识产权制度，还要熟知各国所关心的知识产权利益，更要有很强的谈判技巧以促成我国需求利益的正确表达和实现。所以培养知识产权国际条约谈判的专门人才至关重要。

（四）鼓励企业与相关国家部门加强合作

知识产权国际保护最终是为促进各国相关产业服务的，所以参与谈判的国家各部门必须掌握企业切实关心的知识产权问题。可以鼓励企业按年提交知识产权问题舆情报告。同时国家相关部门也将知识产权国际公约的最新动态传递给企业，以便他们提出与自己利益相关的问题考量。只有企业和国家相关部门的密切合作才能有利于我国在知识产权国际公约的制定过程中更好地体现国家利益。比如在《反假冒贸易协议》的谈判过程中，为了推动谈判，美国谈判牵头部门贸易代表办公室就选取了部分企业作为谈判咨询委员会成员。[2]

四、结论

综上所述，知识产权国际保护的复边主义并不是偶然现象，可以说是发

---

〔1〕 Charles R. McManis, "The Proposed Anti-Counterfeiting Trade Act (ACTA): Two Tales of Treaty", *46 Hous. L. Rev.*, 2009.

〔2〕 陈福利："《反假冒贸易协定》述评"，载《知识产权》2010年第5期。

达国家为实现综合统一多边的知识产权保护而采用的一种新模式。当然发展中国家也可以在实践中运用这种模式，这种模式最终有利于推动知识产权国际保护向相对统一多边的知识产权保护标准发展。在这个发展过程中，中国作为世界经济力量中的重要一员，必须抓住时机表达我们自己所关心的问题，并在知识产权国际公约的制定过程中更多体现国家利益、产业利益。

京津冀治霾生态补偿机制研究*

魏庆坡**

摘　要：生态环境整体性和行政区划的分割性的矛盾，生态产品的公共属性和各方对生态产品需求的差异性导致京津冀治霾生态补偿机制供给严重不足。强制关停并转河北污染企业和推行“煤改气”对区域治霾具有显著效果，但所引发的经济损失与民生问题也不容小觑。本文论述了京津冀治霾需在联防联控中引入治霾生态补偿机制，并对其必要性进行分析，强调“区域共同体”意识，赋予清洁空气经济价值，确保平等发展权。探讨了京津冀治霾生态补偿的现状与不足，提出从立法保障、主体确立、标准量化、市场化补偿方式构建等进行完善，推动京津冀协同发展，实现绿色经济共同体建设。

关键词：生态补偿；雾霾治理；京津冀；大气污染

近年来，京津冀雾霾频发和持久不散已成为制约该区域经济社会可持续发展的重要瓶颈。如何治理雾霾污染不仅是一个环境问题，更是一个经济和社会问题，关乎国计民生。有鉴于此，党中央审时度势提出要统筹推进“五位一体”总体布局、协调推进“四个全面”战略布局和贯彻落实五大发展理念，改变过去唯 GDP 的考核机制，强化生态环境与社会经济协调发展。

2017 年是国务院《大气污染防治行动计划》（“大气十条”）第一阶段目标的收官之年，在各方积极努力和“压力”下，北京 2017 年年均 PM2.5 浓度为 58 微克/立方米，完成了“大气十条”治理目标；重污染天数同比减少 16 天。相比 2016 年的“强污染”和“重污染”，这样的成就来之不易。在看

* 基金项目：北京市社科基金“‘一带一路’下绿色金融发展法律保障体系研究”（17FXC018）。

** 魏庆坡，法学博士，首都经济贸易大学法学院讲师。

到成绩的同时，也应注意到河北省，尤其环京津周边地区做出的“环境和产业发展牺牲”，由此引发的企业关停并转和失业民生问题不容小觑，缺乏“互利互惠”畸形“运动式”治霾模式损害了河北人民的发展权和经济利益，很难保持长效化。

党的十九大提出“建立市场化、多元化生态补偿机制”以加快生态文明体制改革，建设美丽中国。作为区域一体化的一个重要方面，环境治理是京津冀协同发展的内在要求和必然选择。经过多年努力，三地开始打破传统地域思维，在治理目标、信息共享、环境标准制定等方面逐步加强合作，但多依靠行政命令和政策协调，缺乏市场化工具和经济手段引入，制约了京津冀环境协同治理的进一步深化。同时，从雾霾构成上看，北京市来自外地输送的污染源则超过30%，加强联防联控对于区域雾霾治理具有重要作用。当前京津冀治霾应强化“区域共同体”意识，赋予河北生态环境权益的经济价值和市场价值，积极探索构建区域治霾生态补偿制度。

一、京津冀雾霾治理与补偿机制分析

环境的整体性要求各个参与体都应采取积极地协同推进治理进程，单个区域难以独善其身。与京津冀严峻的雾霾形势相对的是三个行政区划社会经济发展程度差异，党中央对此提出了《京津冀协同发展规划纲要》，明确将生态环保列为率先突破的三个重点领域之一。随着区域协同机制和联动机制的构建，京津冀在治霾上取得了一系列成效，如合力创造了“两会蓝”“APEC蓝”“阅军蓝”等。但是，区域环境质量并未得到整体改善，污染物总量依然比较大，压减产能手段有限[1]，污染源监管手段和措施有限，以及区域市场化工具和多元化机制缺位等问题导致京津冀雾霾治理任重道远。

生态补偿机制的理论基础主要来源于生态环境价值论、外部性理论和公共物品理论，强调环境资源有限性，运用经济手段实现社会边际成本收益与私人边际成本收益一致性。虽然当前学者对生态补偿的所涵盖的内容有所争议，但对生态补偿机制借助经济手段调节相关者利益关系，旨在保护和持续利用生态服务存在共识，包括对生态服务本身补偿，经济效益外部性内部化，对保护生态环境效益投入的主体进行补偿，以及生态功能区进行保护

〔1〕 牛桂敏：“京津冀治霾面临的困境与出路”，载《环境保护》2016年第6期。

性投入。[1]因此，生态补偿制度体现了对自然生态资源的经济属性的确认，强调贡献者与受益者之间的经济补偿法律关系。贡献者不仅包括积极促进和提升生态功能区的生态价值，也包括个人或区域放弃发展机会对生态功能区的积极影响。[2]

国内外对于生态补偿机制研究主要集中在森林、流域、矿产、区域生态补偿制度研究，主要通过直接公共补偿、限额交易计划、私人直接补偿和生态产品认证计划四个类型开展。当前，我国学者多将京津冀雾霾治理作为生态合作的一部分，从管理学、经济学、环境学等角度分析论证，但鲜有论述区域治霾生态补偿机制的文献。与其他生态补偿机制类似，治霾生态补偿机制是一种将外部成本内部化的环境经济手段，包括清洁空气作为资源性财产，在使用者与贡献者之间进行交易；涵盖清洁空气受益者与补偿者之间的经济补偿。治霾生态补偿机制借助产权制度构建责任约束，利用市场机制、权利、义务和责任调动行为主体保护生态环境的积极性。治霾生态补偿机制正是赋予清洁空气经济价值，明确交易主体、产权制度和市场交易规则体系，积极发挥市场配置生态资源的决定性作用。当前，京津冀三区应以《大气污染防治行动计划》和《京津冀协同发展规划纲要》为指导，积极探索治霾生态补偿机制，推动区域雾霾治理制度化和常态化。

二、京津冀治霾生态补偿机制的必要性

京津冀协同发展旨在构建以首都为核心的大城市群，不仅要实现区域内城市与乡村协调发展，更要统筹经济与生态的和谐发展，最终实现世界级城市群的发展水平和质量。大气环境具有整体性和关联性，不因京津冀行政区划的存在而有所差异。依据公共物品理论，只有各个行政区划共同推进，开展治霾合作，才能实现大气治理目标。京津冀三个行政区划之间的社会经济发展阶段和水平存在较大差异，治霾经济成本和机会成本也有不同，北京在治霾水平、环境标准等都远在河北和天津之上，但随着治理的不断推进，京

---

〔1〕 曹明德："对建立生态补偿法律机制的再思考"，载《中国地质大学学报（社会科学版）》2010年第5期。

〔2〕 王金南、庄国泰主编：《生态补偿机制与政策设计国际研讨会论文集》，中国环境科学出版社2006年版，第13页。

津环境边际效应不断递减。若能将一些资金、技术、项目等转移到河北进行异地开发，对北京本地治霾的效果可能更佳。因此构建京津冀区域治霾生态补偿机制有利于加大区域协作力度，联手攻坚，实现治霾成本收益最大化。

赋予清洁空气经济价值，保障补偿主体发展权。基于北京发展需要，河北省为确保京津发展放弃了很多发展机会，尤其2017年冬天“煤改气”项目和“强制关停并转”等，以及张家口的森林、湿地等生态资源，外部主要受益对象就是北京和天津。河北人民与京津人民具有同样的发展权，对于幸福生活的追求权，引入治霾补偿制度有助于协调不同区划之间的发展需求，尊重清洁空气贡献者利益。依据“谁受益，谁付费”的原则，清洁空气服务贡献者也应获得受益者的经济补偿，实现权利义务的统一。

构建资金互助机制，培养有偿消费理念。姑且不论“煤改气”后的成本上涨，2017年冬天河北省多地出现天然气紧张局面，甚至一度“断气”，严重影响民众日常生活。〔1〕相比2016年雾霾遮天，北京和天津2017年在防霾口罩、空气净化器等防霾商品上消费直线下降。〔2〕这些防霾支出的降低只是让京津人民受惠，并未转移到受到控霾影响的河北人民身上。命令式控制有利于短期见效，但是缺乏消费成本内部化、制度化和刚性化的制度安排将会导致贡献者积极性不足，产生“博弈”行为。

强化制度体系建设，持续改善区域空气质量。构建区域治霾生态补偿机制，让河北与京津之间形成科学合理的补偿标准和动态调整机制，这是构建以首都为核心的世界级城市群的本质要求。立足区域最终发展目标，从促进生态优化和绿色发展出发，发挥市场在资源配置中的基础作用，协调构建区域治霾生态补偿机制，使得河北能够得到补偿和激励，提升其大气治理的自觉性、主动性和积极性，强化区域大气治理生态补偿机制的可持续性。同时，构建长效区域雾霾治理机制，增强河北大气治理产品的生产和供给能力。

因此，治霾生态补偿机制有利于在京津冀形成“谁受益、谁付费”的利益调节格局，缓解京津对河北发展的“虹吸效应”，促进区域协同发展，助推绿色经济共同体建设。这既是对河北为京津清洁空气做出贡献的经济支持，

---

〔1〕“河北：对严重影响群众冬季供暖者将严肃追责问责”，载 http://hebei.ifeng.com/a/20171209/6215993_0.shtml，访问日期：2018年3月12日。

〔2〕“防霾口罩调查：北方蓝天变多 经销商亏本出货没人要”，载 http://www.sohu.com/a/214314447_379902，访问日期：2018年3月12日。

也是对河北地区为清洁空气失去发展机会的一种补偿。

三、京津冀治霾生态补偿的现状与不足

生态补偿制度是落实中央新发展理念和生态文明体制改革要求的重要举措，能够满足生态保护与绿色发展的现实需要。生态环境产品具有公共属性，本身存在供给动力不足的问题，此类问题在跨区域中更为明显。因此，由于京津冀生态系统的整体性与区域分割性，致使跨区域生态供给协调显得极为重要。跨界流域生态补偿机制试点起步较早，在制度设计和标准体系方面取得了重要成就，[1]为京津冀治霾生态补偿机制构建和完善积累了重要经验。与当前国家试点区域涉及的领域一样，京津冀生态补偿机制多以主体功能区为主，集中在森林、河流、矿山等实施对象，而对雾霾治理的生态补偿机制尚处于起步状态。京津冀当前的生态补偿机制也多是权宜性和双边性的，在主体、方式、标准、模式和资金等方面存在诸多问题。

（一）立法供给不足，法律法规缺乏体系化

治霾生态补偿立法不足，具体立法和配套立法跟进缺位。当前我国并没有国家层面的生态补偿专门立法，虽然新《环境保护法》第31条规定国家建立、健全生态保护补偿制度，但是缺乏具体细节性规定。[2]关于生态补偿的很多原则规定都散落在多部法律中，如《水污染防治法》《森林法》和《草原法》中都有关于补偿制度的原则性规定，不同领域补偿体系标准、方式、范围具有差异性和封闭性。试点地区则多依据规范性文件或政府规章，形式上存在权威性和约束性不足；内容上有片面性和分散性问题。同时，山东省和湖北省对空气质量生态补偿制度方面进行探索，[3]但存在形式单一和约束不足的问题。

当前我国雾霾污染成因具有区域性和复合性，地域治理的人为分割制约了治霾行动的协调性和实效性。虽然依据2010年生态环保部（原环境保护部）出台《关于推进大气污染联防联控工作改善区域空气质量的指导意见》，

---

〔1〕 曾娜："流域跨界生态补偿的地方实践分析"，载《前沿》2013年第9期。

〔2〕 陈勇："论新《环境保护法》与生态补偿制度的法制化"，载《湖南警察学院学报》2014年第6期。

〔3〕 冷雪飞："辽宁省空气质量生态补偿立法分析"，载《环境保护与循环经济》2017年第5期。

北京与河北出台了一些规定，如2013年的《2013年至2015年合作协议》，2015年《京津冀协调发展规划纲要》[1]，2016年《京津冀大气污染防治强化措施（2016-2017年）》，2017年生态环境部《京津冀及周边地区2017年大气污染防治工作方案》。虽然这些政策方案确立了联防联治在区域大气污染治理中的地位和作用，但多是倡议性和原则性规定，缺乏具体立法层面的细化规定。

（二）补偿方式模糊，标准规范不足

补偿途径与方式单一，市场作用发挥不足。当前京津冀生态补偿机制多以纵向中央财政转移支付为主，辅以项目补偿、专项资金资助、对口支援等。纵向资金数额本身不多，且对于生态环境实际贡献者的支持不足，导致激励不够。长期而言，未能构建基于资源稀缺和时间变化的动态调整补偿机制。相对传统政府补偿，市场化补偿和社会化补偿具有灵活性、低成本、融资空间大等优势，对于增补政府补偿不足具有重要优势。比较而言，京津冀之间的横向补偿明显不足，而且对于生态环境区的补偿未能实现“输血”和“造血”相结合，产业转移补偿、技术补偿等市场化和社会化补偿方式缺位。与传统的环境民事赔偿不同，区域之间的生态补偿是生态补偿制度的重点，当前制度安排未能体现“谁污染谁赔偿”“谁受益谁补偿”等原则。

补偿标准偏低，缺乏长效合作机制。无论是中央财政转移支付还是重点项目补偿标准都远低于生态贡献成本，依据生态投入和运营成本的补偿标准确立机制尚未建立，且后续动态调整机制缺失，进而导致对补偿主体激励不足。京津冀治霾的补偿主体与受益主体之间沟通平台和机制缺位，未能将清洁空气的维护纳入消费主体的成本当中，[2]缺乏切实有效的制约和监督机制来约束大气污染行为。

（三）主体厘定不清，权责运行不畅

主体混杂不清，阻碍制度落地运行。补偿主体和受益主体的厘定是生态补偿法律制度构建的出发点和归宿。由于大气流动性强，利益主体关系繁杂，利益诉求复杂，补偿主体界定难度大，京津冀框架合作中并未明确补偿主体

---

〔1〕 2015年，我国将京津冀协同发展上升为国家战略，以疏散北京非首都功能为目标，在环保、产业升级、交通等领域寻求重点突破。

〔2〕 杜纯布：“论雾霾治理生态补偿机制建立的理论依据”，载《区域经济评论》2017年第5期。

和受益主体。雾霾生态补偿机制中的补偿主体包括国家、地方政府，也包括企业和个人，很多时候则是多个主体混在一起。对于受益主体，也存在界定不清，补偿利益虚化等问题。同时，多个主体之间未能具体量化，覆盖面不足，权责利不明确。雾霾问题不仅是环境问题，也是经济问题。科斯定理强调权属界定对交易市场的基础作用，明确的产权界定将直接影响治霾生态补偿制度的构建与运行。

京津冀协同发展是全面的协同发展，生态环保则是重点突破领域之一。行政区划的社会经济发展差异，以及生态环境形势的严峻性，使得该地区对生态补偿机制的倚重性不言而喻。生态补偿机制基于产权制度构建，明确产权界定、量化标准体系和市场规则构建是京津冀治霾生态补偿机制良性运行的基础性保障。

四、京津冀治霾生态补偿机制构建

京津冀在区域治霾利益上具有共识，在联防联控中引入生态补偿机制能够协调处理大气保护与经济发展之间的关系，落实京津冀行政区域在雾霾治理中“共同但有区别”的责任。结合当前生态补偿机制的问题和不足，京津冀治霾应比照主体功能区，结合大气污染防治特点，构建北京、天津和河北之间的治霾生态补偿机制，推进区域治霾共同体建设，实现京津冀绿色协调发展。

（一）宏观层面：完善顶层设计，健全长效制度

推进京津冀区域治霾立法，完善治霾生态补偿法律制度供给。生态补偿机制在新修订的环保法中得到明确，完成了“顶层设计”，但需要专门法的渐次推进和单行法的配套跟进。其中专门法推进方面，应基于国务院《关于健全生态保护补偿机制的意见》，结合试点经验和京津冀实际，将区域治霾生态补偿机制纳入正在制定的《生态补偿条例》中。同时，在京津冀推进生态补偿区域立法，结合大气污染防治规律，规定生态补偿的指导原则、利益主体、补偿责任、监管机制、评估标准、法律责任等内容，为治霾生态补偿机制规范化运行提供法律依据。

单行法配套方面，结合区域发展状况，对于治霾生态补偿机制中已经确立的规范进行立法完善，增强科学性和实操性。结合《大气污染防治法》，推进区域治霾指标、监测手段、补偿标准、法律责任等法律制度构建，统一大

气服务功能损益标准，修改环境标准中关于环境治理标准和污染物排放标准，为京津冀区域治霾生态补偿奠定技术基础。

（二）中观层面：构建具体模式，推动有序运转

不同于实物交易市场，生态补偿更加倚重产权制度规则的构建，明确的产权模式和制度规则能够有效促进区域治霾生态补偿制度的发展。一般而言，生态补偿包括政府补偿和市场补偿两种模式，前者通过财政政策、项目实施、税费优惠等实现生态补偿目的，注重补偿形式的控制性，受益者补偿的间接性，以及资金来源的财政性等特点；后者通过平等协商实现生态环境资源利益的分享，具有主体多元化、平等性和自愿性等特点。[1]

基于2017年中央深改组的《跨地区环保机构试点方案》的精神，应积极推动建立京津冀大气环境管理机构，构建区域治霾生态补偿联动机制。可以由国家发改委和环保部牵头，京津冀及周边省市定期研究治霾生态补偿跨区生态经济政策试点，推进区域内政府生态补偿，强化区域监督管理职能，提高执法效能。对于违反补偿规定，要强化责任追究，确保治霾生态补偿机制的权威性和有效性。

同时，要积极构建多元化、市场化治霾生态补偿方式，构建治霾生态补偿发展基金。在中央转移支付的前提下，增加区域之间、不同社会群体之间的横向转移力度，并引入集体、非政府组织和个人参与的多元化治霾生态补偿机制。积极探索资金来源多元化，在地方财政有限的情形下，应强化中央财政在京津冀区域治霾生态补偿方面的转移支付力度。同时，大气污染防治具有公共性，应强化京津冀全区域共同责任，探索利用资源品价格上涨获得治霾转向资金。

在吸收政府、集体等资金前提下，积极筹集治霾生态补偿资金，吸收社会团体、非政府组织、个人等捐助，减轻国家财政负担。2018年中国开始征收环境税，京津冀可以提取一部分环境税作为企业绿色发展资金，对于由治霾关停并转产生的人员安置提供资金支持。除资金补偿外，还可以借助项目、产业、教育、实物等进行治霾生态补偿。

（三）微观层面：明确责任主体，规范补偿标准

生态补偿的主体是生态补偿制度构建的出发点和归宿，也是生态补偿的

[1] 尤晓娜、刘广明："京津冀流域区际生态补偿制度之构建"，载《行政与法》2018年第4期。

核心问题，[1]因此要明确界定京津冀治霾生态补偿机制中的主体，包括抽象主体和具体主体。生态环境具有公共物品属性，改善空气质量和减少排放的主体都可以成为补偿主体，且清洁空气具有无形性和外溢性，生活在京津大气环境中的主体都在受益，受益主体难以准确界定。作为公共利益代言人，政府可以首先担任抽象主体，然后根据本区域内的具体清洁空气补偿主体或受益主体进行费用分配和摊销。同时，基于京津冀存在中央、北京市、天津市和河北省的“三地四方”的特殊性，应在早期强化中央政府的治霾主体责任，推动京津两地承担清洁空气受益者角色。河北 2017 年冬天的“煤改气”和工厂关停并转的补偿者，以及京津的清洁空气的受益者，可以明确界定为具体补偿者和受益者，双方直接落实生态补偿责任制度。[2]除了补偿主体和接受补偿的主体外，还应确立实施主体，推动京津冀治霾补偿制度有序实施，因此可以组建包括中央层面和京津冀各方参与的委员会来担任实施主体。

对于区域内大气污染严重的主体，如钢铁厂、玻璃厂等污染排放会降低清洁空气供给，损害公共利益，因此要承受大气污染治理义务，承担治理空气污染责任。因冬季治霾而大规模关停并转的河北企业为京津冀清洁空气供给做出贡献，为公众利益而降低了自身经济利益，应由京津清洁空气受益者进行补偿。同时，要注意区分生态补偿和生态赔偿，后者侧重污染侵权的法律责任追究。

治霾损失和受益的确定是京津冀治霾生态补偿制度实施的难点之一，因此要完善标准参数和评估量化，构建区域管理和监督机制。标准、规则、要素等对产权交易成败具有决定性作用，治霾生态补偿机制对标准体系和量化参数的倚重性也不例外。京津冀治霾生态补偿标准应坚持生态价值与环保成本相结合的基本思路，并在此基础上实现行政区划之间生态补偿标准的确定。要研究构建京津冀治霾的评价标准、指标体系、补偿要素、补偿范围、核算方法、保障措施等，并要关注标准体系的动态化调整。构建自然生态资源监测指标体系，探索定量化的自然生态资源评价办法和体系，实现区域主体经

---

[1] 刘广明：“协同发展视域下京津冀区际生态补偿制度构建”，载《哈尔滨工业大学学报（社会科学版）》2017 年第 4 期。

[2] 对于政府作为补偿接受主体要进行限制，避免经济利益诱惑下的权利寻租，进而阻碍区域生态补偿的全面实现。详见刘广明：“协同发展视域下京津冀区际生态补偿制度构建”，载《哈尔滨工业大学学报（社会科学版）》2017 年第 4 期。

济活动外部性的内在化。

此外，京津冀区域治霾生态补偿机制构建还应处理好补偿与“扶贫”的关系，注重河北当地“造血”式补偿，尤其“环京津贫困带”的生态公益补偿，促进区域协同发展。将治霾生态补偿机制构建作为京津冀绿色经济共同体建设的重要着手，进而实现区域协同发展和经济社会包容性发展。

五、结语

公共用品的整体性和京津冀区域分割性，严重约束了该区域雾霾治理有效性。生态补偿制度赋予了生态环境要素经济价值，将其纳入市场要素机制当中，充分调动经济力量促进各方形成关心、支持和参与生态环保保护的强大合力。当前京津冀雾霾污染呈现区域性、复杂性和多元化等特征，“运动式”治霾的“简单粗暴见效快”难以具有持续性。新《环境保护法》对生态补偿制度提供了方向和法律基础，结合生态补偿机制的问题和不足，京津冀治霾应比照主体功能区，结合大气污染防治特点，从宏观层面的顶层法律实际，健全长效机制；中观层面构建具体模式，推动有序运转；微观层面明确责任主体，规范补偿标准等构建北京、天津和河北之间的治霾生态补偿机制，推进区域治霾共同体建设，实现京津冀绿色协调发展。

皋陶与上古司法文化之探

尚　 珍[*]

摘　要： 皋陶是中国上古传说中的人物，被史学界和法律界公认为是中国司法鼻祖。挖掘古代文献中有关皋陶的事迹和传说，对认识上古时期的司法制度和司法文化观念具有开拓意义。本文从皋陶事迹入手探寻了上古法官的称谓、司法的神判形式、司法的公正观念和法官的具体形象等内容，挖掘出传统精华资源以资今天的司法借鉴和继承，从而发展出具有中国特色的当代优秀司法文化。

关键词： 皋陶；法官称谓；獬豸神判；青脸

一、皋陶与法官的称谓

古代中国没有现代国家三权分立的政治体制，所以行政和司法是不分家的，虽然不分家，但是协助最高权力的最高司法机构和职位还是存在的。西周王朝中央的最高司法机构的职位称“大司寇、小司寇”；春秋战国时大部分诸侯国的最高司法机构或官吏也为“司寇”，如孔子就担任过鲁国的司寇；楚国、陈国最高司法官吏称为“司败”；晋国称为“理”，秦国称“廷尉”。由于秦统一六国，秦汉时期的最高司法机构都为“廷尉”，隋唐宋时称为“大理寺”，元代用“刑部”作为司法机构，废大理寺，而明时虽恢复大理寺，但只是作为司法复核机构，清代与明代相同。到了清末沈家本修律，司法机构开始改称“大理院”，今天称法院。那么中国最早的司法机构或从事司法审判的官员是怎样的？这不能不从一个叫皋陶的人说起。

---

* 尚琤（1965—），男，博士学位，首都经济贸易大学法学院副教授，研究方向：法律史。

皋陶，又名咎繇，是古代东夷部落的首领。生于尧帝之时，卒于夏禹之前。最早记录皋陶的文献是中国最早的典籍《尚书》。《尚书·舜典》记载："皋陶！蛮夷猾夏，寇贼奸宄。汝作士，五刑有服，五服三就；五流有宅，五宅三居；惟明克允。"〔1〕东汉经学家马融和郑玄都有注解："马融曰：'狱官之长。'郑康成曰：'士，察也，主察狱讼之事。'。"〔2〕这一史料表明最早的司法官职很可能称"士"，西周和春秋时期的很多材料都把从事司法工作的官位称为"士"或"士师"。如《尚书大传·虞夏传》"秋伯之乐"注："秋伯，秋官，士也，咎陶掌之。"〔3〕《周礼·地官司徒·大司徒》："凡万民之不服教而有狱讼者，与有地治者听而断之，其附于刑者归于士。"〔4〕《周礼·秋官》的属官有士师，"士师之职，掌国之五禁之法，以左右刑罚"。〔5〕春秋时鲁国也设有士师之职，如《论语·微子》："柳下惠为士师，三黜。"〔6〕

这一称谓后来可能叫作"大理"或"理"。《尚书》唐代的孔颖达的注解说："士，理官也。"〔7〕其他史料也曾称皋陶担任过"理"。西汉末年流行谶纬之学，谶纬之士著有一书叫《春秋元命苞》记载："尧为天子，梦马啄子，得皋陶，聘为大理。"〔8〕另一史籍《淮南子·主术训》也记载："皋陶喑而为大理，天下无虐刑。"〔9〕这些史料都说皋陶曾经担任过"大理"一职，当然在他那个年代最高司法长官是称为"士"还是"大理"，目前已无法确证。

《汉书·胡建传》记载："黄帝李法曰：壁垒已定，穿窬不由路，是谓奸人，奸人者杀。"其苏林注曰："（李者）狱官名也。"颜师古注曰："李者，

---

〔1〕《尚书正义》，载上海古籍出版社编：《十三经注疏》（上），上海古籍出版社1997年版，第130页。

〔2〕（清）孙星衍撰：《尚书今古文注疏》（上），中华书局1986年版，第65页。

〔3〕转引自（清）沈家本撰：《历代刑法考》（四），中华书局1985年版，第1957页。

〔4〕《周礼注疏》，载上海古籍出版社编：《十三经注疏》（上），上海古籍出版社1997年版，第708页。

〔5〕《周礼注疏》，载上海古籍出版社编：《十三经注疏》（上），上海古籍出版社1997年版，第874页。

〔6〕《论语注疏》，载上海古籍出版社编：《十三经注疏》（下），上海古籍出版社1997年版，第2528页。

〔7〕《尚书正义》，载上海古籍出版社编：《十三经注疏》（上），上海古籍出版社1997年版，第130页。

〔8〕沈家本的"历代刑官考上·唐虞夏"中引述此文，见（清）沈家本撰：《历代刑法考》（四），中华书局1985年版，第1958页。

〔9〕何宁撰：《淮南子集释》（中），中华书局1998年版，第617页。

法官之号，总主征伐、刑戮之事，故称其书曰李法。苏说近之。”[1]从这条史料看，黄帝时期的狱官名为“李”。《管子·法法》记载：“舜之有天下也，禹为司空，契为司徒，皋陶为李，后稷为田。”[2]沈家本的《历代刑罚考·律令一》以“黄帝李法”作为子目，征引了《汉书·胡建传》颜师古等人注解的意见，即“李者，法官之号也，总主征伐刑戮之事”。[3]1972年山东临沂出土了银雀山竹简《守法守令等十三篇》，其中《李法》篇记载黄帝时期“李法”“置李者”“李主法”，[4]进一步证实了法官早期之号为“李官”。

为什么在这些文献中称“置李”或“李法”，而不是“理官”或“理法”？这跟先秦以前文字字形不统一，字形也不固定的情况相关。“李”和“理”实为通假字。事实上在写此字时，多并用二字。《管子·小匡》载：“弦子旗为理。”[5]《礼记·月令》和《吕氏春秋·孟秋》都载：“（孟秋之月）是月也，命有司修法制，缮囹圄，具桎梏，禁止奸，慎罪邪，务博执。命理瞻伤、察创、视折，审断。决狱讼必端平，戮有罪，严断刑。”[6]这里“理”同样也是负责决狱讼的事务的。而从语义学来说，“理官”之称更为符合逻辑，理本身有道理之义，法官的职业特点就是要明法辩理，追求事情的本质和真相。所以“理官”更为合理。因此当文字表达随后趋于稳定统一时，汉代以后基本上都沿用了“理官”之称谓。如《史记·循吏列传》载：“李离者，晋文公之理也。”[7]《汉书·艺文志》：“法家者流，盖出于理官，信赏必罚，以辅礼制。”[8]因此，“士”或“理”“理官”，大约是我国最早的法官的称谓。

二、皋陶与神判法

后代史书一般都承认皋陶与法律的发生有着极大的关系，如《左传·昭

---

〔1〕（汉）班固撰：《汉书》（九），中华书局1962年版，第2911页。

〔2〕黎翔凤撰：《管子校注》（上），中华书局2004年版，第313页。

〔3〕（清）沈家本撰：《历代刑法考》（二），中华书局1985年版，第814页。

〔4〕“守法守令等十三篇”，见银雀山汉墓竹简整理小组编：《银雀山汉墓竹简（壹）》，文物出版社1985年版，第142页。

〔5〕黎翔凤撰：《管子校注》（上），中华书局2004年版，第423页。

〔6〕《礼记正义》，载上海古籍出版社编：《十三经注疏》（上），上海古籍出版社1997年版，第1373页。

〔7〕（汉）司马迁撰：《史记》（十），中华书局1959年版，第3102页。

〔8〕（汉）班固撰：《汉书》（六），中华书局1962年版，第1736页。

公十四年》:“《夏书》说:‘昏、墨、贼,杀。’皋陶之刑也。”〔1〕西汉史游《急就章》就说:“皋陶造狱,法律存。”〔2〕《后汉书·张敏传》说:“建初中,上疏曰:‘孔子垂经典,皋陶造法律,原其本意,皆欲禁民为非。’”〔3〕当时皋陶所谓的“造法律”,可能并非是一种后人所想象的制定法,更可能是一种判例法。有一种观点认为法律起源于司法审判。如日本学者滋贺秀三曾指出:在欧洲法律史上,所谓法,与诉讼有着本质上的相同之处;也就是说,法的原意是指通过诉讼达到的正义的结果,因此希腊文 σΙκη 、拉丁文 Jus、德语 Recht、法语 droit 都有妥当和正义的意义。〔4〕法制史著名学者蔡枢衡先生认为:“从历史上看实际是先有裁判,然后才有裁判规定标准的刑法,最后才有为正确适用刑法服务的司法制度。”〔5〕

法律源于司法审判的观点事实上从中国文字的训诂上是可以找到例证的。《说文解字·廌部》说:“灋,刑也;平之如水;从水;廌所以触不直者去之,从去。法,今文省。”〔6〕可见法律的出现,就是和当时用神兽獬豸断案的司法习惯紧密相连。《说文解字》的另一处对于廌的解释说:“廌,解廌兽也,似山牛,一角;古者决狱,令触不直;象形,从豸。”〔7〕传说中这种能辨别善恶是非的神兽,是皋陶的重要助手。王充《论衡·是应篇》亦云:“獬豸者,一角之羊也,性知有罪,皋陶治狱,其罪疑者,令羊触之,有罪则触,无罪则不触。斯盖天生一角圣兽,助狱为验,故皋陶敬羊,起坐事之。”〔8〕汉人杨孚在《异物志》中则说:“东北荒中有兽名獬豸,性忠,见人斗,则触不直者。闻人论,则咋不正者。楚执法者所服也。”〔9〕獬豸虽然是羊是牛状,记载并不统一,但是一种能辨人间善恶、是非曲直的神兽则是一致的意见。

神判法是人们在无法判断真相时依赖于神灵帮助的一种方法。神判法是

---

〔1〕杨伯峻编著:《春秋左传注》(四),中华书局 2009 年版,第 1367 页。

〔2〕转引自(清)沈家本撰:《历代刑法考》(二),中华书局 1985 年版,第 815 页。

〔3〕(南朝宋)范晔:《后汉书》(六),中华书局 1965 年版,第 1503 页。

〔4〕[日]滋贺秀三:“中国法文化的考察——以诉讼的形态为素材”,王亚新等译,载王亚新、梁治平编:《明清时期的民事审判与民间契约》,法律出版社 1998 年版,第 6~7 页。

〔5〕蔡枢衡:“历史上定罪和处刑的分工”,载《法学研究》1980 年第 4 期。

〔6〕(汉)许慎撰,(清)段玉裁注:《说文解字注》,上海古籍出版社 1981 年版,第 470 页。

〔7〕(汉)许慎撰,(清)段玉裁注:《说文解字注》,上海古籍出版社 1981 年版,第 469 页。

〔8〕黄晖撰:《论衡校释》(三),中华书局 1990 年版,第 760 页。

〔9〕(汉)杨孚撰、吴永章辑佚校注:《异物志辑佚校注》,广东人民出版社 2010 年版,第 38 页。

人类社会早期的普遍习惯，在世界上很少有国家不曾使用过这一方法，中国也不例外。瞿同祖先生经过考察认为："中国有史以来就以刑讯来获得口供，早就不仰赖神判法了。但在适用刑讯以前，在最古的传说里还可以看出一些遗留的痕迹。"〔1〕早期在春秋时期仍存在神判的迹象。如《墨子·明鬼》："昔者，齐庄君之臣有所谓王里国、中里徼者，此二子者，讼三年而狱不断。齐君由谦杀之，恐不辜；犹谦释之，恐失有罪。乃使之人共一羊，盟齐之神社，二子许诺。于是泏洫，｛扌恶｝羊而漉其血，读王里国之辞既已终矣，读中里徼之辞未半也，羊起而触之，折其脚，祧神之而槀之，殪之盟所。当是时，齐人从者莫不见，远者莫不闻，著在齐之春秋。"〔2〕

在这样一个诉讼中齐庄君就是一个消极的裁判者，他依靠神羊来解决诉讼纠纷，齐庄公非常谨慎，生怕判断错误会造成"不辜"或"失有罪"的错案或冤案，所以一直无法结案，案子拖了三年之久，久讼不决。最后终于在神羊的帮助下获得了案件的结果。而案件的解决是基于人们对天意的信仰和依赖，借助羊的举动，形成人们对于"天意"的接受，从而达到一个最终的结局。

西汉的《淮南子·修务训》说："皋陶马喙，是谓至信，决狱明白，察于人情。"〔3〕其后的《白虎通·圣人》也说："皋陶鸟喙，是谓至信，决狱明白，察于人情。"〔4〕人怎么可以是鸟嘴呢？这可以有两个解释，其一，皋陶既是少皞的后代。《史记·五帝本纪》其正义注解中记载："皋陶，字庭坚，英、六二国是其后也。"〔5〕《史记·夏本纪》记载："皋陶卒，封皋陶之后于英、六，或在许。"〔6〕从这些记载推测，皋陶应是英、六地区的夷人领袖。在汉语中"皋陶"中的"皋"与太昊（皞）氏、少昊（皞）氏的"昊"或"皞"通假借用，上古时的少皞氏，是在尧舜之前，是传说中鸟夷的帝王。根据其活动的地区，皋陶的家族源头很可能与太昊氏、少昊氏有关。他们同属于东夷集团，而东夷集团是以鸟为图腾的民族。所以作为氏族的首领皋陶有着鸟

---

〔1〕瞿同祖：《瞿同祖法学论著集》，中国政法大学出版社2004年版，第285页。

〔2〕（清）孙诒让著，孙以楷点校：《墨子闲诂》（上），中华书局1986年版，第210~211页。

〔3〕（清）刘文典撰，冯逸、乔华点校：《淮南鸿烈集解》（下），中华书局1989年版，第781页。

〔4〕（清）陈立撰，吴则虞点校：《白虎通疏证》（上），中华书局1994年版，第339页。

〔5〕（汉）司马迁撰：《史记》（一），中华书局1959年版，第39页。

〔6〕（汉）司马迁撰：《史记》（一），中华书局1959年版，第83页。

的图腾特征。一般认为这种图腾的神兽是通灵的，于是文化赋予皋陶以鸟嘴的形象以反映其具有神性。其二，笔者以为这一尖尖的鸟嘴，非常类似獬豸的独角，这一独角有着某种挑破真相和惩罚罪人的功能！无论是皋陶的鸟喙，还是獬豸的独角，都具有某种神兽的色彩，能够判断善恶是非，从而达到至诚、至信的公正结果，至于马喙的记载，可能是部族图腾马的遗迹，也可能是在传写过程中，与鸟因形似而误的结果。

三、皋陶与公正观念

皋陶作为古代文明的首位法官，其本身形象代表着公正和客观的理念。其中灋是“灋”的字形中的一部分“水”偏旁的分析，东汉许慎的解读是“平之如水”，这代表了在神判法下人们对于法的价值理念的追求。

然而对于“水”的意义解读，众说纷纭。其中蔡枢衡先生认为：“灋字结构表明：灋是廌触水去。换句话说，解廌触定，放在水上，随流漂去便是法。《说文解字》所谓‘平之如水’四字和‘法今文’四字，同样是后世浅人所妄增，画蛇添足，不可为训，无待多言。”〔1〕北京大学朱苏力教授也对许慎的解释持怀疑的态度。他指出：“为什么一个水字旁就一定意味着公平？不错，水在静止状态下，特征之一是‘平’，但这并不是水的全部特征或本质的特征，甚至未必是其最突出显著的特征，水也是流动的，水是由高处向低处流淌的……法字，水旁，意味着古人强调法乃自上而下颁布的。”〔2〕这些怀疑无疑有其合理性，但也是可以商榷的。笔者以为许慎的说法还是更为合理的，其理由有以下四点：

其一，在许慎的《说文解字》中对于“水”的定义，又一次验证了他不是随口一说，而是有着一贯的认识。他对于水的解释是：“水，准也。北方之行。象众水并流，中有微阳之气。清代学者段玉裁注说：准，平也。天下莫平于水，故匠人建国必水地。”〔3〕许慎对“准”的解释为：“准，平也。”段玉裁注曰：“谓水之平也。天下莫平于水。因之制平物之器亦谓之准。汉志：

---

〔1〕 蔡枢衡：《中国刑法史》，中国法制出版社 2005 年版，第 159 页。

〔2〕 苏力：《制度是如何形成的》，北京大学出版社 2007 年版，第 133~134 页。

〔3〕（汉）许慎撰，（清）段玉裁注：《说文解字注》，上海古籍出版社 1981 年版，第 516 页。

绳直生准。准者，所以揆平取正是也。"〔1〕这里许慎对于水、准和平都进行了循环解释，坚持水具有平准之义，段注进一步解释准就是平，甚至居匠人建造城墙必须在地上洒水以验证其平坦，或者制器物都具有平直和准绳的意味。这些字义的解释至少表明许慎对于水的特性不是临时"妄增"的，而是有着系统和稳定的认识。

其二，水具有平准的意象不只是许慎的看法，是普遍的文化理念。水具有平准的意象在先秦的许多思想家那里都有表述。如《庄子·天道》："水静则明烛须眉，平中准，大匠取法焉。水静犹明，而况精神！圣人之心静乎！天地之鑑也；万物之镜也。"〔2〕在这里庄子谈到水静止后就能清晰地照见人的须眉，就会合乎水平测定的标准，高明的匠人会取法之。如果圣人的心静，就可以作为天地万物的明镜。《荀子·宥坐》也说："（水流）主量必平，似法。"其钟泰的注解为："主量，谓以水为准也。"〔3〕这里谈到当用水作计量，必须均平。如同公平之法。这里荀子也将水，平，以及法的概念相联系。《管子·水地》也说："是以水者，万物之准也。"〔4〕也是选取水的平直标准的特点。所以说水是平准的和法应该"平之如水"的概念绝非是东汉许慎的杜撰，而是先秦时已经形成的基本观念。

其三，如同庄子所观察的，水静止则平，清澈如镜，可以观照事实真相。古代"明镜高悬"的匾额常常悬挂于司法公堂之上，古人常以器盛水作镜以观察，这也从侧面佐证了法与水之关系，平之如水，可以有其象征意义，法官心境如水般平静，就可以成为"天地万物之镜"，查清案件原委，理清事实，给出公正的裁决。〔5〕

其四，古时的神判法，獬豸断案本身就有着神圣的权威性，为那时的人们所虔诚信仰，其体现客观公正的理念，自不待言。

那么皋陶所追求的公正到底对古代中国的法文化具体都包含什么样的含义呢，从早期资料显示，皋陶追求的公正观大致有下面两层内涵，第一个意

---

〔1〕（汉）许慎撰，（清）段玉裁注：《说文解字注》，上海古籍出版社1981年版，第560页。

〔2〕（清）郭庆藩撰：《庄子集释》，中华书局2012年版，第462页。

〔3〕梁启雄：《荀子简释》，中华书局1983年版，第390页。

〔4〕黎翔凤撰：《管子校注》（中），中华书局2004年版，第814页。

〔5〕参考徐忠明：《明镜高悬：中国法律文化的多维观照》，广西师范大学出版社2014年版，第67~74页。

义是“中道”，第二个意义是“道德”。

1. 古代司法公正指“中道”

《尸子·仁意》曾说：“治水潦者，禹也；播五种者，后稷也；听狱折衷者，皋陶也。”〔1〕《尸子》对于皋陶的主要贡献的评价是其司法奉行了中道原则。所谓中道原则是指恪守原则，不能偏袒任何一方。折中或执中就是一个平衡点，是一种理性的需要，要“执其两端”进行思考，但是这一理性所要求的平衡点决不简单地强调不走极端，不偏不倚，无过无不及。这里要区别于不讲原则地进行平衡调和，看似维护了双方的利益，然而谁的利益都没维护好。司法上的中道更多的是要维护受害者的利益。这一原则事实上不仅是司法原则，而是古代中国文明所持的一个根本原则。在中国哲学观中，其根本属性是符合天道。

《尚书·大禹谟》：“惟精惟一，允执厥中。”〔2〕所谓允执厥中，是指平心静气，客观公正地处理事务。《尚书·大禹谟》：“刑期于无刑，民协于中，时乃功，懋哉。”〔3〕这段文字是说皋陶在担任司法官员的时候，用五刑来促进教化，最终百姓在中道的原则下达到了和谐社会，建立了功勋。

《四书·中庸》说：“子曰：舜其大知也与！舜好问而好察迩言，隐恶而扬善，执其两端，用其中于民，其斯以为舜乎！”〔4〕宋代大儒朱熹的《中庸章句序》说：“其曰君子时中，则执中之谓也。”〔5〕所谓“时中”就是要依据变化的实践予以调整判决的结果。可见这种中道是随着时间、环境等条件的变化而变化，也就是要与时俱进。

《管子·小匡》：“决狱折中，不杀无辜，不诬无罪。”〔6〕管子在这里连提无辜和无罪，非常类似于今天的刑罚原则即疑罪从无，强调对无辜之人的保护。因此，中国式的“公正”其内涵之一是“中道”。

---

〔1〕李守奎、李轶译注：《尸子译注》，黑龙江人民出版社 2003 年版，第 7 页。

〔2〕《尚书正义》，载上海古籍出版社编：《十三经注疏》（上），上海古籍出版社 1997 年版，第 136 页。

〔3〕《尚书正义》，载上海古籍出版社编：《十三经注疏》（上），上海古籍出版社 1997 年版，第 135 页。

〔4〕（宋）朱熹撰：《四书章句集注》，中华书局 1983 年版，第 20 页。

〔5〕（宋）朱熹撰：《四书章句集注》，中华书局 1983 年版，第 15 页。

〔6〕黎翔凤撰：《管子校注》（上），中华书局 2004 年版，第 447 页。

2. 司法公正即是社会持有的“道德”

皋陶的公正，在传统的理念中与道德教化息息相关。《尚书·大禹谟》：“帝曰：‘皋陶，惟兹臣庶，罔或干予正。汝作士，明于五刑，以弼五教。期于予治，刑期于无刑。’”〔1〕皋陶之刑的目的是通过五刑来辅助教化，从而达到天下大治，以刑去刑。《尚书》的这一记载被司马迁的《史记》所沿用。《史记·夏本纪》载：“皋陶于是敬禹之德，令民皆则禹，不如言，刑从之。”〔2〕皋陶推行法律的目的是推行禹德。二人协作，完成天下的治。《史记·殷本纪》载：“古禹、皋陶久劳于外，其有功乎民，民乃安。”〔3〕所以法律背后的精神或价值仍是道德教化。

在推行过程中，刑罚是残酷的，但皋陶也区别不同情况加以调试减轻法律的残酷性。如《尚书·大禹谟》载：“（皋陶曰）‘帝德罔愆，临下以简，御众以宽；罚弗及嗣，赏延于世。宥过无大，刑故无小；罪疑惟轻，功疑惟重；与其杀不辜，宁失不经。好生之德，洽于民心，兹用不犯于有司。’”〔4〕对于过失犯罪的人、疑罪者要给予轻刑或宽宥，对于故意犯罪的，要严厉惩罚，“刑故无小”，其“与其杀不辜，宁失不经”的思想蕴含着现在刑法的疑罪从无原则。

当代学者徐忠明先生就曾经论证了早期中国法观念的起源，其结论是“在发生学意义上，起源于司法审判的中国‘法’与西方法=司法=正义（Justice）的构图，并无本质上的差异”。“灋的初意应该是通过诉讼获得正义的结果，与西方法（Jus）基本相同。”〔5〕这一观点也正是本文所认同的。

四、皋陶的青面与包公的黑脸——中国古代文化中法官的形象〔6〕

中国古代一个特有的文化现象就是历史人物的神化。一个历史人物建立

---

〔1〕《尚书正义》，载上海古籍出版社编：《十三经注疏》（上），上海古籍出版社1997年版，第135页。

〔2〕（汉）司马迁撰：《史记》（一），中华书局1959年版，第81页。

〔3〕（汉）司马迁撰：《史记》（一），中华书局1959年版，第97页。

〔4〕《尚书正义》，载上海古籍出版社编：《十三经注疏》（上），上海古籍出版社1997年版，第135页。

〔5〕徐忠明：《明镜高悬：中国法律文化的多维观照》，广西师范大学出版社2014年版，第12、24页。

〔6〕这第四部分曾发表于《中国法院报》2005年12月15日。

了功德，在其死后，就被后人神化，升入了庙堂，而为人们所祭祀和崇拜，成为民间宗教崇拜的神。皋陶和包公就是这样两位中国法制文化中的人物。他们原都是中国历史上的“大法官”，死后成了超人和神。皋陶是尧舜帝时代执掌司法的官员，传说他是中国法律的创始人，史有“皋陶作律”之称，历史还有“皋陶造狱，画地为牢”之说，隋代字书《广韵三烛》载：“狱，皋陶所造。”[1] 皋陶还是监狱的发明者。发明监狱的皋陶被后代尊为狱神，《后汉书·范滂传》记狱吏语：“凡坐系者，皆祭皋陶。”[2] 这说明至少从东汉开始，监狱中就有祭皋陶的习俗了。

与皋陶相比，包公是一个晚出的历史人物。他名叫包拯，是北宋著名的清官，他断案公正严明，于是其死后逐步被神化，包公庙和包公崇拜历代不绝。胡适先生称他是“箭垛”式的人物，古来的许多折狱传奇都射到他的身上，在他的身上，寄托了古代中国人的法制理想。这两个法制人物有着许多共同的特点，有许多地方可供比较。限于篇幅，此文仅对他们的面相做一个比较。

先说包公，在当今社会中，他是家喻户晓的黑脸法官。黑脸法官之说，其实从史书上并无根据。在最早有关包公的历史记载如《宋史·包拯传》和吴奎的《墓志铭》并无他是黑脸的记载，唐宋时为官相貌是有一定标准的，唐代科举考试后进入吏部选官，选官标准是“身、言、书、判”，“身”的标准是“相貌丰伟”，相貌不合格是不能当官的。他的形象肯定是不错的，可惜并无记载。包公的形象的描写首先来自民间传说，始于一些公案文学作品。最早他的形象的记载来自于1967年上海嘉定出土的《新刊全相说唱包侍制出身传》说唱词话，是明代成化年间（1465~1487年）的刊本，这一说唱词话中说包拯出生时异常丑陋：“未遇三郎生得丑，八分像鬼二分人。面三拳三角眼，太公一见怒生嗔。”但其中也未见有关皮肤颜色的描写，只谈及他的头发是粗黑的。如词话中所唱：“三叔虽然生得丑，一双眉眼怪双轮。头发粗浓如云黑，两耳垂肩齿似银。鼻直口方天仓满，面有安邦定国纹。”在清末武侠小说《三侠五义》中我们可以见到这样的文字：“黑漆漆、亮油油、赤条条的小

[1] 转引自（清）沈家本撰：《历代刑法考》（三），中华书局1985年版，第1157页。
[2] （南朝宋）范晔：《后汉书》（八），中华书局1965年版，第2205页。

孩，改名三黑。"[1] 可见至少这时他是黑脸和黑皮肤已经成了民间社会公认的事实。

包公形象的丑陋和怪异大体是出于文人在创作时为了满足民众对包公具有超人能力的心理期待的要求而添加的。在《三侠五义》中，我们可以看到这样的描写：包公父亲梦见："朦胧之际，空中祥云缭绕，瑞气氤氲；猛然红光一闪，面前落下个怪物来，头生双角，青面红发，巨口獠牙。"[2] 京剧中包公除了两道白色勺形眉外，没有其他花纹，额头上有个独特的月牙形标记。这表示他能"日断阳，夜断阴"，白天在人间（阳间）断案，夜晚在阴间断案。可见，这些怪异面相的描写其宗旨是在突出他的神异色彩，表明包公具有圣人、超人和神人的特征。

至于包公为何被赋予了黑脸而不是其他颜色？包公出身于进士，是个标准的读书人，似乎白脸可能更符合历史的真实，然而民间文化赋予了他黑色的面孔。历史上有一个民间传说可以解释这一来历。传说包公原是天上的文曲星，而狄青是武曲星。凡是星宿下凡都要先到南斗星君那里注册，然后取一个脸谱下凡。当文曲星下凡时，因为匆忙，抓了一个脸谱就下凡了，结果因为没仔细看，抓了个武士脸谱，所以一生下来面似黑锅底。南斗星君因为没有找到武士脸谱，就给了武曲星一个文士脸谱，所以狄青眉清目秀，好像一个文弱书生。很显然这一解释是无法让我们当代人满意的。对这一现象的解读似乎应从我们民族赋予颜色以什么样的文化内涵入手。在中国民众的心目中，司法判官应该具有公正无私，不徇私情，刚正威猛的品质。公正无私必须要不带任何私人感情，断案需要依法论断，心肠要硬，不能为感情所左右。铁在质地上是古代最坚硬的物质，铁面无私反映了人们对法官的个人素质和品德的最基本、最本质的要求。那么铁是什么颜色呢？在东汉著名学者许慎的《说文解字》这一部中国最早的字典中就记载说："铁，黑金也。"[3] 因为黑色作为铁的颜色，具有刚硬不容私情、不讲情面的特征，而且黑色往往是令人畏惧的颜色，具有某种肃穆、恐怖、威严的意象，在中国阴阳五行学说中，玄武代表北方，五行属于水，代表颜色是黑色，北方又有寒冷肃杀

---

〔1〕（清）石玉昆述：《三侠五义》，中华书局2013年版，第9页。

〔2〕（清）石玉昆述：《三侠五义》，中华书局2013年版，第8页。

〔3〕（汉）许慎撰，（清）段玉裁注：《说文解字注》，上海古籍出版社1981年版，第702页。

的意味，这些因素都和法律关系有着某种联系，形成了一种统一意象，是中国文化对法官品格和形象的心理期待，于是包公就演变成了黑脸判官。

说完包公的模样，再说皋陶的样子。皋陶的形象在两个史籍中有所透露。一是《荀子·非相篇》中说："皋陶之状，色如削瓜。"其书杨倞注中解释说："如削皮之瓜，青绿色。"[1]二是在西汉的《淮南子》中，《淮南子·修务训》说："皋陶马喙，是谓至信。"《淮南子·主术训》说："皋陶瘖而为大理，天下无虐刑。"其形象也可以说是丑陋无比，而且还不能说话。皋陶的丑陋形象反映了民间对圣人异像心理上的普遍期待。口不能言，可能是后人对皋陶只依照神兽意志断案而不言己意的形象化。至于其面青色或青绿色，一方面可能是代表了其神异性，另一方面很可能是对当时仍在流行的坚硬的金属青铜器的比附。青铜器近青绿色，所以说公正无私的人物是青面的，应该说也非常符合铁还未出现时人们对法官品德的心理和美学要求，铁器在春秋战国以后出现，但直至秦汉，青铜器在社会上仍然是主要金属之一。另外作为长期流传的皋陶本身形象已经定型，不会因为比青铜器更坚硬的金属——铁器的出现而马上消失。这一形象应该说至少在宋元时仍然很普遍。如《水浒传》第40回说：行刑前宋江、戴宗被"驱至青面圣者神案前，各与了一碗长休饭、永别酒"。[2]这一"青面圣者"被行刑前的狱徒们朝拜，应该就是东汉的牢狱风俗中所称的"凡坐系者，皆祭皋陶"。其"青面"正是皋陶特有的面色。

由此可见，皋陶和包公的形象与历史人物的真实形象并无太大关系，他们的形象是一种文化的创造。他们都是中国古代民众出于对理想法官公正无私品格的期望和追求，将他们神圣化、理想化、艺术化和脸谱化了。历史人物的善恶忠奸，都被赋予了红、白、黑、黄等颜色予以表达，如红脸象征忠烈正义，白脸象征阴险奸诈，黄脸象征武将的骁勇善战等等。历史人物的具体细节的真实性在悠久的文化传播中已经不那么重要，他们身上被赋予了整个民族的文化理想，他们作为历史人物，经过民间说唱文学的改造，被艺术化和神化，以民间百姓喜闻乐见的形式流传下去，从而永远地活在人们的心中。

---

〔1〕（清）王先谦撰：《荀子集解》（上），中华书局1988年版，第88页。

〔2〕（元）施耐庵、罗贯中：《水浒传》，中华书局2005年版，第362页。

综上所述，皋陶是我国最早的法官，是传统中法律的创造者，是中国法治的化身。只不过早期的法律实际上来自于审判，带有判例法的色彩，西汉《急救章》的“皋陶造狱，法律存”说法应该理解为皋陶通过其司法审判的活动创造了最早的法律。与世界历史上很多民族的法律早期形态一样，皋陶的司法审判中也带有着神判法的色彩，他使用“獬豸”来解决疑难案件的证据问题，从而赢得公正的美名。神判法的运用也显示了当时人们对于“公正”的追求，其公正的实际内涵包含着“中道”和道德教化的追求。皋陶以及后代包公的形象和传说在很大程度上反映了中华民族司法文化理念和追求，是当代司法应予以借鉴和凭靠的重要传统资源。

跨区域投资者保护问题研究

——以互联互通机制下的适当性规则为切入点

王　锐*

摘　要： 互联互通机制推动我国内地与香港资本市场的跨区域资金流动，也为未来我国与其他国家和地区资本市场双向交流积累经验。在跨区域证券投资规模空前的情况下，两地交易制度及监管体制差异所带来的风险不容忽视，如何规制跨区域证券不当推介问题、如何在不同资本市场上适用有利于投资者保护的适当性义务规则尤其重要。香港适当性规则固然长于细节建构与可操作性，但内地规则位阶较高、监管层执法力度较强、内地法院业已形成对不当推介行为追究民事责任的裁判理念与进路。因此，为加强内地投资者权益保障，应对监管规则进行合理解读；内地投资者应享有多种争议解决渠道；内地法院亦应以能动司法介入，积极行使管辖权，为投资者提供民事救济。

关键词： 互联互通机制；适当性义务；投资者救济；管辖权

一、问题的提出

2014年“沪港通”及2016年“深港通”（以下简称“互联互通机制”）[1]推

* 王锐（1978—），女，法学博士，国家法官学院副教授，研究方向：金融法、国际经济法。

〔1〕 沪港通包括沪股通和沪港通下的港股通。沪股通，是指投资者委托香港经纪商，经由香港联合交易所在上海设立的证券交易服务公司，向上海证券交易所进行申报（买卖盘传递），买卖沪港通规定范围内的上海证券交易所上市的股票。沪港通下的港股通，是指投资者委托内地证券公司，经由上海证券交易所在香港设立的证券交易服务公司，向香港联合交易所进行申报（买卖盘传递），买卖沪港通规定范围内的香港联合交易所上市的股票。深港通包括深股通和深港通下的港股通。深股通，是指投资者委托香港经纪商，经由香港联合交易所在深圳设立的证券交易服务公司，向深圳证券交易

动了中国内地与香港资本市场双向开放政策的落地，是中国资本市场对外开放史上的里程碑事件。一方面，互联互通机制的实施拓展了内地资金与香港资金往来的渠道，对我国内地资本市场改革、人民币国际化、香港金融中心的巩固与发展都具有深刻影响，也将为未来中国资本市场与其他国家或地区资本市场的双向开放积累经验、奠定基础。但另一方面，互联互通机制的实施也会引发一系列的风险，其中因两地交易制度及监管体制差异带来的风险不容忽视。尤其在今年开年全球股市大幅下挫的局面下，跨区域证券交易引发争议数量将大幅上升，投资者保护的压力不容小觑。

我国内地证监会于2016年9月颁布了《内地与香港股票市场交易互联互通机制若干规定》（以下简称《互联互通规定》），专门用于规范互联互通机制运行，《互联互通规定》中对投资者予以保护的条款主要体现为适当性管理规则。〔1〕所谓“适当性管理”，或称“适当性规则”“适当性义务”，系针对金融机构提出、要求其在销售产品时负有合理推荐的义务，是保护投资者、规制销售误导的重要监管工具之一，也是投资者与金融机构之间的责任与风险分配制度。〔2〕虽然目前我国内地投资者赴港投资多通过内地经纪商进行委托交易，但仍难免遭遇香港证券经纪商、投资顾问等证券从业者的不当推介与劝诱；而《互联互通规定》又明确要求投资者适当性规则适用属地管理原则，〔3〕故此对监管规则的合理解读至关重要。香港资本市场发展虽然早于内地，但其适当性规则一度存在相当的缺陷，香港监管机关曾对投资者被误导购买“雷曼迷你债”的现象听之任之，导致众多投资者遭受损害，甚至沉重打击了公众对香港资本市场的信心。〔4〕近年来，虽然香港证监会（The Securities

---

（接上页）所进行申报（买卖盘传递），买卖深港通规定范围内的深圳证券交易所上市的股票。深港通下的港股通，是指投资者委托内地证券公司，经由深圳证券交易所在香港设立的证券交易服务公司，向香港联合交易所进行申报（买卖盘传递），买卖深港通规定范围内的香港联合交易所上市的股票。沪港通下的港股通和深港通下的港股通统称港股通。

〔1〕 参见《内地与香港股票市场交易互联互通机制若干规定》第3条。

〔2〕 王锐：《金融机构的适当性义务研究》，法律出版社2017年版，第325~326页。

〔3〕 参见中国证监会新闻发言人对《内地与香港股票市场交易互联互通机制若干规定》的解读，载http://kuaixun.stcn.com/2016/0930/12900078.shtml，访问日期：2018年2月3日。

〔4〕 王楠：“香港金融消费者保护制度的新发展——以金融投资产品为视角”，载《法治论坛》2013年第1期。

and Futures Commission，SFC）不断强调投资者保护中的适当性规则，[1]但香港适当性规则与内地规则无论文本设计或行业实践均存在一定差异，必然造成互联互通机制下投资者保护不均之问题。[2]甚至更为严重的是，如对《互联互通规定》进行机械解读，可能出现投资者无法寻求民事救济之严重后果。故此，本文首先通过对香港适当性规则与我国内地规则的对比观察，厘清哪种规则更有利于投资者保护，据此对内地监管规则进行合理解读，同时为遭遇不当推介的内地投资者可能寻求哪些救济途径以及如何寻求法律救济提供建议。

二、香港与内地的适当性制度比较

（一）适当性制度概况比较

香港适当性义务的成文规定见于香港 SFC 颁行的《持牌人与注册人操守准则》（Code of Conduct for Persons Licensed by or Registered with the Securities and Futures Commission，以下简称《操守准则》），《操守准则》系依据香港证券期货市场的主体法例《证券与期货条例》（Securities and Futures Ordinance，SFO）制定，位阶较低，类似于我国内地的行政规章。《操守准则》第 5.2 条要求“持牌人或注册人经考虑其所察觉的或经适当查证后理应察觉的关于该客户的资料后，在作出建议或招揽行为时，应确保其向该客户作出的建议或招揽行为，在所有情况下都是合理的”，从而明确提出了金融产品销售者应履行适当销售、合理推荐的义务。此外，《操守准则》还要求“持牌人或注册人在向客户提供服务或推荐与持牌人或注册人有业务往来的其他服务机构时，应以客户的投资收益最大化为最终目标”，即持牌人或注册人总体应坚持“客户最佳利益”原则，这也被广泛认可为属适当性义务的内容之一。[3]但《操

[1] 香港 SFC 中介机构部执行董事梁凤仪女士曾评论：“为客户提供合理适当建议的责任是投资者保障的基石。”参见“证监会重点指出在产品销售手法方面的合规缺失”，载 http://sc.sfc.hk/gb/www.sfc.hk/edistributionWeb/gateway/TC/news-and-announcements/news/doc? refNo = 18PR7，访问日期：2018 年 1 月 25 日。

[2] 尽管中国内地证监会与香港 SFC 此后共同签署了《内地与香港股票市场交易互联互通机制下中国证监会与香港证监会加强监管执法合作备忘录》，表达了“致力于实现两地市场投资者得到同等的法律保护”的决心，但实际上，由于法律体制、规则设计、监管体制等方面的原因，同等保护难以实现。

[3] 蔺捷：“论欧盟投资者适当性制度”，载《法学评论》2013 年第 1 期。

守准则》不具强制效力，其直接后果是投资者不能因持牌人或注册人违反《操守准则》之禁止行为而寻求民事救济，这无疑对《操守准则》所规定适当性规则的功能有所削弱。

对比而言，我国内地对适当性义务的规定散见于法律、法规、监管规章、规范性文件中。最早于2005年，银监会颁行《商业银行个人理财业务管理暂行办法》，其中虽然没有明确使用“适当性”术语，但已经规定了了解客户、适当性评估以及记录保存等若干包含于适当性义务中的具体规则。《中华人民共和国证券投资基金法》于2012年修订时加入第99条，要求“基金销售机构应当向投资人充分揭示投资风险，并根据投资人的风险承担能力销售不同风险等级的基金产品”，系对适当性义务做出明示规定的第一部法律；但该法对于违反适当性义务的行为仅做出了“承担行政责任”的规定，对民事责任仍未明示，这一点与香港规则相近。依据现行《证券法》制定的行政法规《证券公司监督管理条例》则对从事证券资产管理业务、融资融券业务，销售证券类金融产品业务的证券公司，提出了明确的适当性义务要求。〔1〕其他与适当性义务相关的规范主要存在于部门规章、其他规范性文件和自律组织规则中，涉及产品范围包括银行个人理财产品销售、银保产品销售、信托产品销售、证券基金产品销售、创业板市场、融资融券交易、金融期货和债券市场投资交易等。另外，虽然在现行《证券法》下，并无明示的适当性义务规则，但《证券法》修订草案中也已加入适当性义务条款。〔2〕故此，我国内地的适当性义务制度，正在全面法定化的进程之中。

（二）关于义务承担者的比较

香港SFC于最近做出的通函中澄清：“为客户提供合理适当建议的责任适用于所有作出建议或招揽行为的持牌人或注册人。”〔3〕故此，当持牌人或注册人，亦即经香港SFC发放牌照从而可以从事证券业务的团体或个人，做出推荐建议与劝诱招揽行为时，无论其所提供的金融服务种类系投资顾问、资产

〔1〕参见《证券公司监督管理条例》第29条。

〔2〕《中华人民共和国证券法（修订草案）》第168条，载http://www.financialservicelaw.com.cn/article/default.asp?id=4777，访问日期：2018年2月3日。

〔3〕香港证监会网站：Circular to Intermediaries-Frequently Asked Questions（FAQs）on Triggering of Suitability Obligations，载http://www.sfc.hk/edistributionWeb/gateway/EN/circular/doc?refNo=16EC73，访问日期：2018年2月5日。

管理、抑或经纪业务，均应承担适当性义务。在我国内地，仅《证券公司监督管理条例》之规定与香港规则近似，将适当性义务承担者确定为从事证券资产管理业务、融资融券业务，销售证券类金融产品业务的证券公司。《中华人民共和国证券投资基金法》则将义务承担者确定为基金销售机构，从而将义务承担者拓展至非证券从业者；其他一些部门规章、规范性文件则将商业银行、甚至保险公司也纳入义务承担者范围。故此，我国内地适当性义务制度所确定的义务承担者范围，较之香港规则要广泛一些，对投资者及金融消费者的保障也更为全面。

（三）关于义务规范行为模式的比较

了解产品、了解客户、适当性评估、记录保存是适当性义务的规范行为模式所确立的四个标准要件。[1]以上述四要件衡量香港与内地的适当性制度存在一定差别。

1. 关于“了解客户”

香港SFC所颁行《操守准则》的“一般原则”第4条和正文第5节第1段确立了持牌人或注册人“识别适当投资者”的义务，要求持牌人或注册人应采取一切合理步骤，以确定每位客户的真实身份、财务状况、投资经验及投资目标。不但如此，持牌人或注册人还应当结合其提供的业务类型向客户索取有关其财务状况、投资经验及投资目标的资料。与之类似，内地证监会颁布的部门规章《证券期货投资者适当性管理办法》第6条也规定了证券期货经营机构应向客户了解信息，并以列举的方式对需了解的信息进行细化规定。但对于客户未提供信息或提供信息有误情况下，金融机构应如何回应，金融机构与客户之间应如何分配责任与风险，内地现行规则并无涉及。香港规则则更进一步，除规定金融机构需尽“合理努力”获取客户资料的义务要求之外，还以《通函》形式进一步解释说明，针对客户提供信息不准确或过时情况，SFC认为“如持牌人或注册人已尽合理努力从客户获取资料，则可依靠客户提供的资料来履行‘认识你的客户’的要求，除非他们已经或理应察觉到该等资料属不准确或过时”；而针对客户拒不提供信息情况，SFC认为“如客户只作出有限度披露，以致持牌人或注册人未能作出适当评估，持牌人

〔1〕 王锐：“论金融机构的适当性义务——基于行为要件的分析”，载《北方法学》2014年第4期。

或注册人最低限度应向客户解释所提供的建议因资料缺乏而出现的固有限制”。[1]比较而言，香港规则更注重细节，更清晰地为金融机构划出界线：当金融机构尽到合理注意后不能发现客户提供虚假或过时信息时，因推荐不适当交易而产生的风险与责任应由客户而非金融机构承担；在客户拒不提供全部或部分信息时，金融机构至少负有对客户解释的责任。这样一种明确的权责划分有助于市场主体树立负责任交易的理念，有助于推动市场诚信交易环境的建构，值得内地规则借鉴。

2. 关于“了解产品”

两地规则中都包含了金融机构需了解所销售产品的要求。香港 SFC 要求金融机构向客户提供投资建议时，不得单纯依靠产品资料提供的信息，而是应对产品做独立评估。“持牌人或注册人不应向客户推介其本身不了解的投资产品。他们为每名客户挑选合适的投资产品时，应进行尽职审查。”[2]比较而言，内地规则中尚未有类似规定者，而这一条款至关重要。其原因在于，金融机构往往代销其他机构发行的产品，一方面，金融产品的发行者对代销者所做出的关于产品的说明未必真实，代销者不能将这些未经验证的信息作为真实信息直接告知客户；另一方面，金融机构在专业的“招牌”[3]下，亦负有以自身专业技能向投资者提供专业建议的职责，这一职责要求代销者应当以合理谨慎对产品发行者提供的产品信息进行审查与分析，在此基础上形成自己的独立判断，并基于独立判断对客户提供建议。投资者对专业机构寻求建议的行为，实际上对金融机构产生了一种信赖；因此受到信赖的金融机构应当发挥自身的专业技能，为投资者提供包含自己的独立判断在内的专业建议。故此，香港规则更强调金融机构有义务“独立”了解产品，值得内地规则借鉴。

---

〔1〕 Circular to Intermediaries-Frequently Asked Questions on Compliance with Suitability Obligations，载 http://www.sfc.hk/edistributionWeb/gateway/EN/circular/doc? refNo=16EC71，访问日期：2018 年 2 月 5 日。

〔2〕 Circular to Intermediaries-Frequently Asked Questions on Compliance with Suitability Obligations，载 http://www.sfc.hk/edistributionWeb/gateway/EN/circular/doc? refNo=16EC71，访问日期：2018 年 2 月 5 日。

〔3〕 “招牌”理论是美国证券法中的传统理论之一，要求经纪商一旦“挂出自己的招牌”（Hanging out a Shingle），则可被视为默示地承担作为专业机构的义务，须公平尽责地对待客户、与客户公平交易。Louis Loss，“The SEC and the Broker-dealers”，*Vand. L. Rev.* vol. 1，（1947），pp. 516，518.

3. 关于“适当性评估”

两地规则都规定了要在客户与产品之间实现“风险配对”；但香港SFC对金融机构的匹配责任进行了进一步延伸规定，明确指出，“就已经为产品编配风险评级的持牌人或注册人而言，若只是机械式地将产品的风险评级与持牌人或注册人所评估的客户风险承受水平进行配对，可能不足以履行他们的责任”[1]。这一规定的合理之处在于：判断一项交易是否对客户而言构成适当，除需判断是否风险匹配外，还要考虑产品与客户的交易目的、交易经验与知识、财务状况、投资期间等因素是否匹配。仅依据产品风险程度与客户风险偏好简单分层后、不考虑特定客户与特定产品的全面特征就武断做出推荐建议，极易引发争议。举例言之，近年来分级基金B级下折引发投资者损失与投诉不断，金融机构向客户推荐分级基金B级，主要考虑该类基金风险程度与客户的风险偏好相符。然而，分级基金系新类型产品，客户也许能接受其风险，但对此类产品设计中的下折条款，尤其是下折条件触发时引发的短期基金净值巨幅落差，没有预期，难于接受。[2]因此，金融机构在推荐过程中还要全面考虑到产品特殊性与客户的交易经验、知识、风险承受能力等因素是否匹配，仅考虑风险因素远远不够。因此，香港规则要求适当性评估考察的因素更多，更为全面，更能为投资者提供真正符合其需求的产品。

4. 关于“记录保存”及其他

香港SFC要求交易所买卖产品的投资建议纪录应保留最少2年，非交易所买卖产品的投资建议纪录应保留最少7年；内地证监会则要求证券期货交易记录保存期限为20年，内地规则更为严格。尽管较长期限的记录保存要求意味着更高的运营成本，但监管机关坚持长期保留交易记录亦有其客观考量：一方面监管机关试图通过严格的程序要求迫使金融机构切实履行了解产品、了解客户、适当性评估的全部流程，以形式理性推动结果理性，使金融机构在严格遵循法定的程序要求后较为高质量地履行适当性义务；另一方面，监

---

[1] Circular to Intermediaries-Frequently Asked Questions on Compliance with Suitability Obligations，载 http://www.sfc.hk/edistributionWeb/gateway/EN/circular/doc? refNo=16EC71，访问日期：2018年2月5日。

[2] 安龙翔：“投资者误将分级基金当股票买，遇下折一夜间70万亏54万”，载《羊城晚报》2015年07月21日，转引自 http://finance.ifeng.com/a/20150721/13853317_0.shtml，访问日期：2018年2月3日。

管机关常把记录保存称之为“留痕”，其目的还有防止嗣后争议或诉讼中证据缺失或不足的作用。适当性义务不仅是投资者保护的重要工具，更是金融交易中的风险分配机制，金融机构切实履行记录保存义务，既有程序上的意义，又有实质性的功能，与司法诉讼环节中的举证与事实认定具有直接相关性。

此外，香港 SFC 还为投资者规定了为期五天的售后“冷静期”或“平仓”权利，使投资者有机会在购入非上市结构性投资产品后退出相关投资；如果投资者改变主意，其有权要求退回本金以及扣除手续费的销售佣金。SFC 还禁止中介机构使用不适当的礼物（包括超市优惠券等）来吸引投资者购买金融产品，以避免投资者受礼物诱惑错误买入不适合的复杂性金融产品。这些细节规定对于内地规则而言，具有一定的借鉴意义。

（四）关于违反义务引发法律责任的比较

香港 SFC 将适当性义务规则视为对金融机构的监管要求，该规则寄身的《操守准则》效力层级较低，不具有民事赔偿意义上的法律约束力。《操守准则》文本也明确其“并无法律效力，因此不应将其诠释为具有凌驾任何法律条文的效力”，以及不遵守者“不应因此而须付任何司法或其他程序的法律责任”。反观内地规则，虽然诸如《中华人民共和国证券投资基金法》等也坚持适当性义务违反之行为引发行政责任，但内地监管机关与内地法院却以合力推动了对不当推介者民事责任的追究。早期法院在个案审理中发现了不当推介者的责任问题后，并没有止步于个案裁判，而是以司法建议书、司法白皮书等方式梳理裁判思路，形成对不当推介金融机构追究民事责任的裁判理念；同时提醒监管层关注，进而与多方合力共同撬动了（证券）立法的变革。[1]数据分析显示，从 2012 年涉适当性义务第一起诉讼发起后迄今，存在欺诈之嫌，或者至少构成重大过失的金融机构可能会被要求承担客户的全部损失；[2]在绝大多数案件中，法院会在金融机构与客户之间分配责任，损失分担比例与双方的过错程度相关。[3]亦即在内地法院受理的涉适当性案件中，存在不

〔1〕 如可查询的最早的涉适当性诉讼“吴某诉甲银行金融委托理财合同案”就曾入选上海法院 2013 年十大金融商事典型案例，并写入“2013 年上海市金融商事审判白皮书”，案号：（2012）徐民二（商）初字第 880 号民事判决书，（2012）沪一中民六（商）终字第 164 号民事判决书。

〔2〕 如（2016）苏 01 民终 1563 号民事判决书，（2016）苏 0102 民初 3076 号民事判决书。

〔3〕 王锐：“金融机构适当性义务司法适用的实证分析”，载《法律适用（司法案例）》2017 年第 20 期。

当推介的金融机构基本会被追究民事责任。

（五）小结

对比中国内地与香港的适当性义务规则，可以发现前者正在全面法定化的过程之中，规范位阶更高，覆盖范围更广；但规定较为原则，缺乏细节安排及风险责任分配安排。后者则长于完备的细节规定与可操作性。从具体规则建构角度而言香港适当性义务制度颇有可取之处，值得内地借鉴；但从法律责任如何落实及投资者救济角度观察，则香港制度明显对于将适当性义务规则适用到民事赔偿领域缺乏信心与动力，而内地监管机关与内地法院形成的合力却呈现出一种更为坚定捍卫投资者权益的决心与倾向，可为内地投资者提供更充分的保障。

三、互联互通机制下内地投资者的救济渠道

根据上文讨论可知，香港规则虽然具备完备的细节规定与更高的可操作性，但由于其监管机关 SFC 明确排除了将适当性义务规则引入民事责任的可能，因此内地投资者在互联互通机制下适用形式更为完备的香港规则并不能弥补自身损失，获得实质保护。鉴于《互联互通规定》明确了沪港通和深港通投资者的适当性管理遵循属地管理原则，则对于这一监管规定应做何种解读？这样一种规定能否排除内地投资者向内地监管机关或司法机关请求其他救济的权利？我国内地投资者在遭遇区域外不当推介侵害时能够寻求的救济途径都有哪些？甚至将视野拓展到沪港通与深港通之外，跨越区域的内地投资者未来在其他资本市场遭遇不当推介时，应当如何有理有力地维护己方权益？本部分以下，将从投诉、仲裁、诉讼三方面阐述内地投资者维权的可能性与现实性。

（一）投诉

《互联互通规定》中规定：通过沪港通或深港通投资香港股票的内地投资人，就适当性义务争议，仅得向香港监管当局投诉。这一规定虽然看似限制了内地投资者的救济途径，但其规定本身并无问题。其背景在于：我国实行“一国两制”，香港是受中央人民政府管辖的特别行政区，《香港特区基本法》第 16 条规定：香港特别行政区享有行政管理权，依照本法的有关规定自行处理香港特别行政区的行政事务。因此，除中央人民政府保留的管理国家事务

和全国性公共事务的专有职能外，其他行政管理权均由特区政府行使。遗憾的是，在香港回归谈判开展的时代，金融对国计民生的重要作用尚未凸显，导致金融监管权并未被中央人民政府保留，这也为此后如1998年索罗斯狙击香港等事件预留了“后门”。香港金融领域的行政监管权既然由特区政府行使，则香港SFC作为香港证券及期货市场的法定监管机构，对香港资本市场上的投资者保护及资本市场维持事务拥有当仁不让的权力。首先，《互联互通规定》作为中央人民政府下辖行政部门颁发的行政规章，属抽象行政行为，不具可诉性；其次，上述争议解决条款规定并非中央行政机关对香港特区监管机关的授权或委托条款，而是香港SFC依据地域管辖权及事项管辖权而享有的职权，《互联互通规定》只是对此申明而已。最后，上述争议解决条款告知了内地投资者投诉渠道，尽管该规定存在一定的不合理性，如对受不当推介的内地投资者而言跨区域投诉的成本可能更为高昂，从而间接阻碍了投资者维权，但该规定并没有关闭投诉渠道，故此没有从根本上剥夺或侵犯行政相对人（投资者）的权利。故此，《互联互通规定》中关于适当性规则适用属地管理原则这一争议解决规定，既符合《中华人民共和国宪法》与《香港特区基本法》，又没有从根本上阻碍投资人投诉渠道的畅通，于法有据。但需要指出的是，这一规定本身不能产生行政监管地域职能划分以外的其他意义，亦即“仅得向香港监管当局投诉”中的“仅得”只是在中央行政机关与地方行政机关之间做职能划分，“仅得”本身不产生排除投资人通过其他非行政监管渠道主张权利的结果。

因此，当内地投资人对跨区域不当推介行为提出异议，如选择投诉渠道，则只能向香港SFC主张，由SFC做出制裁或行政处罚。鉴于香港SFC所颁行的适当性规则较之内地规则更为细致、更具操作性，故此向SFC投诉成功的可能性很大。SFC近年来加重对违规金融机构的惩处力度，大额罚单频出。瑞信三家公司最近因为“没有确保与销售投资产品有关的所有监管规定获得遵守，及确保有关规管投资产品风险类别超出客户风险状况的交易的监管措施有效地运作”，而被SFC谴责并罚款3930万港元；[1]汇丰私人银行（瑞士）有限公司此前也因在销售结构性产品时涉及系统性缺失（包括未了解各

〔1〕 载 http://sc.sfc.hk/gb/www.sfc.hk/edistributionWeb/gateway/TC/news-and-announcements/news/doc?refNo=18PR12，访问日期：2018年2月5日。

客户的真正风险状况、确保产品适合各客户）遭罚款4亿港元。[1]但是，香港SFC对金融机构的处罚手段有限，以罚款为常见纪律处分，顶格处分如行业禁入鲜有适用，对违规金融机构的制约力度不大；通过此种渠道主张权利，投资人也无法获得民事赔偿。

（二）仲裁与调解

与投诉相比，投资人与中介机构如能通过仲裁或调解方式解决争议，则更有利于投资人损失的填补；且仲裁与调解建立在双方自愿基础上，系私主体基于自身权利寻求的救济之道，并不能为行政规章所排除。近年来，金融争议通过调解与仲裁方式解决渐成趋势，也取得监管机关的认可，我国保监会、证监会先后与最高人民法院联合发出关于推动诉讼与调解对接的文件。[2]调解由双方指定调解员进行，仲裁则相对正式，由双方提交第三方仲裁机构解决，两种方式下双方当事人的调解或仲裁合意至关重要。在我国内地，证券经纪商等与投资人签署的合同中一般都存在调解与仲裁条款；但内地投资者与香港金融机构之间能否证明此类合意的存在，尚存不确定性。内地投资人应当善用合同约定，强化证据意识，为自己未来的争议解决尽可能保留多种途径，以在损失发生后能够选择对自己最为有利的争议解决方式，或者选择地理条件更为便利的仲裁机构等。除选择内地仲裁机构外，香港近年来的金融仲裁或调解事业也不断发展，推动香港国际仲裁中心、香港金融纠纷调解中心等香港本土金融争议解决机构的设立或完善。香港国际仲裁中心于1993年就制定了《证券仲裁规则》，在证券仲裁领域积累了大量经验，其下设香港调解中心。香港金融纠纷调解中心于2012年设立，为非营利机构，也专注于金融纠纷解决。总之，监管机关应加强投资者教育，使内地投资者充分认知自己可以通过仲裁或调解方式解决因不当推介导致的跨区域投资纠纷；投资者应当善用合意条款，为自己争取或保留有利的争议解决方式。

（三）诉讼

现代诉权理论的发展已将诉权推动上升至基本人权的高度，即诉权不仅

---

〔1〕 载http://sc.sfc.hk/gb/www.sfc.hk/edistributionWeb/gateway/TC/news-and-announcements/news/doc?refNo=17PR138，访问日期：2018年2月5日。

〔2〕 2016年最高人民法院与中国保监会联合发布《关于全面推进保险纠纷诉讼与调解对接机制建设的意见》，2017年最高人民法院与中国证监会联合发布《关于在全国部分地区开展证券期货纠纷多元化解机制试点工作的通知》。

是一项独立的权利，而且是宪法规定的基本权利。[1]正因此，《互联互通规定》中关于"仅得向香港监管当局投诉"的规定不能剥夺因不当推介而受损害的内地投资人的诉讼权利。但诉权行使具有地域性，内地客户既可以选择不当推介金融机构所在地即香港提起诉讼，也可以向内地法院起诉，不同的诉讼策略选择将产生不同的诉讼结果预判。

1. 在香港提起诉讼

尽管SFC所颁行之《操守准则》明确指出未遵守准则者"不应因此而须负任何司法或其他程序的法律责任"，但对不当推介者是否承担司法责任具有最终决定权的，并非SFC，而是香港特区法院。香港特区属普通法法域，部分普通法国家的司法实践中，曾支持适当性义务规则进入诉讼，并支持投资者对不当推介者的索赔主张。法院在诉讼中采纳适当性义务规则，大体存在两个通道：第一个通道将适当性规则与过失侵权制度（negligence）结合起来。以英国为例，英国虽然晚近通过了《金融服务与市场法案》（FSMA），将适当性义务确定为法定义务，并为投资者提供了基于FSMA提起诉讼的法定权利；[2]但早在FSMA立法之前，投资者即可通过主张传统的基于合同或侵权而产生的"专家过失"（professional negligence）请求权，维护自身权利。英国法院也曾以判决支持客户的请求。[3]普通法中的过失侵权制度，本就对专业人士设定了较高标准的注意义务，而未能达到该标准即意味着过失与法律责任的发生，故此，在适当性义务规则无法直接得到法院支持的情况下，也可以以违反适当性即存在过失为由，请求普通法法院介入。普通法法院可能支持适当性义务主张的第二个通道在于将适当性义务与信义义务相结合。美国与加拿大法院都有先例判定违反适当性义务的金融机构同时违反了信义义务，需要对投资者承担赔偿责任。其中最有代表性的案例为加拿大最高法院终审的Laflamme v. Roy案，[4]该案判决中，法官归纳了金融机构及其从业人员犯下的与不当推介相关的错误，如没能遵守谨慎的、勤勉的经理所必需的行为标准、进行了与客户的概括性指示不符合的交易、购买了投机型证券、

---

〔1〕 孙安洛："诉权的人权化与人权的司法保护"，载《人民论坛》2016年第25期。

〔2〕 如果金融机构违反适当性原则要求而致投资者受到损害时，投资者可以依据FSMA第150条提起诉讼。

〔3〕 Morgan Stanley UK Group v. Puglisi Cosentino, [1998] CLC 481 (Comm Ct).

〔4〕 [2000] 1 S. C. R. 638, [2000] S. C. J. No. 25, 2000 SCC 26.

没能考虑客户的投资目标等，并最终认定："客户与投资组合经理之间的法律关系是由关于委托的规则（rules of mandate）所决定的，受托人（mandatary）的投资组合经理理应承担违反信义义务的责任。"

因此，即使香港监管机关 SFC 意图明确排除违反适当性义务者的司法与法律责任，但行政机关的这一表述能否具有司法上的约束力，需由香港特区法院决定。即使香港地区并未将适当性义务规定为法定义务，因此无法依据成文法为投资者提供救济，但普通法先例仍为投资者提供了基于过失责任或信义义务的两种可能的救济途径。然而，需要注意的是，讨论过失责任时法院往往会结合监管规则综合判定，而违反信义义务之论证，往往又要求论证信赖关系的存在。故此对应用这两种迂回保护投资者的诉讼进路所能产生的后果，不宜做过高预期。

2. 在内地提起诉讼

我国内地与香港特区分属不同的法域，跨区域纠纷需参照国际私法相应规则确定实体法与程序法，故此一旦内地投资者希望就香港金融机构的不当推介行为向内地法院起诉，首要问题就是内地法院对此类行为是否具有管辖权。

（1）管辖权问题。

截至目前，我国内地没有专门针对证券交易或证券欺诈涉外管辖的专门法律法规，内地法学界与司法实务界也尚未出现美国式的证券法解读，〔1〕法律适用仍以《中华人民共和国民法通则》（以下简称《民法通则》）、《中华人民共和国民事诉讼法》（以下简称《民诉法》）、《涉外民事关系法律适用法》（以下简称《涉外法律适用法》）以及最高人民法院相关司法解释中的原则性规定为主。对港澳地区的涉外管辖参考上述规定。〔2〕具体到因不当推介而产生的跨区域财产权纠纷，根据我国《民诉法》第 265 条的规定，如境内投资者与境外金融机构于内地签署经纪合同，或境外中介机构在内地有可供扣押之财产，或境外中介机构在内地设有代表机构，均可由内地相关法院管辖；另若投资者主张侵权行为存在，则在满足依据《涉外法律适用法》第

〔1〕 即将美国 1934 年《证券交易法》第 10 条（b）款及美国证监会据此设立的 10b-5 规则解释为具有域外效力。

〔2〕《最高人民法院关于适用〈中华人民共和国涉外民事关系法律适用法〉若干问题的解释（一）》第 19 条。

146条规定、由内地人民法院经初步审查认定境外不当销售行为系侵权行为后，内地侵权行为地法院也具有管辖权。此处，要证成我国内地法院对跨区域证券诉讼的管辖权，有两个问题需要回应。其一，在不当推介引发的诉讼中，可能出现当事人的侵权与合同请求权竞合问题，金融机构能否以合同约款，尤其是合同中关于以其他方式解决争议的约款，对抗内地法院的管辖权？对这一问题，我国内地司法实践曾做出选择，[1]在入选最高人民法院公报案例的中国技术进出口总公司诉瑞士工业资源公司（IRC公司）一案中，当事人双方所签署合同中订有仲裁条款，如果将争议定性为合同纠纷，则当事人应提交仲裁，而非向法院起诉。对此，上海市高级人民法院在二审判决中认为："上诉人利用合同形式进行欺诈，已超出履行合同的范围，不仅破坏了合同，而且构成了侵权。双方当事人的纠纷，已非合同权利义务的争议，而是侵权损害赔偿纠纷。被上诉人有权向法院提起侵权之诉，而不受双方所订立的仲裁条款的约束。因本案侵权行为地在上海……上海市中级人民法院对本案具有管辖权。"由此可见，在区域外金融机构存在不当推介行为时，即使其与内地投资者之间存在合同关系，依我国内地法院实践，仍然允许当事人在合同之诉与侵权之诉中自由选择；在当事人选择以侵权为由提起诉讼后，一旦将争议依据法院地法定性为侵权纠纷后，内地法院即存在受理的可能。其二，将证券诉讼管辖推至区域外主体、区域外行为，是否意味着我国将如美国法院一样试图实现"长臂管辖"，引人诟病。的确，"长臂管辖"由于美国法院的过度使用而存在被污名化的态势，但其在许多方面发展了属人管辖权规则，特别是在侵权行为方面，它改变了传统普通法有关管辖权的规则，使管辖权规则更富有弹性和更加灵活，适应了现代社会生活的发展。[2]侵权行为地的长臂管辖权在其他国家也普遍存在，有利于保护被侵权人。[3]依据我国最高人民法院《关于贯彻执行〈中华人民共和国民法通则〉若干问题的意见（试行）》第187条，侵权行为地的法律包括侵权行为实施地法律和侵权

〔1〕"中国技术进出口总公司诉瑞士工业资源公司（IRC公司）案"，载《中华人民共和国最高人民法院公报》1989年第1期。

〔2〕郭玉军、甘勇："美国法院的'长臂管辖权'——兼论确立国际民事案件管辖权的合理性原则"，载《比较法研究》2000年第3期。

〔3〕郭玉军、甘勇："美国法院的'长臂管辖权'——兼论确立国际民事案件管辖权的合理性原则"，载《比较法研究》2000年第3期。

结果发生地法律。如果两者不一致时，人民法院可以选择适用。由于当代证券交易多通过电子交易系统进行，损害结果发生地较之侵权行为实施地明显更容易确定，也更有利于降低受害人诉讼难度并节约诉讼成本，故此，当区域外不当推介者的过错行为侵犯内地投资者权益，且损害结果发生地为内地时，选择侵权结果发生地——内地相关法院，既符合“属人管辖”之基本原理，也更有利于投资者行使诉讼权利。

从比较法角度观察，对于证券法（互联互通机制下的不当销售行为主要发生在证券领域）的域外效力和管辖权问题，美国国会于 2010 年 7 月通过《华尔街改革和消费者保护法》（以下简称《金改法》），重申了此前为美国法院所持有的积极扩张管辖权理念，该法第 929P（b）条确定了新的“泛行为与泛效果”管辖标准，确立如下原则：如果发生在美国境内的行为是促成违法的关键步骤，即使证券交易发生在美国境外，并且仅包括外国投资者，法院仍享有管辖权；即使行为发生于美国境外，但对美国产生了可预见的实质性效果，法院仍享有管辖权。[1]美国立法机关与司法机关在扩张管辖权问题上一贯持积极态度，对此应当做客观评价，完全抹杀其意义“是对大国司法能动性的误读”；[2]而大国的对外投资是全球经济增长的支柱，在遵守国际法的前提下，利用内国司法资源维护巨大的对外投资利益亦无不当之处。[3]作为世界第二大经济体的我国，面对金融这一关乎我国经济发展全局的战略性行业，也应慎重对待司法主权与国际法的平衡问题。

最后，允许内地投资者因区域外不当推介行为在内地法院起诉，不仅可能，而且必要。《互联互通规定》中的争议解决条款意味着中国内地监管机关与香港监管机关达成一致，就与适当性义务相关争议，监管机关不希望以外部力量介入争议解决，故此规定仅能向 SFC 提起投诉。这一思路很可能导致管辖权空白的出现，概言之，一旦香港法院选择尊重香港监管机关意见，对不当推介引发争议不予受理，则此时，内地法院的管辖将为内地（甚至香港）投资者提供最后一重可行的司法救济，因此应当坚持中国内地法院对区域外不当推介行为的管辖权。

---

〔1〕 Dodd-Frank Wall Street Reform and Consumer Protection Act , Pub. L. No. 111 - 203 , sec. 929P (b), § 27 (b), 124 Stat. 1376, 1862 (2010).

〔2〕 刘敬东：“大国司法：中国国际民事诉讼制度之重构”，载《法学》2016 年第 7 期。

〔3〕 刘敬东：“大国司法：中国国际民事诉讼制度之重构”，载《法学》2016 年第 7 期。

（2）实体法适用问题。

我国《涉外法律适用法》第37条规定，“当事人可以协议选择动产物权适用的法律。当事人没有选择的，适用法律事实发生时动产所在地法律。”第39条规定，“有价证券，适用有价证券权利实现地法律或者其他与该有价证券有最密切联系的法律。”这两个条款分别确定了法律适用中的意思自治原则、物之所在地法原则、权利实现地原则、最密切联系原则。而在跨区域证券交易中，有价证券的所在地、权利实现地或最密切联系地本来就存在不确定性，投资人、委托人、被委托人、交易生成、结算等可能分别在不同的地区；而电子交易系统的应用又加剧了这种不确定预期，导致个案审理必然呈现出不同的细节面貌，需要审理法官结合跨区域证券活动的不同类型和不同情况，结合我国公共政策导向，衡量个案案情，最终确定实体法适用。

尽管个案中的法律适用仍存一定不确定性，但至少可以明确若干原则。首先，互联互通机制下两地投资者对其证券的持有都是通过间接方式实现的，[1]而间接持有证券模式导致证券受益人无法行使直接所有权，因此不宜将间接持有证券视为特殊动产进而适用关于物的冲突规范。[2]此时，证券所在地法并非恰当的准据法。其次，证券系无形财产，其财产权体现为证券权益，证券权益得以实现的地点较之证券凭证所在地、发行人所在地等其他地点，对于权利人的意义尤甚，故此也有观点认为“证券权益实现的地方通常就是证券这种财产所在的地方”。[3]《涉外法律适用法》第39条中所确定的“权利实现地”规则更符合证券交易目的。而对“权利实现地”的确定，从域外观点考察，Roy Goode、Morris等学者都支持在间接持有模式下将相关中介所在

---

〔1〕 依据中国结算发布的《沪港股票市场交易互联互通机制试点登记、存管、结算业务实施细则》第三章第一节第15条规定“本公司在香港结算开立证券账户，作为名义持有人持有港股通投资者取得的证券，并用于与香港结算进行证券交收。”即内地投资者投资港股通时由中国结算作为名义持有人，为间接持有证券模式。同时香港结算发布的《沪港股票交易机制建议主要特点》第1（5）条“符合条件的投资者”中规定“联交所将接纳所有交易所参与者及其客户为沪股通投资者”，联交所的交易参与者及其客户统称为联交所投资者，亦为间接证券持有模式。

〔2〕 Dicey, Morris and Collins, *The Conflict of Laws*, 14th ed., Sweet & Maxwell, 2006, pp. 923-932.

〔3〕 Dicey, Morris and Collins, *The Conflict of Laws*, 14th ed., Sweet & Maxwell, 2006, pp. 923-932.

地法确定为准据法，[1]即投资人的权利被认为在其开立账户的中介所在地实现。最后，意思自治原则可以得到有限的支持；而在上述规则均难以找到适当的实体法时，可以考虑引入“最密切联系原则”。

明确法律适用原则之外，亦需要将公共政策纳入考量。如前文所述，针对证券不当推介的规制与法律责任追究，内地与香港两地力度不同，政策倾向有别。内地证券行业的适当性制度发展不过短短几年，但已在全面法定化的进程之中，正在修订的《证券法》草案中也尝试写入适当性义务规则；与此同时，内地监管机关与法院也形成合力，通过能动司法，积极介入对不当推介受害者的救济之中，迄今已有相当规模的规制不当推介、维护投资人利益的判决出现，对我国内地资本市场正本清源、建构投资者友好型交易环境发挥了积极的推动作用。而反观香港证券市场上的适当性义务规则，能引发的金融机构责任仅限于行政处罚，而且大多为罚款，对于维护投资者民事权益而言意义不大；不但如此，香港规则还排除了不当推介行为的司法责任，或阻碍投资者对不当推介者提起司法诉讼；这些妨碍投资者救济的规则与安排如果不能清除，固然会不断销蚀香港资本市场公信力，更会妨碍投资者合法利益的实现。而资本市场诉讼中，投资者保护是最为重要的政策考量因素之一，故此，内地法院在结合个案案情酌定实体法时，需要着重考虑投资者利益、受害人利益。[2]

四、结论

适当性义务指将适当的产品推荐销售给适当的客户，系针对推介证券的金融机构的义务规则。我国内地与香港资本市场互联互通机制实施后，大量内地投资者赴港投资，引发适当性义务保护标准的争议。而将内地与香港的适当性规则对比观察，可以发现香港规则固然长于细节建构与较高的可操作

〔1〕 See Dicey, Morris and Collins, *The Conflict of Laws*, 14th ed., Sweet & Maxwell, 2006, pp. 923-932. See also Roy Goode, “Security Entitlements as Collateral and the Conflict of Laws”, in Richard Potok ed., *Oxford Colloquium on Collateral and Conflict of Laws*, *Special Supplement to Butterworths Journal of International Banking and Financial Law*, Butterworths, 1998, pp. 22-23.

〔2〕 “对受害人有利的法律”也是国际私法在确定准据法时一项重要原则，如现行德国《民法施行法》第40条即规定：“因侵权行为产生的请求权受赔偿义务人实施该行为的地方的法律支配。受害人可以要求不适用行为实施地法律而适用结果发生地法律。”

性，但其规则的位阶与监管层执法的决心均与内地不可同日而语；另外我国内地监管机关与法院业已形成合力，推动对不当推介行为追究民事责任的裁判理念形成。此时，对内地投资者遭遇的跨区域不当推介问题，应当对《互联互通规定》进行合理解读；通过投资者教育等使当事人充分了解投诉、调解与仲裁以及诉讼等争议解决方式，并能在多种方式之间实现合理选择；内地法院亦应以能动司法介入，积极行使管辖权，切实维护投资者利益，为跨区域资本流动奠定坚实的投资者保障基础。

作为民法正式渊源的民事习惯研究

侣连涛*

摘　要： 习惯与习惯法并非同一概念，习惯不宜理解为习惯法，民事习惯不等同于民事习惯法。民事习惯成为《民法总则》规定的正式法律渊源，不但拓展了民法的正式渊源范围，而且有利于民事纠纷的解决，实现案结事了、定纷止争。法律的多元性理论、法治及其本土资源理论和法律地方性知识理论奠定了民事习惯入法的理论基础。司法实践中，民事习惯在案件审理过程中具有重要的意义和价值，在全国各级人民法院中都得到了普遍适用，且呈现逐年增长的发展趋势。但是民事习惯进入民事审判领域必须有自己的范围、条件和限度，作为民事司法适用标准的民事习惯不得违背法律的规定，不能违背公序良俗，同时还应当是补充性的。

关键词： 民事习惯；民事制定法；民事渊源；《民法总则》

2017年3月15日第十二届全国人民代表大会第五次会议通过了《中华人民共和国民法总则》（下称《民法总则》），并自2017年10月1日起施行。这在我国民法典的编纂进程中具有里程碑的意义。根据《民法总则》第10条之规定，在处理民事纠纷的过程中，应当首先适用法律解决民事案件；如果民事法律存在立法空白，没有明确的法律规定，那么可以适用习惯来解决民事纠纷，但是应当尊重社会公序良俗。该条规定是在《民法通则》第6条的基础上修改完善形成的，是对《民法通则》法律渊源条款规定的重大修改，改变了过去“民事法律-国家政策”的民法正式渊源类型，形成了“民事法

* 侣连涛（1980—），男，山东郓城人，首都经济贸易大学法学院博士研究生，山东科技大学文法系教师，主要研究方向：法理学、法经济学。

律-习惯”的双阶民法渊源态势。王利明教授认为《民法总则》中规定习惯为民法的正式渊源使民法典制定过程具有里程碑的意义和价值，不但彰显了民法典的开放性，而且具有中国气质和本土特色。[1]习惯作为民法的正式渊源，反映了习惯法适用边界的推进，是民事制定法与民事习惯法两种不同法渊长期博弈的必然结果。中国当下的民法典编纂，应传承和弘扬中国各地优秀的风俗习惯及传统。[2]

一、历史分光镜下的习惯与习惯法

2015年中华书局出版了台湾著名历史学家许倬云教授的《历史分光镜》一书。在内容简介中，作者指出《历史分光镜》的书名是光学上利用棱镜分析光谱的基本原理，表示历史学的作用就像光学上的棱镜一样可以把历史解析为各种各样的发展历程和演变轨迹。[3]诚然，通过历史分析的方法，探寻事物发展的来龙去脉，对于厘清和把握事物的本质具有十分重要的意义。沿用许倬云教授的问题分析进路，通过历史分析的方法，对习惯和习惯法的发展历史进程进行解析和梳理，对于认识和把握《民法总则》中新规定的“习惯法渊”具有重要的意义。界定和区分习惯和习惯法，是研究民法渊源的逻辑起点之一。

从国外民事立法对待习惯的态度来看，很多在民法典制定的进程中都比较重视对本国既有习惯和习俗的调查、梳理和总结。习惯法是罗马法的重要组成部分，是罗马法的法源之一。根据罗马法记载，“古老的习惯经人们加以沿用的同意而获得效力，就等于法律”。[4]卢梭认为：“它形成了国家的真正宪法；它每天都在获得新的力量；当其他的法律衰老或消亡的时候，它可以复活那些法律或代替那些法律，它可以保持一个民族的创制精神，却可以不知不觉的以习惯的力量代替权威的力量。”[5]在马克思看来，在古老的原始社会，没有私有制，没有阶级，没有国家，自然也就没有法律。正如马克思所

---

〔1〕王利明：“民法总则彰显鲜明时代特色”，载《检察日报》2017年3月21日第3版。

〔2〕谢冬慧：“理念与习惯：民国民法典编纂的两个要素”，载《西部法学评论》2017第5期。

〔3〕许倬云：《历史分光镜》，中华书局2015年版，第5页。

〔4〕［罗马］查士丁尼：《法学总论——法学阶梯》，张企泰译，商务印书馆1989年版，第11页。

〔5〕［法］卢梭：《社会契约论》，何兆武译，商务印书馆1980年版，第73页。

说："在社会发展某个很早的阶段，产生了这样一种需要：把每天重复着的产品生产、分配和交换用一个共同规则约束起来，借以使个人服从生产和交换的共用条件。这个规则首先表现为习惯，不久便成了法律。"〔1〕然而原始社会也是由人与人组成的社会，人们在生产和生活的过程中产生了这样那样的社会关系。借用金庸先生《笑傲江湖》中的那句话"有人的地方就有江湖，有江湖的地方就有争斗"，人们在长期的生产和生活过程中就难免会产生各种各样的纠纷。原始社会中的原始人之间也会产生矛盾，产生矛盾就需要解决，而原始社会中没有调整社会关系的法律，那么氏族习惯就充当了原始社会里定纷止争的主要规范形式。对于原始社会氏族习惯的属性，众说纷纭莫衷一是，有的学者认为原始社会的氏族习惯是广义法律的一种形态，有的学者认为调整原始人行为的仅仅是一种习惯规范。正如澳大利亚法律人类学者爱泼斯坦所言，法律人类学的中心问题不是在原始社会有没有法律规范，而是在既定社会生活中争端产生的原因、产生的方式和解决措施。在"什么是法律""这是不是法律"和"那是不是法律"这样的问题上纠缠不清，似乎不太有意义。〔2〕尽管法人类学为我们提供了一个诠释氏族习惯的全新研究视角，但是我国主流法理学观点认为氏族习惯属于习惯的范畴，是法律的原始形态，是法律的源头，但不属于法律。法律是人类社会进入阶级社会以后才产生的历史范畴。

人类社会进入奴隶社会以后，私有制的产生，阶级矛盾开始激化，于是产生了阶级统治的工具——国家。统治阶级通过国家暴力机器把体现自身意志的氏族习惯予以认可，进而上升为全社会共同遵守的行为规范，原始社会的氏族习惯也就成了奴隶社会早期的习惯法。目前，在我国法理学界，学者对"习惯"和"习惯法"的认识存在较大的分歧。对习惯的定性问题，在学界没有达成共识。结合目前法理学界学者们的阐释，概括来说，主要有以下两种不同的看法：事实习惯说和习惯法说。事实习惯说认为，"习惯"不同于"习惯法"，两者分属于不同的概念范畴。"所谓习惯，是指当事人所熟悉或者社会实践中惯常性的意思表达方式，它是一种事实习惯而不属于习惯法。"〔3〕

---

〔1〕《马克思恩格斯选集》(第3卷)，人民出版社1995年版，第211页。

〔2〕 转引自徐亚文、孙国东："为法治找寻沃土——法律人类学的历史、主题与启示"，载《求索》2004年第3期。

〔3〕 余延满：《合同法原论》，武汉大学出版社1999年版，第147页。

在余延满看来，习惯是社会生活中人民熟悉并且经常实施的一种行为模式，它可以引起相应的法律关系的变化，属于法律事实的范畴，但是不具备法律的属性。概括起来，学者们对“习惯”的研究主要有两种不同的研究进路：第一，习惯是人们在长期的历史发展过程中所形成的惯常性、反复性、稳定性的行为模式，属于社会事实。如王利明先生认为，所谓习惯，是指当事人所熟悉或实践的生活和交易的习惯。〔1〕第二，习惯是一种行为规范或者行为规则。如彭万林先生认为，习惯是区别于国家制定法，在某种社会权威或者社会组织之内发生作用，对行为主体并具有一定约束力和强制力的行为规范。〔2〕习惯法说认为，在研究过程中直接把习惯等同于习惯法，或者两个概念进行混同使用，并没有进行严格的区分，在美国著名比较法学家埃尔曼看来，所谓习惯是指一种历史悠久，并且适用非常普遍的法律渊源之一。〔3〕我国著名民法学家魏振瀛先生也认为，作为民法渊源的习惯是经有权的国家机关认可，赋予其民事法律规范效力的习惯。〔4〕

通过上述习惯和习惯法的历史考察与观点梳理，我们可以看出，学者们结合自己的学术背景和学术优势从不同的立场分别阐述了对习惯的理解。上述对“习惯”性质两种不同的解读进路都有一定道理，习惯既可以表示为一种行为模式，也可以表现为规范人的行为的社会规范。综上所述，习惯和习惯法两个概念是被不同学者在不同语境中使用的法律概念，两者的内涵和外延既存在较大差异，又存在很多交叉，甚至混同。笔者认为习惯不同于习惯法，习惯法也不等同于习惯法律化后的制定法，应当在不同的语境和情形下，进行具体分析。人们在长期的生产和生活过程中形成了大量的惯常性的行为模式，这些惯常性的行为模式都可以归为广义的习惯范畴，那么这些习惯肯定不能全部都成为法律适用的依据（比如讲卫生的生活习惯），习惯进入法律的视野，成为司法机关适用的依据需要一定的条件（下文详述）。只有可以作为司法机关案件处理适用依据的习惯才可以称为习惯法，而习惯被立法机关赋予了国家强制力，通过立法程序转化为国家法律的习惯不应当纳入习惯法

〔1〕 王利明：《民法总论》，中国人民大学出版社2009年版，第33页。

〔2〕 彭万林主编：《民法学》（第六版），中国政法大学出版社2007年版，第31页。

〔3〕 [美] 埃尔曼：《比较法律文化》，贺卫方、高鸿钧译，清华大学出版社2002年版，第32页。

〔4〕 魏振瀛主编：《民法》（第四版），北京大学出版社2010年版，第15页。

的范畴，而应当属于制定法。由此我们可以得出以下结论：习惯包括了一般习惯和作为法律适用依据的习惯法。《民法总则》第10条的规定“法律没有规定的，可以适用习惯”，这里的“习惯”应当属于习惯法的范畴，而不是一般习惯，更不是习惯法律化以后的国家制定法。

二、《民法总则》第10条规定习惯作为正式渊源的理论基础

在马克思看来，法律是社会关系的调节器。法律与人们的生产和生活密切相关，法律的生命力在于植根于民众的生活，法律离开了生活就成了无源之水、无本之木，就会产生文本静态的法与行动动态法的背离，法律实效大大降低。历史法学派认为，法律和一个民族的语言一样立足于民族的历史传统和社会生活土壤，尊重民族传统习惯彰显了国家法典的民族精神。在梅因看来，“罗马法典只是把罗马人的现存习惯表述于文字中”。[1]因此，在制定民法典的过程中，既要追求法典内部和谐统一的形式逻辑性，还应当注重法典与民众生活和民族习惯的协调，只有这样，制定出来的民法典才能够发挥调整民事社会关系的作用。在笔者看来，我国《民法总则》把习惯作为民法的正式渊源，主要立足于法律多元主义理论、法治及其本土资源理论和法律地方性知识理论。

（一）法律多元主义

“法律供给的国家中心主义”是以成文法为主要渊源的大陆法系国家的传统思维模式。就现代国家的法律体系来说，通过国家强制性制度变迁所产生的“国家法”是法律供给的主要模式。诚然，国家法在社会关系的调控中具有十分重要的作用，然而传统中国社会秩序的形成则是多种规范共同作用的结果。纵观中国法制的发展历史，我们可以发现民刑不分、以刑为主、引礼入法、礼法结合是传统中国法制的重要特征。传统中国并没有民法典，缺少对私法的规定，但民间契约却非常发达，几千年的传统中国整个社会秩序却在整体保持稳定的基础上实现人类社会的不断发展与进步。那么，社会治理和秩序形成必以一套国家法之外的法律为前提。也就是说，在中国古代社会，国家法不但不是全部社会秩序的基础，甚至也可能不是社会运行最重要的部分。在古代，流传着“山高皇帝远”“皇权不下县”的说法，这表明国家和

---

〔1〕［英］梅因：《古代法》，沈景一译，商务印书馆1959年版，第11页。

政府对于民间社会，尤其是对边远地区的人们生活的干预和控制相对比较松散和薄弱。于是，在广大乡土社会里面便产生了调整熟人之间的习惯规则。在日本学者千叶正士看来，调控社会关系的法律形式多样，不仅包括官方法，而且包括非官方法，其中官方法主要是指国家立法机关制定和通过的正式法律形式——实在法，非官方法主要包括自然法和习惯法。[1]国内著名法律文化学者梁治平也提出了国家法与民间法的两元论。在梁氏看来，所谓国家法就是指国家机关在法定的职权范围内通过法定的程序而制定的规范性的法律文件；所谓民间法则是在长期的历史发展过程中自发形成的，对相关主体具有内心约束力，依靠自觉遵守的行为“法”。国家法体现国家意志，由国家强制力保障实施；而民间法主要体现一定社群区域或行业范围内相关主体的意志，由道德信仰和内心确信保障贯彻实施。[2]著名法理学家谢晖老师则提出了国家法以齐一化的交往秩序为指向的大传统和民间法以个体的自由和利益为指向的小传统。大小传统直接存在着对立统一的关系，两者之间不得相互对立，又相互依存，小传统是大传统的基础，大传统则是小传统的提升。[3]

法律多元主义的分析框架，为我们提供了超越国家中心主义的法律观察视角。人类社会的和谐发展与秩序建构，除了需要基于国家法律中心主义所形成的显性法律系统，还需要基于习惯法、宗教法等民间法为基础的隐形法律系统。在私法领域中，作为隐形法律系统的民法习惯在调整民事法律关系、解决民事冲突与纠纷过程中发挥着更加重要的作用。

新中国成立以来，我国曾于1954年、1962年、1982年、1998年、2002年、2014年总共九次启动民法典的起草，草拟了十一稿民法典草案，但是前十个草案都未将习惯列为民法的正式法律渊源。但是在民事单行法与司法解释中则对习惯作为法的渊源进行了零星的规定，其中《合同法》第22、26、60、61、92、125、136、293、368条对交易习惯的规定，《物权法》第85条对按照当地习惯处理相邻关系的规定，第116条第2款没有约定或者约定不

〔1〕［日］千叶正士：《法律多元——从日本法律文化迈向一般理论》，强事功等译，中国政法大学出版社1997年版，第9页。

〔2〕梁治平：《清代习惯法：社会与国家》，中国政法大学出版社1996年版，第35页。

〔3〕谢晖：“族群—地方性知识、区域自治与国家统一——从法律的‘普适性知识’和‘地方性知识’说起”，载《思想战线》2016年第6期。

明按照交易习惯对法定孳息的规定，《最高人民法院关于适用〈中华人民共和国合同法〉若干问题的解释（二）》第7条对交易习惯的阐释说明，《最高人民法院关于适用〈中华人民共和国婚姻法〉若干问题的解释（二）》第10条对彩礼习俗的解释等都体现了国家法对交易习惯和生活习惯的尊重和认可。我国《民法总则》第10条直接把习惯规定为民法的正式法律渊源不仅体现了国家法对习惯的法律效力的承认，而且体现了法律的多元中心主义，作为隐性的习惯在民事关系的调控中同样也具有重要的作用。

（二）法治及其本土资源理论

百年以降，中国法制现代化的过程基本上是模仿和移植的过程。清朝末年，以沈家本、伍廷芳、俞廉三为代表的务实派法律改革家进行了大规模的修律，陆续制定了《大清现行刑律》《大清新刑律》《大清商律草案》和《大清民律草案》等多部法典或法典草案。清末修律主要是参照日本立法移植的大陆法系法律制度，无论是立法体例架构，还是法律词汇用语都是来自大陆法系，尤其是对德国和日本法典的模仿。清末修律是法制现代化的开始，也是中国社会治理由内源型资源向外源型资源转变的过程。1911年的辛亥革命结束了清朝的统治，但是法律的现代化进程则继续前进，国民政府在清末修律的基础上，通过了“六法全书”。可以说，“六法全书”是自1840年来中国法制近代化的典范和最高成果。国民政府时期的“六法全书”除了主要借鉴德国、日本法的以外，还大量参考法国、英美国家的立法。法律史学者展恒举先生指出：“国民政府奠都南京，成立立法院，制颁民刑法典，固为我国法制史上展开光辉灿烂一页。惟因大部抄袭西方法制，且以民法亲属编为尤甚，对亲属及家族制度大为改革，民法采取双系亲属制与契约家庭制，而将数千年宗法传统精神之民法，摒弃不取。致与习俗不合，有悖我国伦理及家族观念。”〔1〕革命根据地时期和新中国成立前期的立法主要“移植”苏维埃法系。新中国成立初期，我国全面否定和废除了国民政府时期的“六法全书”，全盘吸收和引进苏联的法律制度和法律理论。“我国法学界在学习苏联法学理论时，采取的是简单照搬的方法，把它作为不可怀疑的经典全盘接受。在50年代，谁怀疑苏联的经验，谁就是异己分子；谁质疑苏联理论，就是异端邪说。这不仅导致教条主义法学盛行，划定诸多不可逾越的禁区，而且给法学教育

〔1〕 展恒举：《中国近代法制史》，台北商务印书馆1973年版，第409页。

本土化造成极大的障碍。凡是苏联的经验，一律正确，凡是苏联的法律制度，都可以适用于中国。”〔1〕50年代的苏联已经经历了30年的社会主义经济的发展，苏联国情与中国新中国成立初期的国情存在较大的差异，作为上层建筑的苏式法律并不完全适应当时我国生产关系的现状，不符合生产力的发展水平。正如何勤华老师指出的那样，“中国移植苏联司法制度，具有教条主义的倾向，明显的‘左’的倾向。表现为许多场合只死记硬背马克思列宁主义的一些词句，而不注意是否适合中国国情”。“中国移植苏联司法制度，虽然从表面上看，有点轰轰烈烈、全面系统，但在精神实质上却具有不完整性、不连续性，是一种零碎的，片面的移植。”〔2〕1978年十一届三中全会以后，我国全面进入改革开放的新时代，我国的法制现代化也迎来了一个法治改革的春天。改革开放后，学术研究动辄古希腊、古罗马，制度改革必言英美和德法，我国法律改革主要采用大陆法系与英美法系兼顾的演进道路。目前中国法律系统中已经很少了传统中国的本土法律资源。

通过百年来中国法制现代化的演进梳理，我们可以得出这样一个结论，中国法律近现代化的历史，是一部域外法制移植中国史。今日中国民事法，基本上是一个移植而来的体系。〔3〕移植而来的民法体系调整中国的民事关系多少还是有些水土不服，对于某些特殊行业，某些特定主体，某些特别区域，民法还不能完全适用，经常会出现案结事不了的情形，国家制定民事法与传统习俗习惯的冲突经常发生。《民法总则》第10条承认习惯的合法性，把习惯作为民法的正式渊源，实际上是我国私法领域对社会治理本土资源的回归和重视。先秦法家著名代表人物管子曾云“古之欲正世调天下者，必先观国政，料事务，察民俗，本治乱之所生，知得失之所在，然后从事。故法可立而治可行”〔4〕。在管子看来，古时候如果想很好的治理天下，一定要先考察国家的政治现状，分析国家的具体事务，考察人民的风俗和习惯，明白治与乱、得与失的根本原因，再开始具体实施。这样法制才能够成立，国家的治理措施才能得到很好的贯彻和落实。言下之意，齐国要想实现令行禁止、富

---

〔1〕杨心宇、陈怡华：“我国移植苏联法的反思”，载《社会科学》2002年第8期。

〔2〕何勤华：“关于新中国移植苏联司法制度的反思”，载《中外法学》2002年第3期。

〔3〕范忠信、黄东海：“传统民事习惯及观念与移植民法的本土化改良”，载《法治现代化研究》2017年第2期。

〔4〕《管子·正世》。

国强兵，必须在具体考察齐国的政治现状、风土人情和风俗习惯基础上制定适用于本国的法律制度，只有这样制定出来的法律制度才可以很好地发挥作用，实现民治国安。同为法家的商鞅也提出了类似的观点，“故圣人之为国也，观俗立法则治，察国事本则宜。不观时俗，不察国本，则其法立而民乱，事剧而功寡。此臣之所谓过也”[1]。“故圣人之为国也，不法古，不修今，因世而为之治，度俗而为之法。故法不察民之情而立之，则不成。”[2]通过商鞅在《商君书·算地》和《商君书·壹言》中的表述，我们可以发现，圣人在治理国家的过程中，制定法律不能不考察现在的实际情况而机械地照搬过去的法律，法律的制定要因时俗、国本、民情的不同而不同，只有这样才能够制定出科学的法律，实现国家的长治久安。苏力教授进一步指出：“在中国的法治追求中，也许最重要并不是复制西方的法律制度，而是重视中国社会中的那些起作用的，也许并不起眼的习惯、惯例，注重经过人们反复博弈而证明有效有用的法律制度，否则的话，正式的法律就会被规避、无效，而且可能给社会秩序和文化带来灾难性的破坏。”[3]诚如苏力教授所言，法治中国的实现，不仅需要关注外来的法治资源，更要立足于本土的法治资源，也许只有这样才可以避免“秋菊们”的困惑吧。人们在长期的生活过程中，形成了大量的实现秩序自治的生活习惯、交易习惯、民族习惯、宗教习惯等非正式的法治资源。这些本土的法治资源植根于民众的社会生活，内嵌于民众的内心理念，以确信的潜规则指引、规范着民众的行为模式。我们在推行依法治国，实现私法自治的过程中，这些本土的法治资源发挥着不可替代的重要作用。民法作为民众私法领域中的宪法，应当对那些非正式的本土资源给予足够的重视，而实现部分非正式本土资源的正式化，赋予习惯司法适用的合法依据则是国家法与民间法博弈协调发展的必然路径。

（三）地方性知识理论

人类社会的演进过程中，普遍性知识与地方性知识始终并驾齐驱，在各自的领域发生着作用。“地方性知识意味着一地方所独享的知识文化体系，是由此地人民在自己长期的生活和发展过程中所自主生产、享用和传递的知识

---

〔1〕《商君书·算地》。

〔2〕《商君书·壹言》。

〔3〕苏力：《法治及其本土资源》，中国政法大学出版社1996年版，第36页。

体系，与此地人民的生存和发展环境及其历史密不可分。地方性知识的保存不能采用孤立的方式，因为一旦将地方性知识从它们所赖以存在的自然和人文环境中孤立出来，它们就不能够再得到发展。”[1]

法律知识的地方性是因为产生法律的土壤具有典型的地域特征。在吉尔兹看来，人类的法律，并不存在一个放之四海而皆准的模式。与其说法律是一种普适性的存在，不如说它是一种地方性的知识来得更为准确：我始终认为……法律就是地方性知识，地方在此处不只是指空间、时间、阶级和各种问题，而且也指特色……即把对所发生的事件的本地认识与对可能发生的事件的本地想象联系在一起。这种认识与想象的复合体，以及隐含于对原则的形象化描述中的事件叙述，便是我所谓的法律认识；……最有可能出现的结果不会是各种法律的渐趋一致……而是发展得更具特色。法律领域不会衰变成封闭的单一体，而会拓展成一个复合式的多元体；我们趋向的是初始的震动，而非终极的震动消除。[2]

新中国成立以来，尤其是改革开放以来，为了调整和规范人们在政治、经济与文化生活中的各种社会关系，以形成新的社会秩序，我国以国家名义颁布了大量的法律法规。据中国法律法规信息库统计，截至2017年10月27日，我国全国人大及其常委会制定的法律260件、国务院制定的行政法规721件、地方性法规10 443件（其中省级地方性法规5909件、设区的市地方性法规3211件、经济特区法规330件、自治条例和单行条例993件）、司法解释510件（其中最高人民法院司法解释424件，最高人民检察院司法解释55件，高法高检联合司法解释44件），规章11916件（其中部门规章2794件，地方政府规章9122件）。这些法律法规为实现社会生活的有序化，全面推进依法治国提供了有法可依的前提条件。司法机关按照依法独立审判的原则，高度重视制定法在现实生活中的贯彻和落实，把立法机关制定的文本上的法律转化为现实生活中的法律，实现法的社会实效。但是，现实的司法审判实践告诉我们，在很多情况下，立法的价值在司法实践中并未全部得到实现，人民法院严格按照法律作出的判决结果往往并没有得到当事人和社会公众的普遍

[1] 陈来：“儒学的普遍性与地域性”，载《天津社会科学》2005年第3期。

[2] [美] 克利福德·吉尔兹：“地方性知识：事实与法律之间的比较透视”，邓正来译，载梁治平编：《法律的文化解释》，生活·读书·新知三联书店1994年版，第126页。

认可，案结事不了的情况时常出现。立法的行为预期与司法实践效果的偏差告诉我们，调整人们社会生活秩序的规范具有多元性，徒法不足以自行，法律只是调整社会关系规范之一种，而非全部。良好社会秩序的形成，不仅需要国家制定的法律，还需要在人类社会长期的历史发展过程中积淀起来的风俗习惯。它植根于民族的信念，内化为人民内心深处的信仰，成为人们行为的内在驱动力，自觉地指引着人们行为的模式和行为的方向。其实在人类社会发展的历程中，社会秩序的形成过程始终存在着国家制定法与风俗习惯的博弈，两者之间或此消彼长，或相互补充，或相互融合。

三、民事习惯作为民法正式渊源的司法适用现状

在司法实践中，法官在处理民事纠纷，进行案件审理过程中肯定了民事习惯在定纷止争中的价值。为了了解人民法院在案件审理过程中对民事习惯的适用情况，笔者结合中国裁判文书网对司法实践中习惯的适用情况进行了检索调查。

（一）数据的收集方法

笔者于 2018 年 6 月 10 日在中国裁判文书网把检索条件设置为“全文检索”，把关键词设置为“习惯”，其他检索条件系统默认，共检索到 811 936 个法律文书。

（二）数据的整理与分析〔1〕

从习惯适用的领域来看，主要合同 371 778 篇，利息 236 043 篇，利率 175 299 篇，合同约定 150 254 篇，违约金 118 926 篇，交付 106 600 篇，强制性规定 106 509 篇，民间借贷 95 409 篇，买卖合同 90 923 篇，返还 88 989 篇，给付 87 288 篇，贷款 76 435 篇，违约责任 75 280 篇，担保 71 825 篇，清偿 66 111 篇，借款合同 64 533 篇，驳回 58 215 篇，保证 55 434 篇，债权 50 434 篇，婚姻 48 040 篇，离婚 45 921 篇，夫妻关系 44 405 篇，传票 42 681 篇，债务人 41 928 篇，债权人 41 801 篇，出卖人 41 075 篇，租赁 40 787 篇，传唤 40 226 篇，租金 38 774 篇，承诺 38 677 篇，变更 37 231 篇，解除合同 35 650 篇，所有权 35 518 篇，本案争议 34 643 篇，诚实信用原则 34 356 篇，抵押

〔1〕 本部分数据均来自中国裁判文书网 http://wenshu.court.gov.cn，访问日期：2018 年 6 月 10 日。

34 243篇，民事责任33 812篇，第三人32 886篇，全面履行28 091篇，补充协议27 874篇，缺席判决27 198篇，鉴定27 139篇，赔偿损失25 935篇，连带责任23 613篇，物业管理22 890篇，房屋买卖22 877篇，保证合同22 277篇，滞纳金21 870篇，处分21 790篇，追偿21 341篇，标的物21 082篇，建设工程21 051篇，抗辩权19 404篇，实际损失18 981篇，合同履行18 079篇，反诉17 586篇，代理17 580篇，继续履行16 805篇，共同债务16 749篇，合同解除16 664篇，投资16 388篇，实际履行16 033篇，赔偿责任15 850篇，法定代表人15 840篇，保证金15 313篇，补救措施15 290篇，程序合法14 613篇，不动产14 599篇，房屋所有权14 260篇，有效合同14 089篇，房屋租赁14 073篇，分公司13 678篇，产权登记13 646篇，贷款人13 645篇，不履行13 163篇，授权12 908篇，保人11 943篇，垫付11 899篇，抚养费11 842篇，拍卖11 674篇，定金11 590篇，交通事故11 188篇，催告10 919篇，合伙10 853篇，变卖10 823篇，保证期间10 724篇，意思表示真实10 274篇，合同的履行10 176篇，动产10 045篇，彩礼9994篇，担保合同9846篇，承租人9576篇，误工费9573篇，赔偿金9539篇。通过以上数据我们可以看出，民事习惯在司法实践中运用非常广泛，已经在民事案件审判过程中发挥了重要的作用，已经大量进入了法官适用的视野。

从法院适用民事习惯的层级来看，从基层法院到最高法院都普遍存在适用民事习惯的情形，其中最高法院1143篇，高级法院13 138篇，中级法院151 324篇，基层法院646 331篇。从图1可以看出，我国法院级别与案件适用民事习惯的数量成反比例关系，层级越高，适用民事习惯越少；层级越低，适用民事习惯越多。出现这种态势的原因，一方面是因为进入级别越高，案件管辖的范围越窄，另一方面最为关键的原因是，越是基层，地方性的习惯越多，发挥作用的空间也就越大，习惯适用实效更加明显。

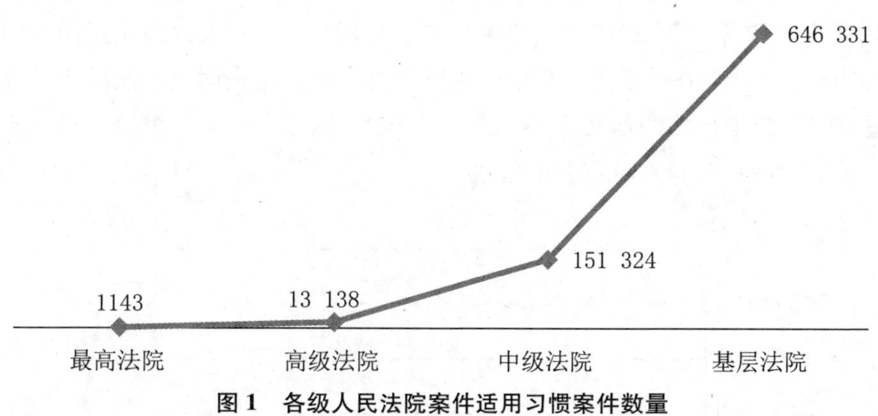

图1　各级人民法院案件适用习惯案件数量

从民事习惯适用的地域来看，北京市 12 459 篇，天津市 26 267 篇，河北省 23 755 篇，山西省 8352 篇，内蒙古自治区 20 571 篇，辽宁省 30 628 篇，吉林省 10 274 篇，黑龙江省 8991 篇，上海市 27 614 篇，江苏省 73 421 篇，浙江省 56 569 篇，安徽省 73 487 篇，福建省 65 885 篇，江西省 13 329 篇，山东省 32 042 篇，河南省 26 398 篇，湖北省 19 668 篇，湖南省 75 455 篇，广东省 70 396 篇，广西壮族自治区 28 233 篇，海南省 3965 篇，重庆市 12 433 篇，四川省 27 788 篇，贵州省 9442 篇，云南省 9799 篇，西藏自治区 362 篇，陕西省 14 647 篇，甘肃省 6672 篇，青海省 4153 篇，宁夏回族自治区 10 162 篇，新疆维吾尔自治区 4669 篇，新疆维吾尔自治区高级人民法院生产建设兵团分院 1298 篇。通过上述数据，我们可以看到民事习惯在全国 31 个省市自治区范围内都得到适用，这表明了我国法院在案件审理过程中民事习惯适用的广泛性。民事习惯进入司法实践，民事习惯成为民法的正式渊源具有地域需求的普遍性。

从民事习惯的适用时间来看，2018 年 35 932 篇〔1〕，2017 年 218 029 篇，2016 年 220 265 篇，2015 年 126 026 篇，2014 年 120 962 篇，2013 年 25 319 篇，2012 年 6444 篇，2011 年 3139 篇，2010 年 2889 篇，2009 年 1417 篇，2008 年 290 篇，2007 年 156 篇，2006 年 53 篇，2005 年 46 篇，2004 年 38 篇，2003 年 25 篇，2002 年 23 篇，2001 年 10 篇，2000 年 2 篇，1999 年 2 篇。由图 2 可知，人民法院在审理民事纠纷过程中适用民事习惯的数量逐年增长，

〔1〕 2018 年，人民法院适用习惯案件的数量截止日期为 2018 年 6 月 10 日。

从1999年的2个，到2017年的218 029个。十八年来，人民法院适用习惯审理案件增长了109 014.5倍，其增长速度可见一斑。这表明人民法院在案件审理过程中，越来越多的通过民事习惯处理当事人之间的民事纠纷，司法实践中，民事习惯具有越来越重要的价值。

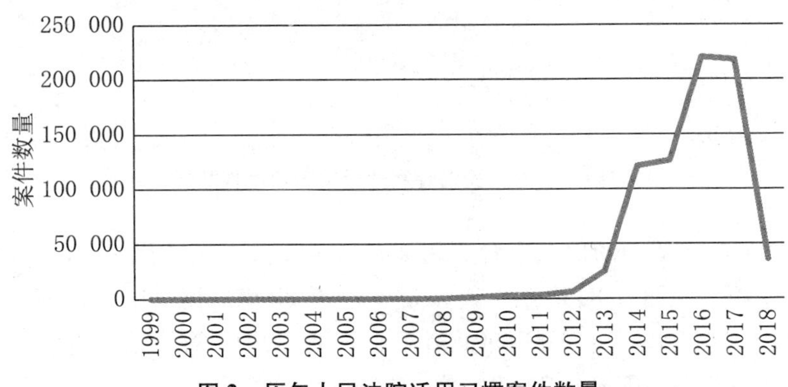

图2　历年人民法院适用习惯案件数量

从法律文书的类型来看，判决书729 925份，裁定书20 473份，调解书69份，决定书47份，通知书133份。由图3可以看出，人民法院在适用习惯的所有法律文书共计750 514件，其中判决书占97.25%，裁定书占2.73%，而调解书和决定书所占比例只有0.02%。这表明各级人民法院都在案件判决中大量的援引民事习惯进行案件的处理，笔者通过对系列案件判决的大致浏览，发现依照习惯在司法判决中所发挥的作用，可分为如下三类：以习惯解释意思表示、以习惯补强证人证言以及以习惯确定法律效果。但是直接把习惯作为案件判决依据的尚未发现。这说明，尽管习惯在司法实践中具有十分重要的意义和价值，司法机关也在普遍重视民事习惯的司法适用，但是民事习惯尚未直接进入司法案件判决的依据领域。一方面是因为我国在《民法总则》出台以前，一直把民事习惯排除在民法正式渊源之外。另一方面是因为民事习惯具有不确定性，如果法官直接援引习惯作为案件审判的依据，没有法律依据，存在较大的职业风险，因此法官没有直接适用民事习惯判决案件的主动性，往往仅是用来阐述意思表示、补强证人证言或者确定法律事实的法律效果。

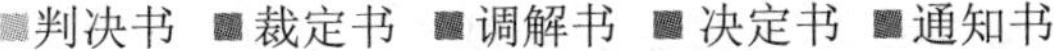

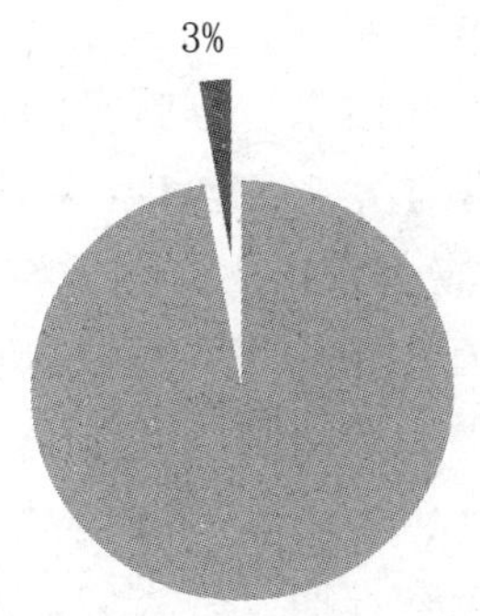

图 3　人民法院适用习惯法律文书的比例

从中国裁判文书网所公布的裁判文书来看，目前法院在司法实践中大量根据习惯来判决的案件主要是农村案件。农村社会是熟人社会，在农村地区形成了大量的生产和生活习惯，这些习惯在乡村治理中发挥着重要的作用，因此本文选取农村习惯的司法适用作为研究样本。笔者于 2018 年 6 月 10 日，在中国裁判文书网上，检索条件设置如下：全文检索设置为“农村习惯”，案件类型设置为“民事案件”，文书类型设置为“判决书”，案由设置为“民事案由”然后进行检索，共检索到 1193 件，其中高级法院 1 件，中级法院 293 件，基层法院 899 件。笔者对 1193 件案件判决结果进行了梳理，发现我国法院在判决时对于涉及农村习惯的不同案件采取的做法不尽相同，大部分法院是通过农村习惯解释当事人的意思表示，或者增强案件证据的证明力。

（三）数据调查结论

虽然这些数据不很准确，不能完全体现法院的实际情况，但是能够大致反映出人民法院对习惯的重视、对习惯的运用、对习惯法的适用状况。通过上述分析，我们可以得出以下两点结论：

首先，司法实践中民事习惯适用非常普遍。通过上述数据分析，我们可以看出，民事习惯在物权、债权、合同、侵权、婚姻、继承等多个领域的案件审理过程中都得到普遍的适用。无论是基层法院、中级法院、高级法院，还是最高法院都存在适用习惯审理案件的情形。而适用民事习惯审理案件的法院不仅遍布全国各个省份，而且呈现逐年增长的趋势。民事习惯成为司法实践中解决民事纠纷的重要依据，在案件审理中具有现实的价值。

其次，人民法院对待民事习惯的态度不一。司法实践中，人民法院对待民事习惯的态度并不完全相同，甚至在同一地区，针对同样的习惯，不同的法院作出了不同的判决。例如在山东省巨野县的摔盆继承案中，巨野县人民法院麒麟法庭认为，丧葬风俗与法律规定相冲突时，“摔盆者”就不能当然享有遗产继承权。[1]庭长庞秀霞法官指出，当传统风俗与法律规定相冲突时，应依法律处理。[2]而山东省青岛市中级人民法院在审理张淑芳、张淑芬、张振福和张振全继承纠纷一案中的做法则与此不同。青岛市中级人民法院在判决书中写道：“顶盆发丧作为民间习俗，并不为法律所禁止，相反，在长期的生产、生活中形成的民间习俗是长期以来人们自愿选择的结果，也成为约束人们日常生活的准则，应该得到尊重。在民间习俗中，葬礼中的顶盆发丧及其他祭祀行为，对死者具有重要意义；而对顶盆者而言，则是一种重大的义务，并非随便为之，基于此，本院认为，张宗可以适当分得张振佳的部分遗产。原审法院认为张宗分得遗产并无不当，但份额过高，本院酌情，以张宗分得张振佳百分之二十遗产份额为宜。其余遗产份额则由张淑芬、张振福、张振全均分，其三人各享有十五分之二份额。”由此可见，青岛中级人民法院认可了“顶盆继承”丧葬习俗的法律效力。[3]位于鲁西的聊城市东昌府区法院在审理周某某诉陈某“顶盆发丧继承案”中，法官同样认可了农村丧葬风俗习惯中的顶盆继承，判决死者陈先生的侄子陈某和妻子周某某及两个女儿拥有均等继承份额。[4]在上述三个顶盆或者摔盆继承纠纷案件中，巨野、聊城、青岛都属于山东省，但是三个案件在审理过程中，法院对待同样是丧葬习惯的态度是不一样的。这也表明民事习惯进入司法的视野，需要法官和法院谨慎地对待民事习惯。

---

〔1〕 在鲁西南地区的丧礼中，有“摔盆继承”的丧葬风俗，即老人去世后，应由男丁、儿子或孙子摔盆后才能正常出殡，“摔盆”者为孝子，可以继承死者的遗产。如果死者没有儿子，则由旁系的侄子代为摔盆，摔盆的侄子则可以以孝子的身份取得叔叔、婶子或伯父、伯母的遗产。

〔2〕 周广伟：“‘摔盆送终’就能享有继承权?”，载《齐鲁晚报》2015年01月20日。

〔3〕 山东省青岛市中级人民法院（2011）青民五终字第426号民事判决书，载 http://www.law-lib.com/cpws/cpws_ view.asp? id=200401566769，访问日期：2018年6月10日。

〔4〕 孙克峰：“去世老汉无子 侄子‘顶盆发丧’引继承纠纷”，载《聊城晚报》2014年5月19日。

四、民事习惯作为民法正式渊源的司法适用条件

《民法总则》第10条把民事习惯作为民法的正式渊源，意味着司法机关在审理民事案件过程中可以适用民事习惯。然而民事习惯是一个十分笼统的概念，不仅内涵界定不清，而且外延更是十分庞杂和广泛。这就给司法实践中法官适用民事习惯审判案件带来巨大的不便。各种各样的民事习惯不仅有可能与民事制定法之间存在矛盾，而且民事习惯彼此之间也可能存在冲突。民事习惯与民事法律冲突如何解决？到底哪些民事习惯可以进入法官审判的依据范畴？都成为急需解决的时代课题。所以，我们固然要看到民事习惯的司法运用的时代价值，同时也要清醒地意识到，民事习惯在司法中的运用是有限度和边界的。

民事习惯进入民事审判领域，作为司法机关审判案件的依据是实践中操作比较困难的事情。根据《民法总则》第10条的规定，在没有民事制定法的情况下，可以适用民事习惯审判案件，然而民事习惯的外延非常广泛，哪些民事习惯可以作为司法机关的审判依据，哪些民事习惯又必须排除在审判依据之外，目前立法层面找不到答案。结合民事立法的精神和民法基本理论，笔者认为民事习惯作为司法机关审判依据的标准主要包括以下三点：

（一）作为民法正式渊源的民事习惯不得违反法律规定

民事习惯与民事法律都是民法的正式渊源，人民法院处理民事纠纷，有法律适用法律，无法律适用习惯。按照这种逻辑，作为人民法院适用依据的民事习惯不得违反民事法律的规定应是题中之意。违反民事法律的民事习惯，背离了民法立法的价值，不但不能维护良好的社会秩序，反而是对民法所保护的法益的侵犯。例如在山东存在的地方行业习俗，匠人收徒，徒弟在拜师之前应当当众宣读拜师贴，承诺："学徒期间，马踩车压，生病死亡，师傅概不负责。三年学徒，N年孝师[1]，中途不学，包赔饭伙，情出本心，绝无反悔。"此类习惯显然与我国《民法总则》和《劳动合同法》中雇主应当对雇员在执行工作任务中遭受的人身伤害承担赔偿责任且当事人不能约定免除人

[1] 在山东省，三年学徒各行业没有差别，孝师年数则有所不同。木匠、铁匠不讲孝师，裁缝学徒期满需孝师二年，染坊、剃头匠孝师三年，鞋匠孝师一年。

身伤害的赔偿责任的法律规定之间存在冲突，因此不得作为民法的渊源。[1]再如，我国许多农村地区，为了保护本村或者本家族的利益，按照当地的习惯，妇女出嫁以后要收回妇女的土地承包经营权。但是我国《农村土地承包法》第6条规定，“农村土地承包，妇女与男子享有平等的权利；承包中应当保护妇女的合法权益，任何组织和个人不得剥夺、侵害妇女应当享有的土地承包经营权。”第30条规定：“承包期内，妇女结婚，在新居住地未取得承包地的，发包方不得收回其原承包地……”由此可见，出嫁女的土地承包经营权是法律明确规定的权利，而出嫁女应当收回土地承包经营权的习惯很明显违背了《农村土地承包法》的规定，所以这种习惯也不能作为法院适用的依据。除此之外，有些习惯规定“女儿不能继承遗产”“牲畜吃庄稼打死不赔”“姑娘招婿上门需经村委会集体讨论决定”“寡妇不能改嫁”等也与我国相关法律相冲突。这些与法律规定相冲突的习惯应当排除在司法适用之外。

（二）作为民法正式渊源的民事习惯不得违背公序良俗

公序良俗是民法的基本原则，也贯穿于民法的始终，无论是民法的制定、修改、废止和解释都应当进行坚持。而民事习惯既存在促进经济发展和社会进步的良好习惯，也存在与人类文明相背离的不良习惯，甚至是恶风恶俗、封建迷信，比如婚约彩礼、童养媳、配阴婚等不良风俗。美国法理学家博登海默认为，法院不能以一种不合理的或荒谬的习惯去影响当事人的法律权利。[2]民事习惯作为民法的渊源，可以弥补民事法律规定的漏洞，保持民事法律的开放性，但假如民事习惯本身与民事法律规范和公序良俗相抵触，甚至违背人类社会所确立的伦理道德，把它引入法律渊源，作为法院判决案件的适用依据，势必破坏已经形成的社会秩序，也背离了法的价值，背离了把民事习惯纳入民事正式渊源的初衷。因为公序良俗来自于民族共同的道德感和道德意识。如果承认与该公序良俗相悖的习惯可以作为法院案件审判的适用依据，则会产生损害法秩序的后果。比如实践中有的个别地方，存在不允许寡妇改嫁，出嫁女不能享有本村土地承包经营权，出嫁女儿不得继承遗产等民事习惯，这些陈规陋习不但不可以成为人民法院判决案件的适用依据，

---

〔1〕王利明：“论习惯作为民法渊源”，载《法学杂志》2016年第11期。

〔2〕［美］E. 博登海默：《法理学：法律哲学与法律方法》，邓正来译，中国政法大学出版社1990年版。

还应当成为法律禁止的对象。所以法官在适用民事习惯审理案件过程中，应当进行民事习惯的审查，只有那些符合公序良俗的习惯才可以作为案件适用的依据。

（三）作为民法正式渊源的民事习惯应当是补充性的

虽然民事习惯在《民法总则》中被规定为民法的正式渊源，但是民事习惯和民事制定法并不是处于同等的选择位阶，而是有先后顺序的，即处理民事纠纷，第一选择仍然是民事法律规定，只有当民事法律没有规定，存在法律空白或者立法漏洞的情况下才可以适用民事习惯。《民法总则》的该项规定，实际上从立法层次上厘清了民事习惯和民事制定法之间的冲突解决问题。质言之，针对某一民事法律纠纷，当民事法律和民事习惯都有规定，并且规定情形存在冲突，民事制定法优先适用，这里根本谈不上民事习惯适用的问题。尽管在乡民生活中民事习惯在定纷止争中发挥的作用比民事制定法更有优势，但是在司法机关适用法律的过程中，只能是在穷尽民事法律规则的前提下才可以适用民事习惯。《民法总则》的这一规定事实上从立法层面找到了民事习惯与民事制定法冲突解决的路径。

《民法总则》第10条规定法律没有规定的，可以适用习惯。这里的“法律”应当如何理解，不同的学者有不同的认识。有人认为这里的法律应当做广义的理解，包括全国人大及其常委会制定的规范性法律文件、国务院制定的行政法规、国务院各个部委制定的部门规章、省人大制定的地方性法规、设区的市人大制定的地方性法规，还有民族自治地方的自治条例和单行条例。也有学者认为这里的法律应当做狭义理解，仅仅包括全国人大及其常务委员会制定的规范性文件。笔者认为这里的“法律”应当从法的要素的角度进行解读，应当理解为“法律规则”。因为法律规则是具体规定人们的权利和义务及其相应法律后果的行为规范，法律规则具有明确的行为导向作用，人们法院在处理民事纠纷的时候，如果法律规则有规定，那么可以很明确地确定原被告双方的权利和义务关系，可以根据民事法律责任的规定追究相关行为人的法律后果。如果法律规则已经对于某类事项做出规定时，即使存在某项民事习惯，也不得适用习惯处理民事纠纷，而应当优先适用民事法律规则。只有当法律规则没有明确规定，存在立法空白的时候才可以使用习惯。这里还有一个问题，就是法律原则和民事习惯的适用顺序问题。按照法理，法官在处理民事纠纷的过程中，如果找不到相应的法律规则，也可以根据法律原则判决案件，民法基本原则也具有弥补法律规则漏洞的作用。那么当法律规则没有明确规定的时候，既可以适用民事法律原则，也可以适用民事习惯，那么两者之间有无优先顺序呢？笔者认为，两者适用先后顺序上，应当优先适用民事习惯。这是因为，民事法律原则具有高度的抽象性和笼统性，不但不能给法官和当事人一个稳定的行为预期，更为关键的是给法官太大的自由裁量权，容易导致裁判权力的滥用。而诞生于人们生产和生活的民事习惯，更容易被当事人理解和认可，也更具有说服力，从而具有较强的可操作性和明确的指引性。所以，一般情况下，应当优先适用民事习惯。

五、结束语

民事习惯的法律渊源正式化是民事立法的一大进步，有助于维护民法典的开放性。《民法总则》中把民事习惯规定为民法的正式法律渊源，在现行法存在立法空白且经由法律解释仍然不能弥补此空白时，如果存在不违反公序良俗原则及法律的调整所诉纠纷的某种习惯法，法院即可适用该习惯规则予以裁判，成为司法机关在穷尽民事制定法而审判案件的法律依据。这不仅拓展了民法的正式法律渊源，弥补了民事成文法固有缺陷，而且对高效地解决民事纠纷，定纷止争，案结事了具有重要意义。但是民事习惯在具有适用灵活性、高效性的同时，也存在笼统性和复杂性的特点，民事习惯进入民事司法审判视野需要坚持积极而审慎的原则，在充分进行民事习惯调查的基础上，进一步细化民事习惯的适用条件、边界和限度。只有如此才能够充分发挥民事习惯在解决民事纠纷中的作用，使其成为化解社会矛盾和纠纷的社会关系调节器。

合作作品著作权人间法律关系研究

郑文科*

摘　要： 合作作品创作中有合作意思，但是该“合作意思”与民法中意思表示中的意思并不相同，合作作品的作者与著作权人是不同层次上的概念，合作作品著作权人之间属于准共有法律关系，其产生的法律事实是共同创作的事实行为，准共有的客体是全部著作权。合作作品著作权准共有人之内部权利义务分配的规则与外部法律关系根据可分割使用的作品和不可分割使用的作品有不同。合作作品作者的内部责任分配约定，对第三人不产生对抗效力，基于合作作品，合作作品著作权人对外享有连带债权，负连带债务。

关键词： 合作作品；著作权人；法律关系

一个作者单独创作完成的作品，作品创作完成之时作者即享有完整的人身权利和财产权利，著作权法律关系是绝对权法律关系，仅存在于著作权人与任何其他社会主体之间。但是对于合作作品而言，由于其著作权人是两个或者两个以上，其著作权法律关系既有相对权法律关系的内容，也有绝对权法律关系的内容。绝对权法律关系的内容重点在于如何解决合作作品的多个著作权人与第三人之间的连带或者按份的权利和义务问题，相对权法律关系的内容，主要是基于该作品而产生的人身权利和财产权利在合作作品的著作权人之间如何分配的问题，这都是比较复杂的法律问题。本文拟以民法基本原理为基础，借鉴物权法中的共有、准共有制度理论对合作作品作者间的法律关系进行研究，以期抛砖引玉。

---

* 郑文科（1971—），河南省罗山县人，法学博士，首都经济贸易大学法学院副教授 。

一、合作作品创作中的合作意思研究

作品是指文学、艺术和科学领域内具有独创性并能以某种形式固定的智力成果。从作品创作的主体来看，可以分为单独创作的作品和合作作品。单独创作的作品是由一个自然人创作的作品。合作作品是指由两个或者两个以上的自然人共同创作完成的作品。单从作品本身的特性来看，合作作品与一般作品在本质上无任何不同，其根本区别在于其创作的主体，即是由两个或者两个以上的自然人合作创作的结果。单独作品都是事实行为的结果，即由自然人通过智力活动进行创造的结果。该智力创造的结果只要符合法律规定的作品的要件，即自动取得著作权，与创作人的意思没有任何关系。作为事实行为，对于行为人就没有任何行为能力方面的要求。故成年人、未成年人、智者、愚者皆可以创作单独作品。

与单独创作的作品不同，合作作品是由两个或者两个以上的自然人创作完成，即有“合作”的一面。这是与单独创作的作品所存在的根本区别要素——合作意思〔1〕。文学、艺术和科学作品是思想或情感的外在表现形式，一件合作完成的作品，不仅要求思想或情感的一致或相近，而且要求整个作品在内容与形式上，每个作者的成果相互和谐统一。因此，如果合作作者之间没有对于共同创作的一致明确的意思表示，没有合作人相互间的认同，你干你的，我干我的，很难进行共同创作，最终不可能成为一个统一的作品。在此要考虑的就是此处的合作意思与传统民法中的意思表示中的意思是否一致。如果属于民法中意思表示中的意思，则对合作作品的作者产生了民事行为能力的要求；如果不属于民法中法律行为中的意思，则任何人也可以成为合作作品的作者，与单独作品的作者之要求无异。

传统民法中的意思表示，指将企图发生一定私法上效果的意思，表示于外部的行为。意思表示由两个要素构成：一为内心意思，一为此项内心意思的外部表示。意思表示又包含行为意思、表示意思和效果意思三个构成要素。〔2〕民法中的意思，核心是效果意思，就是行为人追求法律效果。换言之，行为

〔1〕 我们认为合作作品创作中的合作意思是合作作品判断的一个构成要件。关于此问题存在不同的认识。参见于伟：“合作作品的认定标准”，载《法学》1990年第12期。

〔2〕 王泽鉴：《民法总则》，北京大学出版社2010年版，第266页。

人的民事行为产生的法律效果不是因为法律的规定而自然产生，而是由于行为人自己的追求而产生，如果行为人自己不追求，法律效果就没有。法律效果包括权利的取得、义务的产生、对他人的约束等。由于单纯的意思是人内心的思想，如果不以一定的方式表达于外部，对方无从了解，行为人想产生法律效果的目的也不可能实现，故意思与表示通常不能分离。所以在民法中总是出现“意思表示”的固定搭配。民法中的意思表示比较常见的如要约和承诺。

我们认为，合作作品产生中作者的“合作意思”，有别于民事法律行为中的意思表示，因为合作作品中的合作是一种民事法律事实，属于事实行为之列，合作作品一旦完成并符合法律规定的构成要件，作者即取得著作权。作者著作权的取得以及著作权人之间的权利和义务，皆是来源于法律的直接规定，与当事人的意思毫无关系。这与基于意思表示的民事行为的法律效果完全不同。因此，我们认为，合作作品中作者的合作意思，是“行为人共同创作的意愿”。该意思与合作作品完成后当事人之间的权利义务之分配没有关系。既然要求其能够表达“愿望”，其具备“清醒意识”就必不可少。

二、合作作品作者之确定与合作作品的著作权人

（一）合作作品作者之确定

1. 单独作品作者之确定

根据法律的一般性规定，对于单独作品作者身份之确定有两种方法：一是实质判断，也是根据事实判断，即创作之事实。在法律中表述为“创作作品的自然人是作者”。由于创作作品是将内在创造性思想表达于外部的行为，法人或者组织没有思想，只有意思，其本身也不可能亲自为任何行为。故我们认为创作作品的事实只能由自然人完成。二是形式判断，即名义判断。由于是否是作品的事实上的创作人他人无法判断，故为了维护法律关系的稳定性，法律上又规定，如无相反证明，在作品上署名的自然人、法人或者其他组织推定为作者。对于法人或者其他组织而言，是不可能亲自创作作品的，但是法律规定，由法人或者其他组织主持或者投资，代表法人或者其他组织意志创作，以法人、其他组织或者其代表人名义发表，并由法人或者其他组

织承担责任的作品，法人或者其他组织视为作者。〔1〕

从以上法律规定的两种作者身份确定方式，我们可以得出以下结论：对于单独创作完成的作品而言，其作者可能是事实上进行作品创作之人，也可能是未事实上创作作品之人。如果是事实上创作作品之人，即便没有作者之名义，不失为作者，但需要证明；对于未事实上创作作品之人，如果有作者之名义，亦可以认定为作者，除非有反证。

2. 合作作品作者之确定

上述有关单独创作的作品作者身份之确定方法能否适用于合作作品作者身份之确定呢？亦即如果没有事实上参与作品的创作之人，能否成为作品的作者之一呢？我们姑且将作品当成一件衣服，对作品的署名权就类比对衣服的所有权。我们的衣服是如何来的？我们可以通过事实行为获得，如买来布料自己加工；也可以通过法律行为取得，如花费若干人民币从商场购买。对于作者在合作作品上的署名，如果是事实上参与作品创作之人，当然可以署名，就如同自己加工衣服取得其所有权一样；如果未事实上参与作品创作之人，在真正作者同意的情况下可以成为合作作者吗？即可以通过法律行为取得作者身份吗？

根据法律的规定，两人以上合作创作的作品，著作权由合作作者共同享有。没有参加创作的人，不能成为合作作者。〔2〕由此可见，法律上对于合作作品作者身份的判断是采取实质判断标准，摒弃了形式判断标准。只有事实上参加创作的人才可以成为合作作者，反之，如果没有事实上参加作品的创作，就不能成为作者，否则就是违反了法律的强制性规定。

如果仅仅从公平正义的角度考虑，法律上的这种规定是符合一般道德观念的，但是从成本与效率上分析就有不当。将单独创作作品作者身份的确定标准和合作作品作者身份的确定标准统一起来能够降低成本、提高效率。根据科斯定理，应当将权利分配给最需要它的人，从而能降低交易成本。这其中，交易与交易成本是两个核心概念。交易有广义和狭义之分。狭义的交易仅指人们的经济交易，主要包括商品的买卖、租赁和服务的交换等。而广义的交易是指所有人与人之间的相互影响、相互作用、相互制约的行为。任何

〔1〕 参见《中华人民共和国著作权法》第11条等相关条文的规定。

〔2〕 参见《中华人民共和国著作权法》第13条等规定。

人与人之间的行为，不论发生在经济领域，还是社会、政治、文化领域，只要相互影响、相互作用、相互制约，都属于广义的交易。[1]对于交易成本，人们的认识虽然并不一致，但是交易成本至少包括以下两个内容，一是人们所支付的经济上的代价；二是人们为了从事某种行为所支付的时间、精力等，这实际上就是人们获取信息的成本。

在社会文化日益繁荣、社会经济高度发达的今天，精神财富的创造以及人们对精神财富的追求都达到历史的高位，知识产品及知识产权的交易层出不穷。由于作品的创作是事实行为，事实行为存在与否是要求自证，只有自己最清楚，因此其证明成本较低，如果同由交易相对人证明，其成本较高，甚至是不可能的，且效率极低。在采用推定的情况下，交易相对人仅证明形式要件即可，不需要花费大量时间去探究名义上的权利人与实际上的权利人是否一致，也无须担心交易的安全性。即使在产生纠纷后，举证成本低，便捷、高效。在认可形式主义推定的前提下，交易相对人只要尽到一般的注意义务即可，其交易的安全性就可以得到法律的保障。因此，我们认为，对于合作作品的作者，未必非要求其是事实上的创作人。

如果不是通过事实上的创作行为取得合作作品作者的身份，就只能通过法律行为取得合作作品作者的身份。我们认为应当允许当事人通过法律行为取得合作作品作者的身份。因为作者是名义，与其直接相关的是著作权。允许单独作品的作者通过法律行为许可他人取得合作作者的身份，实际上是其对自己民事权利的处分。基于同样的原因，对于事实上的合作作品，如果当事人基于真实意愿署名为单独创作的作品也未尝不可。

只有真正的作者是出于被胁迫或者非自愿的其他原因而署他人的名字时，或者未被署名时，才应该依法保证自己的权利。因为此时当事人之间的民事行为本身也存在效力上的瑕疵，当然可以寻求民事法律的救济。

（二）合作作品的著作权人

作品的作者与作品的著作权人是不同层次上的概念。作者强调的是人与作品间事实上的创作关系，即创作作品的人是作者；著作权人强调的是人基于作品而产生的与他人之间的法律上权利和义务关系。享有著作权的人可能是作者，也可能不是作者。从法律实际上看，有事实关系之人，不一定有法

---

〔1〕 苗壮："法律/制度经济分析的一般理论"，载《法制与社会发展》2004 年第 1 期。

律上的权利义务关系；有法律上的权利义务关系之人不一定存在事实上的关系。

著作权人包括作者和其他依法享有著作权的自然人、法人或者其他组织。

1. 作者

根据法律规定，著作权原则上属于作者。我国《著作权法》第11条第1款规定："著作权属于作者，本法另有规定的除外。"第11条第4款规定："如无相反证明，在作品上署名的公民、法人或者其他组织为作者。"

作者分为两类：一是创作作品的人，即事实上的作者。无论其是否在作品上署名，均是作品的作者。事实上的作者，如果没有在作品上署名，其身份需要有证据证明或者通过确权之诉确认。二是推定作者。如无相反证明，在作品上署名的主体，即使他们不是作品的创作主体，但是推定其为作品的作者，从而确定其著作权归属状态。《著作权法》的这种规定，是法律明确规定推定署名人为权利人的情况。从交易效率、安全性的角度考虑，推定署名人为权利人，可以有效地保护交易中善意第三人的利益，促进交易的效率，保障交易的安全。

2. 非作者但依法享有著作权的人

在符合法律规定的情况下，著作权也可以不属于作者。非作者而享有著作权可以从不同的角度分类研究：

从主体角度可以分为非作者享有著作权和视为作者而享有著作权两类。非作者享有著作权如著作权的转让，受让方享有部分著作权。视为作者享有著作权如由法人或者其他组织主持，代表法人或者其他组织意志创作，并由法人或者其他组织承担责任的作品，法人或者其他组织视为作者。该作品的著作权属于法人或者其他组织。

从其享有的著作权内容来看又可以分为著作权全部不属于作者和著作权部分不属于作者两种情况。著作权全部不属于作者的，如受委托创作的作品之著作权归属，可以全部不属于受托人，即事实上的作者。除非委托合同未作明确约定或者没有订立合同的，著作权才属于受托人。再如民间文学作品，经历上千年的流传，事实上的作者根本不可查证，也未有任何署名作者，著作权当然不可能再属于作者。部分著作权不属于作者的情况比较常见。例如在作者死亡50年之后，作者享有的是著作权中的部分人身性质的权利，对于财产性质的著作权其不再享有。另外根据法律的规定，有下列情形之一的职务作品，作者享有署名权，著作权的其他权利由法人或者其他组织享有，法人或者其他组织可以给予作者奖励：一是主要是利用法人或者其他组织的物质技术条件创作，并由法人或者其他组织承担责任的工程设计图、产品设计图、地图、计算机软件等职务作品；二是法律、行政法规规定或者合同约定著作权由法人或者其他组织享有的职务作品。

三、合作作品著作权人之间的法律关系类型——准共有关系

共有是指两个或者两个以上的自然人、法人之间共同享有同一项财产所有权的法律关系。从共有制度产生的过程来看，它是针对所有权的。但是随着社会经济的发展，除了所有权以外，还有许多民事权利也由两个或者两个以上的主体共同享有。由于该共同享有的权利客体不是物，但是还是共有的一些特征，适用共有的一些规则，故将其称为准共有。在民法上，“准”包含两层意思：一是有“类似”的意思。准共有就是类似共有，而非真正的共有。二是有“准用”的意思。实际上是类推适用制度在民法中的反映。大致而言，对于准共有制度在法律上并没有明确具体的适用规则，在涉及规则适用时，通常是参考准后面的制度解决。如我国《物权法》第 105 条规定，两个以上单位、个人共同享有用益物权、担保物权的，参照本章规定。

（一）合作作品著作权人准共有法律关系产生的法律事实

任何社会关系的产生必有事实基础。如果该事实基础是为法律所认可的，则该事实就成为法律事实，基于该事实所产生的社会关系就自动成为法律关系。法律事实就是引起法律关系产生、变更和消灭的事实。根据法律事实的产生与人的意志之因果关系，可以将法律事实分为事件和行为，行为又可以分为法律行为和事实行为。对于合作作品的著作权人之间的准共有关系而言，其法律事实是什么？是事实行为还是法律行为？合作作品必然是在人的意志控制下的结果。因此，合作作品著作权人之间准共有法律关系产生的法律事实只能是人的行为。根据《著作权法》的规定，中国公民、法人或者其他组织的作品，不论是否发表，依照本法享有著作权。两人以上合作创作的作品，著作权由合作作者共同享有。没有参加创作的人，不能成为合作作者。由此可见，作品创作完成，其著作权法律关系就自动产生，这与当事人的意志无任何关系，即与当事人有无取得著作权的法律效果意思无关。故可以说著作

权法律关系产生的法律事实是作者的事实行为而非法律行为。而合作作品著作权准共有法律关系的产生是基于共同创作的事实行为。[1]

（二）合作作品著作权人之间准共有的客体——人身权或者仅是财产权

著作权包括人身权和财产权，著作权中的人身权包括发表权、署名权、保护作品完整权。著作权中的财产权包括复制权、发行权、出租权、展览权、表演权、播放权、改编权、摄制权等。合作作品的著作权人是对该合作作品的全部著作权准共有还是仅仅针对特定的著作权内容产生准共有关系呢？从《物权法》来看，准共有的客体是所有权之外的财产权，包括用益物权和担保物权等。亦即，准共有的客体只能是所有权以外的财产权，人格权和身份权等人身权不可以作为准共有的客体或者标的。但是随着社会的发展，准共有的客体不断扩大，人格利益也可以成为准共有的客体。[2]

我们认为，合作作品著作权人对合作作品著作权中的全部财产权形成准共有是毫无疑问的，对著作权中的人身权也可以形成准共有，因为：第一，有法律基础。根据《著作权法》的规定，两人以上合作创作的作品，著作权由合作作者共同享有。合作作品不可以分割使用的，其著作权由各合作作者共同享有，通过协商一致行使；不能协商一致，又无正当理由的，任何一方不得阻止他方使用或者许可他人使用，但是所得收益应当合理分配给所有合作作者。他人侵犯合作作品著作权的，任何合作作者可以以自己的名义提起诉讼，但其所获得的赔偿应当合理分配给所有合作作者。在《著作权法》及其修改草案中均规定了著作权可以由合作作者共同享有，而没有特别规定其可以共同享有的著作权具体内容，故推定法律是允许合作作品的全部著作权由合作作者共同享有的，即全部可以成为准共有的客体。第二，有理论基础。著作权中的人身权也是以参与创造性劳动为基础的，没有参加创作的人不能成为合作作者。既然有创造性的劳动付出，就必然要求给付出者公平的对待，由所有的合作作者共同署名、共同发表、共同保护作品完整。另外，从作品

---

〔1〕 我们在此有必要明确著作权准共有的不同类型。根据著作权取得的方式，可以分为基于法律行为产生的著作权准共有和基于事实行为产生的著作权准共有。只有合作作品的著作权准共有是基于事实行为产生的，对于非合作作品，也可以基于法律行为产生著作权的准共有。但是其在共有的客体上存在不同，例如不能对人身权利产生准共有。著作权法律关系和著作权准共有法律关系是两个完全不同的法律关系。著作权法律关系的客体是作品，而著作权准共有法律关系的客体是合作作品的著作权。

〔2〕 请参阅杨立新：《共有权理论与适用》，法律出版社2007年版。

商业利用中人格利益与财产利益的关联性来看，著作权中的人身权与财产权也是不可分的。对合作作品人身权的准共有是对财产权准共有的基础。

四、合作作品著作权准共有人之内部权利义务分配的规则

对于共有而言，在《物权法》中有明确的共有类型之划分；共有人之间共有类型的确定，也有明确的规则可寻；不同共有类型的共有人之间的权利义务之分配也有明确具体的规则可利用。而对于准共有，缺乏明确具体的规定，只能“准用”共有的规则处理纠纷。但是，在合作作品著作权准共有关系中，如果准共有人之间产生纠纷，既不能按照按份共有的规则分配他们之间的权利和义务，也不能按照共同共有的规则分配他们之间的权利义务，而只是按照法律的规定分配他们之间的权利和义务。

《著作权法》规定，两人以上合作创作的作品，著作权由合作作者共同享有。没有参加创作的人，不能成为合作作者。由于合作作品作者著作权的准共有关系在合作作品创作完成后自动产生，自准共有法律关系产生时双方就产生了消极的尊重合作作者著作权的义务，否则就构成《著作权法》规定的“未经合作作者许可，将与他人合作创作的作品当作自己单独创作的作品发表”的侵权行为。合作作品可以分割使用的，作者对各自创作的部分可以单独享有著作权，但行使著作权时不得侵犯合作作品整体的著作权。《著作权法实施条例》第 9 条规定，合作作品不可以分割使用的，其著作权由各合作作者共同享有，通过协商一致行使；不能协商一致，又无正当理由的，任何一方不得阻止他方行使除转让以外的其他权利，但是所得收益应当合理分配给所有合作作者。根据上述规定，合作作品分为可分割使用的作品和不可分割使用的作品，其权利义务分配规则不同。

（一）可分割使用的合作作品

合作作品可以分割使用的，作者对各自创作的部分单独享有著作权，但行使著作权时不得妨碍合作作品的正常使用，不得侵犯合作作品的整体著作权。

1. 权利

作者对各自创作的部分单独享有著作权。该单独享有著作权的客体是每一个作者自己单独创作的部分，而不是合作作品整体。实际上就此规定而言，

对可分割使用的合作作品，每一个合作作者针对不同的客体享有两项著作权，一项是对整个合作作品享有著作权（准共有），另一项是对自己单独创作的部分单独享有著作权。

2. 义务

每一个单独享有可分割合作作品中自己创作部分著作权的作者，在行使该部分作品的著作权时不得妨碍合作作品的正常使用，不得侵犯合作作品的整体著作权。该义务本质上是消极不作为的义务。

（二）不可分割使用的合作作品

合作作品不可以分割使用的，其著作权由各合作作者共同享有，通过协商一致行使；不能协商一致，又无正当理由的，任何一方不得阻止他方使用或者许可他人使用，但是所得收益应当合理分配给所有合作作者。

1. 权利

根据法律的规定，对不可分割使用的合作作品，作者享有两项权利，一是对不可分割使用的合作作品共同享有著作权，形成著作权的准共有法律关系。二是对合作作品的正当使用权和许可他人使用的权利。

2. 义务

一是协商的义务，反对强行采取单边措施。二是容忍的义务，不能协商一致，又无正当理由的，任何一方不得阻止他方使用或者许可他人使用。三是利益合理分配的义务，该利益应当仅限于经济利益。

（三）著作权中财产权的转移

根据法律规定，如果合作作者之一死亡后，其对合作作品享有的著作权中的财产权无人继承又无人受遗赠的，由其他合作作者享有。该规定包含以下要点：一是包括所有合作作品，不区分为可分割使用的合作作品还是不可分割使用的合作作品。二是适用的前提条件是合作作者死亡，对其合作作品著作权中的财产权利无继承人或者受遗赠人。换言之，如果有继承人，但是继承人被剥夺了对该合作作品著作权中财产权的继承权利，或者有受遗赠人，但是受遗赠的财产不包括该合作作品著作权中的财产权利的，仍能适用该规定。三是适用的范围仅限于著作权中的财产权利，人身权不存在继承或者受遗赠的问题。四是享有该财产权的主体为其他合作作者。如果其他合作作者也死亡，但是有继承人的，可根据代位继承或者转继承的规则，由其继承人继承。

五、合作作品著作权准共有人之外部法律关系

所谓的外部法律关系，是指合作作品的著作权人内部约定对于第三人之法律效力以及基于著作权的准共有法律关系与第三人之间产生的权利义务关系。在著作权人内部法律关系上，区分可分割使用的作品和不可分割使用的作品具有意义，但是在涉及与第三人外部法律关系时却没有任何影响。

（一）内部责任分配约定的对外法律效力

合作作品作者在合作作品创作时所作的内部责任分配约定，对第三人不产生对抗效力。例如甲与乙二人合作完成一本著作，甲提出思路、提纲，并写作第一、二、三部分，乙写作第四、五、六部分，最后甲进行审定。乙在写作过程中大量抄袭张某的成果，侵害张某的著作权，甲审定时亦未发现。但是甲乙在合作作品发表前约定，每人对自己写作部分文责自负。在合作作品发表后被张某发现，向人民法院起诉要求甲乙赔礼道歉，赔偿损失500元。甲就不能以其与乙存在内部约定对抗张某的请求。

（二）对外权利和义务的分配

合作作品的作者对第三人侵害合作作品著作权的行为，享有连带债权。不管是可分割使用的合作作品还是不可分割使用的合作作品，他人侵犯合作作品著作权的，任何合作作者可以以自己的名义提起诉讼，但其所获得的赔偿应当合理分配给所有合作作者。侵权人向任何一个合作作品的著作权准共有人履行赔偿义务后，视为向所有权利人履行了给付义务。接受给付标的的任何一个或者几个合作作品的著作权准共有人有义务将其所获得的赔偿合理分配给所有合作作者。至于其分配的规则，如果有内部约定的则按内部约定履行，如果没有内部约定事后又不能协商一致的，则按公平合理之观念进行分配。

基于平等观念，合作作品的著作权人对外也应当负连带债务。不管是可分割使用的合作作品还是不可分割使用的合作作品，任何一个作者的写作内容构成对他人著作权的侵害的，被侵权人可以向所有合作作品的著作权人准共有人主张权利。

青年论坛

公司担保中债权人的审查义务

——招行东港支行与大连振邦股份公司担保纠纷案评释

张青卫*

摘　要： 在招商银行大连东港支行与大连振邦氟涂料股份有限公司担保纠纷案中，不同层级法院由于对债权人招行东港支行对案涉《股东会担保决议》是否尽到审查义务存在不同认识，导致本案出现了裁判理由不一致、裁判结果前后反差的现象。未来立法机关在对《公司法》进行修改时，应在第16条中明确规定公司在对外提供担保以及向其他企业投资时，交易相对人应当对提供担保或进行投资的公司的公司章程、相关决议进行必要的形式审查，确保此类文件在形式上完善、合法，从而平衡各方主体利益，维护社会经济秩序。

关键词： 公司担保；形式审查义务；股东会决议

一、引言

公司对外担保案件一直是民商事审判实践中的一类疑难案件，公司对外担保涉及的法学问题也一直是民商事法学研究中的热点。在现有的研究中，既有着眼于对《公司法》第16条的法律性质的研究，[1]也有着眼于对公司对

---

* 张青卫（1991—），男，首都经济贸易大学法学院2017级博士研究生，研究方向：法理学、法律经济学。

〔1〕 代表性论文有：钱玉林："公司法第16条的规范意义"，载《法学研究》2011年第6期；甘培忠："公司法第十六条的法义情景解析"，载《法制日报》2008年2月17日。

外担保案件中的各类重要法律问题的研究。[1]还有学者致力于探究公司对外担保案件的完整、科学的法律规则或裁判规则、裁判思路。[2]足见这一问题已然引起理论界和实务界共同的关注。

目前，法学界对公司对外担保问题已经做出了大量的探究，形成了诸多有价值的成果。然而，通过梳理已有的研究成果可以发现，真正善于从司法实践的立场出发，对公司对外担保案件存在的裁判难题进行深入分析的成果并不多见。尽管一些学者在研究公司对外担保相关法律问题时，已经有着大量的典型案例作为支撑，甚至直接以大样本分析、大数据统计的方法为基础对公司对外担保问题展开实证研究或学理研究，[3]但总体而言，这类成果还不是太多。而且笔者认为，与对公司对外担保案件进行类型化分析、大样本分析相比，专门针对具有典型性的公司对外担保案件进行解剖麻雀式的研究，对于促进公司对外担保案件的科学化裁判同样具有启发意义。

为此，笔者拟通过对招商银行大连东港支行与大连振邦氟涂料股份有限公司担保合同纠纷案［终审裁判文书为最高人民法院（2012）民提字第156号民事判决书］展开判决评释，就公司对外担保案件的相关法律问题作一番探究，达到“以案释法”的目的。而本文之所以选择本案例作为剖析素材，原因在于：①本案案情复杂，系公司未经股东会或者股东大会决议，为作为公司实际控制人的公司股东提供担保的典型案例。②本案经历了一审、二审和再审三级法院的审理，且不同层级的法院在裁判思路、法律的解释适用

---

〔1〕 这类问题主要有：（1）债权人在接受公司担保之前是否有义务审查担保人的公司章程、法律或公司章程所规定的担保决策机构（如董事会或者股东会、股东大会）的相关决议；（2）如债权人有审查义务，则这种审查义务应尽到何种程度；（3）违反《公司法》第16条之规定的担保合同如何判断其效力，等等。代表性论文有：高圣平：“公司担保相关法律问题研究”，载《中国法学》2013年第2期；高圣平：“公司担保中相对人的审查义务——基于最高人民法院裁判分歧的分析和展开”，载《政法论坛》2017年第5期；梁上上：“公司担保合同的相对人审查义务”，载《法学》2013年第3期；刘贵祥：“公司担保与合同效力”，载《法律适用》2012年第7期。

〔2〕 代表性论文有：吴飞飞：“公司担保案件司法裁判路径的偏失与矫正”，载《当代法学》2015年第2期；罗培新：“公司担保法律规则的价值冲突与司法考量”，载《中外法学》2012年第6期；郭志京：“中国公司对外担保规则特殊性研究——兼论民法商法思维方式的对立统一”，载《当代法学》2014年第5期。

〔3〕 代表性论文有：赵振士：“《公司法》第十六条作为强制性规范的效力研究”，载《天府新论》2011年第4期；高圣平：“公司担保中相对人的审查义务——基于最高人民法院裁判分歧的分析和展开”，载《政法论坛》2017年第5期。

（特别是对《公司法》第16条的解释适用）上存在一定分歧。可以透过不同层级的法院在本案中的判决思路及理由，折射出当下的《公司法》相关法律条文存在的“制度供给不足”问题和司法实践中困扰公司对外担保案件的真正难题。③本案系最高人民法院公报案例。本案再审判决书入选2015年第2期《最高人民法院公报》“裁判文书选登”栏目。作为最高人民法院的终审判决例，一定程度上代表了最高人民法院审理此类案件的态度。虽然本案并非最高人民法院发布的指导性案例，但对今后人民法院裁判此类案件同样能起到一定的参照作用。〔1〕可以说，仅此一个案例，就足以把《公司法》第16条引发的公司对外担保案件中的种种疑难问题推上风口浪尖。〔2〕

二、招行东港支行与大连振邦股份公司担保纠纷案回顾

（一）本案基本案情

2006年4月30日，招商银行股份有限公司大连东港支行（以下简称招行东港支行）与大连振邦集团有限公司（以下简称振邦集团公司）签订借款合同，约定：借款金额为1496.5万元人民币，借款期限自2006年4月30日至2006年6月30日，借款用途为债权转化（借新还旧）。同日，同时为振邦集团公司和大连振邦氟涂料股份有限公司（以下简称振邦股份公司）法定代表人的周建良以振邦股份公司名义与招行东港支行分别签订了两份抵押合同，〔3〕并先后于同年6月6日和6月8日办理了抵押登记。招行东港支行在中国银行

〔1〕《最高人民法院公报》2015年第2期全文刊载该案再审判决书，并在判决书前附有如下“裁判摘要”：《公司法》第16条第2款规定，公司为公司股东或者实际控制人提供担保的，必须经股东会或者股东大会决议。该条款是关于公司内部控制管理的规定，不应以此作为评价合同效力的依据。担保人抗辩认为其法定代表人订立抵押合同的行为超越代表权，债权人以其对相关股东会决议履行了形式审查义务，主张担保人的法定代表人构成表见代表的，人民法院应予支持。参见“招商银行股份有限公司大连东港支行与大连振邦氟涂料股份有限公司、大连振邦集团有限公司借款合同纠纷案”，载http://gongbao.court.gov.cn/Details/b074b7e89d98ea5a25d89ed110d032.html，访问日期：2018年1月26日。

〔2〕《公司法》第16条规定：公司向其他企业投资或者为他人提供担保，依照公司章程的规定，由董事会或者股东会、股东大会决议；公司章程对投资或者担保的总额及单项投资或者担保的数额有限额规定的，不得超过规定的限额（第一款）。公司为公司股东或者实际控制人提供担保的，必须经股东会或者股东大会决议（第二款）。前款规定的股东或者受前款规定的实际控制人支配的股东，不得参加前款规定事项的表决。该项表决由出席会议的其他股东所持表决权的过半数通过（第三款）。

〔3〕该合同约定以振邦股份公司所有的位于大连市甘井子区管城子镇郭家沟村182 559平方米的国有土地使用权及大连市甘井子区管泰街17套计24 361.09平方米的房产作抵押。

之后为第二抵押权人。周建良另于2006年6月8日，以振邦股份公司名义向招行东港支行出具了不可撤销担保书，承诺对上述贷款承担连带保证责任。在此之中，周建良曾向招行东港支行提交过振邦股份公司的《股东会担保决议》。但《股东会担保决议》的决议事项并未经过振邦股份公司股东会的同意，振邦股份公司也未就此事召开过股东大会，《股东会担保决议》系伪造。〔1〕

2006年6月8日，招行东港支行按照合同约定将1496.5万元贷款转入振邦集团公司账户内。贷款到期后，振邦集团公司未能偿还借款本息。振邦股份公司也没有履行担保义务。2008年6月18日，招行东港支行以振邦集团公司和振邦股份公司为被告，向大连市中级人民法院提起诉讼，请求判令振邦集团公司偿还贷款本金1496.5万元及利息；要求振邦股份公司对上述债务承担连带责任。

本案还存在这样一个特殊案情：在为担保行为之时，在债权人招行大连东港支行、债务人振邦集团公司、担保人振邦股份公司三方主体之间，代表担保人振邦股份公司作出担保行为的周建良，同时是债务人振邦集团有限公司和担保人振邦股份公司的法定代表人。〔2〕且债务人振邦集团公司系振邦股份公司的股东和实际控制人（根据振邦股份公司章程，振邦集团公司占振邦股份公司总股本的61.5%）。〔3〕

可见，本案既属于公司未经股东会或者股东大会决议，为公司股东兼实际控制人（控股股东）提供担保，也属于公司法定代表人超越权限订立抵押合同及伪造相关决议文件的情形。在此情形下，债权人究竟是否应对股东会或者股东大会的相关担保决议履行审查义务，以及其实际上是否尽到了审查义务，大值探讨。此外，由于本案实际上是振邦股份公司法定代表人为自己实际控制的公司即债务人振邦集团公司之利益超越权限订立抵押合同，使得

〔1〕 据悉，振邦股份公司的股东共有8个。分别为振邦集团公司、天津环渤海创业投资管理有限公司、中绿实业有限公司、辽宁科技创业投资有限责任公司、泰山绿色产业有限公司、大连科技风险投资基金有限公司、王志刚、张国忠。其中，振邦集团公司占公司总股本的61.5%，系振邦股份公司的实际控制人。

〔2〕 本案再审之际，大连振邦集团有限公司法定代表人已变更为陈恒富。

〔3〕 “招商银行股份有限公司大连东港支行与大连振邦氟涂料股份有限公司、大连振邦集团有限公司借款合同纠纷案”，载http://gongbao.court.gov.cn/Details/b074b7e89d98ea5a25d89ed110d032.html，访问日期：2018年1月26日。

我们对《公司法》第16条之性质（核心是其强行性是否足以赋予债权人审查义务，是否足以影响担保合同效力）、《公司法》第16条与规定表见代表制度的《合同法》第50条等法律规定如何衔接适用更加迷惑不解，〔1〕亟待正本清源。

（二）原审法院判决

原审法院大连市中级人民法院认为：依照《公司法》第16条的规定，振邦股份公司为其股东振邦集团公司提供担保，必须要经振邦股份公司的股东会决议通过，而招行东港支行提供的《股东会担保决议》系无效决议，因此振邦股份公司法定代表人周建良无权订立涉案的抵押合同及不可撤销担保书，即涉案的抵押合同及不可撤销担保书系周建良超越权限订立。对于周建良超越权限订立抵押合同及不可撤销担保书，招行东港支行是知道或者应当知道的，理由是招行东港支行对《股东会担保决议》中存在的一些明显瑕疵未尽到合理的形式审查义务。〔2〕根据《担保法解释》第11条的规定，〔3〕该案中涉案抵押合同及不可撤销担保书应认定为无效。由于振邦股份公司对抵押合同及不可撤销担保书的无效存在过错，招行东港支行作为债权人由于未尽到相应的审查义务也存在过错，故根据《担保法解释》第7条之规定，〔4〕判决振邦股份公司应当对振邦集团公司不能清偿部分的债务承担二分之一的赔偿

---

〔1〕《合同法》第50条规定："法人或者其他组织的法定代表人、负责人超越权限订立的合同，除相对人知道或者应当知道其超越权限的以外，该代表行为有效。"

〔2〕一审法院认为《股东会担保决议》中存在的一些明显瑕疵主要有如下三点：①其中一枚名称为"辽宁科技创业投资责任公司"的印章，按《公司法》规定不可能存在"责任公司"这种名称，招行东港支行对此瑕疵依法应能审查出来，结果却未审查出来；②振邦股份公司的股东之一大连科技风险投资基金有限公司，在2003年就已经将名称由"大连科技风险投资有限公司"变更为现名称"大连科技风险投资基金有限公司"，而《股东会担保决议》形成于2006年，故其上所盖的名为"大连科技风险投资有限公司"的印章系作废旧印章；③根据《公司法》第16条第3款的规定，振邦集团公司作为振邦股份公司的股东，本不应参加此担保事项的表决，但《股东会担保决议》上却盖有振邦集团公司的印章。参见"招商银行股份有限公司大连东港支行与大连振邦氟涂料股份有限公司、大连振邦集团有限公司借款合同纠纷案"，载 http://gongbao.court.gov.cn/Details/b074b7e89d98ea5a25d89ed110d032.html，访问日期：2018年1月26日。

〔3〕《担保法解释》第11条规定："法人或者其他组织的法定代表人、负责人超越权限订立的担保合同，除相对人知道或者应当知道其超越权限的以外，该代表行为有效。"

〔4〕《担保法解释》第7条规定："主合同有效而担保合同无效，债权人无过错的，担保人与债务人对主合同债权人的经济损失，承担连带赔偿责任；债权人、担保人有过错的，担保人承担民事责任的部分，不应超过债务人不能清偿部分的二分之一。"

责任。

（三）二审法院判决

招行东港支行不服一审判决，向辽宁省高级人民法院提起上诉。辽宁省高级人民法院审理后认为，根据《公司法》第16条第2款的规定和第3款的规定，作为债权人招行东港支行应对借款人提供的借款抵押合同及《股东会担保决议》等相关资料的真实性从程序上、形式上进行审查。但招行东港支行并没有尽到审查义务。[1]振邦集团公司是振邦股份公司的股东和实际控制人，在《股东会担保决议》上也加盖公司印章，违背《公司法》的规定，招行东港支行应是明知的。综合这些原因，本案担保合同应认定为无效。招行东港支行由于没有尽到审查义务，存在过错，对担保合同无效，应当承担相应责任。本案中，招行东港支行和振邦股份公司对担保合同无效均存在过错，根据《担保法解释》第7条之规定，一审判决并无不当。二审法院遂判决驳回上诉，维持原判。

（四）再审法院判决

招行东港支行不服辽宁省高级人民法院二审判决，向最高人民法院申请再审。再审期间，再审申请人招行东港支行向本院提交一份新证据，即振邦股份公司股东会成员名单及签字样本，以证明振邦股份公司提供给招行东港支行的股东会决议上的签字及印章与其提供给招行东港支行的签字及印章样本一致。最高人民法院认为，本案各方争议的焦点是担保人振邦股份公司承担责任的界定。《公司法》第16条第2款之规定，其实质是内部控制程序，不能以此约束交易相对人。故此规定宜理解为管理性强制性规范。对违反该

[1] 二审法院为论证招行东港支行并没有尽到审查义务，列举事由如下：①《股东会担保决议》中共盖有5枚印章，除振邦集团公司外所盖印章均不是真实的。②《股东会担保决议》中盖有的股东天津环渤海创业投资管理有限公司和中绿实业有限公司印章，经司法鉴定均不是真实的。③股东名称为"辽宁科技创业投资有限责任公司"，而《股东会担保决议》上盖有股东印章名称为"辽宁科技创业投资责任公司"没有"有限"二字，与股东名称明显不符。④股东大连科技风险投资有限公司在2003年就已经将名称由"大连科技风险投资有限公司"变更为现名称"大连科技风险投资基金有限公司"，其所盖印章名称虽系更名前的名称，但并不是更名前的作废旧印章。因该公司更名前的旧印章上有数码标志，而《股东会担保决议》所盖旧印章却没有数码标志，招行东港支行应当审查出来。⑤振邦集团公司是振邦股份公司的股东和实际控制人，在《股东会担保决议》上也加盖公司印章，违背了《公司法》第16条的规定。参见"招商银行股份有限公司大连东港支行与大连振邦氟涂料股份有限公司、大连振邦集团有限公司借款合同纠纷案"，载 http://gongbao.court.gov.cn/Details/b074b7e89d98ea5a25d89ed110d032.html，访问日期：2018年1月26日。

规范的，原则上不宜认定合同无效。另外，如作为效力性规范认定将会降低交易效率和损害交易安全。故本案一、二审法院以案涉《股东会担保决议》的决议事项并未经过振邦股份公司股东会的同意，振邦股份公司也未就此事召开过股东大会为由，根据《公司法》第16条之规定，作出案涉不可撤销担保书及抵押合同无效的认定，属于适用法律错误。〔1〕

最终，最高人民法院依照《合同法》第50条、第52条第（5）项、《合同法解释（二）》第14条、《公司法》第16条第2款等规定，判决振邦股份公司对振邦集团公司上述债务承担连带担保责任。〔2〕

三、不同层级法院存在判决理由之差异的根源

在本案中，涉案的抵押合同及不可撤销担保书系振邦股份公司法定代表人周建良超越权限订立，对这一事实，原审法院、二审法院、再审法院均已确认。但同样的案情，从原审判决到再审判决，却存在如此巨大的反差，其中原因何在？

通过对原审法院、二审法院和再审法院的判决思路及理由进行比较，可以发现，一审法院和二审法院的判决思路及理由大体相似。两级法院关注的主要是如下三个要点：①债权人招行东港支行对振邦股份公司法定代表人周建良提供的《股东会担保决议》是否负有审查义务。②债权人招行东港支行对振邦股份公司法定代表人周建良提供的《股东会担保决议》是否尽到形式

〔1〕 最高人民法院另认为，振邦股份公司法定代表人周建良超越权限订立抵押合同及不可撤销担保书，是否构成表见代表，招行东港支行是否善意，亦是本案担保主体责任认定的关键。由于振邦股份公司向招行东港支行提供担保时有其法人代表真实签名，且案涉抵押担保在经过行政机关审查后也已办理了登记，至此，招行东港支行在接受担保人担保行为过程中的审查义务已经完成，其有理由相信作为担保公司法定代表人的周建良本人代表行为的真实性。如将《股东会担保决议》中存在的相关瑕疵全部归属于担保债权人的审查义务范围，未免过于严苛，亦有违合同法、担保法等保护交易安全的立法初衷。因此，招行东港支行在接受作为非上市公司的振邦股份公司为其股东提供担保过程中，已尽到合理的审查义务，主观上构成善意。本案周建良的行为构成表见代表，振邦股份公司对案涉保证合同应承担担保责任。参见“招商银行股份有限公司大连东港支行与大连振邦氟涂料股份有限公司、大连振邦集团有限公司借款合同纠纷案”，载 http://gongbao.court.gov.cn/Details/b074b7e89d98ea5a25d89ed110d032.html，访问日期：2018年1月26日。

〔2〕 “招商银行股份有限公司大连东港支行与大连振邦氟涂料股份有限公司、大连振邦集团有限公司借款合同纠纷案”，载 http://gongbao.court.gov.cn/Details/b074b7e89d98ea5a25d89ed110d032.html，访问日期：2018年1月26日。

审查义务，是否构成“善意”。换言之，振邦股份公司法定代表人周建良超越权限订立抵押合同及不可撤销担保书的行为是否构成表见代表。③涉案抵押合同及不可撤销担保书的效力。这三个要点彼此关联，层层递进。对这三个要点，一审法院和二审法院的观点大致相同。表现为：

其一，关于债权人招行东港支行对振邦股份公司法定代表人周建良提供的《股东会担保决议》是否负有审查义务，一审法院依据《公司法》第16条第2款的规定，明确认定招行东港支行对振邦股份公司法定代表人周建良提供的《股东会担保决议》负有形式审查义务。并且根据《公司法》第16条第3款之规定，明确认定招行东港支行应对振邦集团公司作为振邦股份公司的股东，本不应参加此担保事项的表决，但《股东会担保决议》上却盖有振邦集团公司的印章的问题进行审查。二审法院也明确提出：振邦股份公司为振邦集团公司的借款提供了连带责任保证和抵押担保，由于该担保行为属于股份公司为其股东提供担保，故对其效力的认定应适用《公司法》的有关规定。根据《公司法》第16条第2款的规定和第3款的规定，作为债权人招行东港支行应对借款人提供的借款抵押合同及《股东会担保决议》等相关资料的真实性从程序上、形式上进行审查。

其二，关于债权人招行东港支行对振邦股份公司法定代表人周建良提供的《股东会担保决议》是否尽到形式审查义务、是否构成“善意”，一审法院主要以招行东港支行对《股东会担保决议》中存在的一些明显瑕疵应能审查出来，结果却未审查出来为由，认定招行东港支行作为债权人未尽到合理的形式审查义务，并判定招行东港支行知道或应当知道周建良系超越权限订立抵押合同及不可撤销担保书。二审法院也主要以《股东会担保决议》中存在虚假印章，以及作为振邦股份公司的股东和实际控制人的振邦集团公司在《股东会担保决议》上也加盖公司印章等明显瑕疵为由，认定招行东港支行没有尽到审查义务，存在过错。

其三，关于涉案抵押合同及不可撤销担保书的效力，一审法院以招行东港支行未尽到应有的审查义务，可确定其知道或应当知道周建良系超越权限订立抵押合同及不可撤销担保书（因而振邦股份公司法定代表人周建良超越权限订立抵押合同及不可撤销担保书的行为不构成表见代表）为由，判定涉案抵押合同及不可撤销担保书应认定为无效。二审法院亦以《股东会担保决议》存在违背公司法的规定之处，招行东港支行没有尽到审查义务为由，认定本案中的担保合同无效。[1]

相比之下，再审法院的判决思路及理由与一审法院和二审法院并不相同。再审法院关注的主要是这样两个要点：①《公司法》第16条第2款之规定的性质。②振邦股份公司法定代表人周建良超越权限订立抵押合同及不可撤销担保书，是否构成表见代表，招行东港支行是否善意。再审法院的判决理由，主要是围绕这两个问题来建构的。

关于《公司法》第16条第2款之规定的性质，最高人民法院认为《公司法》之规定的立法本意在于限制公司主体行为，防止公司的实际控制人或者高级管理人员损害公司、小股东或其他债权人的利益，故其实质是内部控制程序，不能以此约束交易相对人。故《公司法》第16条的规定宜理解为管理性强制性规范。对违反该规范的，原则上不宜认定合同无效。至于振邦股份公司法定代表人周建良超越权限订立抵押合同及不可撤销担保书，是否构成表见代表，以及招行东港支行是否善意，最高人民法院持以肯定态度。再审判决中指出，虽然案涉《股东会担保决议》确实存在部分股东印章虚假、使用变更前的公司印章等瑕疵，以及被担保股东振邦集团公司出现在《股东会担保决议》中等违背《公司法》规定的情形，但《股东会担保决议》中存在的相关瑕疵必须经过鉴定机关的鉴定方能识别，必须经过查询公司工商登记才能知晓、必须谙熟《公司法》相关规范才能避免因担保公司内部管理不善导致的风险，如若将此全部归属于担保债权人的审查义务范围，未免过于严苛，亦有违《合同法》《担保法》等保护交易安全的立法初衷。担保债权人基于对担保人法定代表人身份、公司法人印章真实性的信赖，基于担保人提供的股东会担保决议盖有担保人公司真实印章的事实，[2]完全有理由相信该《股东会担保决议》的真实性，无须也不可能进一步鉴别担保人提供的《股东会担保决议》的真伪。因此，招行东港支行在接受作为非上市公司的振邦股

---

[1] “招商银行股份有限公司大连东港支行与大连振邦氟涂料股份有限公司、大连振邦集团有限公司借款合同纠纷案”，载 http://gongbao.court.gov.cn/Details/b074b7e89d98ea5a25d89ed110d032.html，访问日期：2018年1月26日。

[2] 这里应该指的是《股东会担保决议》盖有的5枚印章中，振邦集团公司所盖的印章。因为二审法院经司法鉴定已查明，5枚印章中，除振邦集团公司外所盖印章均不是真实的。参见“招商银行股份有限公司大连东港支行与大连振邦氟涂料股份有限公司、大连振邦集团有限公司借款合同纠纷案”，载 http://gongbao.court.gov.cn/Details/b074b7e89d98ea5a25d89ed110d032.html，访问日期：2018年1月26日。

份公司为其股东提供担保过程中，已尽到合理的审查义务，主观上构成善意。本案中振邦股份公司法定代表人周建良的行为构成表见代表，振邦股份公司对案涉保证合同应承担担保责任。

经由以上的分析可以发现，尽管与一审法院和二审法院相比，再审法院关注的问题“点”不同，但三个不同层级的法院考虑法律问题时覆盖的“面”是基本相同的。它们都涉及了对《公司法》第16条的理解（甚至均以本条为支撑判决的重要条款），都涉及了债权人招行东港支行对《股东会担保决议》是否尽到形式审查义务，是否构成善意。所不同的是，对于债权人招行东港支行对《股东会担保决议》是否尽到形式审查义务，是否构成善意，再审法院的理解和判定与一审法院和二审法院的理解和判定不同。正是基于对招行东港支行是否已尽到审查义务、是否构成善意这一问题的不同认识，使得本案的纠纷从一审延伸到二审甚至再审，并且最终在振邦股份公司是否应当承担担保责任的判决结果上出现巨大的反差。

由于债权人招行东港支行对《股东会担保决议》是否尽到形式审查义务与招行东港支行是否构成善意系同一问题的两个不同侧面，因而我们可以说：由于不同层级法院对债权人招行东港支行对《股东会担保决议》的审查义务问题有着不同的理解和把握，是本案出现裁判理由争议、裁判结果反差的真正根源。正是这一问题，决定了招行东港支行是否构成善意，以及在债权人招行东港支行与大连振邦股份有限公司之间形成的担保合同是否真正有效，因而也从根本上决定了本案的裁判结果。

四、公司对外担保案件中，债权人的审查义务从何而来？

在公司对外担保案件中，债权人对提供担保之公司的公司章程及对外担保的相关决议是否应履行审查义务，是一个存在较大争议的问题。尽管如此，多数学者都赞同债权人对相对人的公司章程及对外担保的相关决议应履行审查义务。

例如，刘贵祥认为，从实现新《公司法》担保规范的立法目的这一角度看，应当区分不同情况向交易相对人分配合理和适当的注意义务，实现维护交易安全和公司利益及投资者权益之间的平衡。[1]

---

〔1〕 刘贵祥：“公司担保与合同效力”，载《法律适用》2012年第7期。

罗培新认为，一旦公司担保程序由公司内部要求提升为法律规定，即具有推定公知的属性，担保权人须承担合理的审查义务，否则应承担不利之后果。[1]针对那种认为赋予第三人查阅公司章程的义务，则会降低交易效率的观点，他认为这种观点忽视了担保的以下双重性质：其一，担保的设定使担保人承担了或然债务，是一种处分担保人财产的行为。在公司提供担保的情况下，担保在一定意义上剥夺了话语权相对弱小的少数股东的财产；其二，担保的设定稀释了担保人对于其他债权人（甚至包括公司雇员）的偿债担保，间接地处分了其他债权人的财产利益。在这种情况下，如若偏重于担保行为本身的效率，而忽视其带来的负的外部性，在法益保护的考量方面，至少是不周全的。[2]

吴飞飞认为，从当事人具体利益衡量角度来看，法院应注重考查担保债权人审查义务的履行情况，而非仅仅从维护交易稳定性的考虑出发直接给担保公司分配清偿责任。[3]在他看来，相对人审查义务是《公司法》与《合同法》《担保法》价值缝隙的司法缝合。[4]现代法律中的善意第三人之“善意”应包含“诚实、谨慎”两个层面的内涵。“诚实”要求第三人不能有虚假的意思表示，“谨慎”则要求第三人必须尽合理的注意义务。担保债权人在与担保公司签订担保合同之时，只有“诚实而谨慎”地履行了适当的审查义务，才能称之为善意第三人。[5]

高圣平也认为，公司担保纠纷涉及《公司法》《担保法》《合同法》相关规定的解释与适用，不能片面地仅从一个角度来认定违反规定的担保合同的效力。《公司法》第16条在规范性质上属于强制性规定，但即使将其认定为管理性强制性规定，违之亦不当然认定担保合同有效，而应视具体情形认定担保合同的效力。担保权人应善尽合理注意义务查阅公司章程，并在形式上审查公司担保决策机构相关决议的合法性，否则越权担保对公司不生效力。[6]如果担保权人怠于查阅公司章程、审查公司担保决策机构的决议时，并不构

---

[1] 罗培新：“公司担保法律规则的价值冲突与司法考量”，载《中外法学》2012年第6期。
[2] 罗培新：“公司担保法律规则的价值冲突与司法考量”，载《中外法学》2012年第6期。
[3] 吴飞飞：“公司担保案件司法裁判路径的偏失与矫正”，载《当代法学》2015年第2期。
[4] 吴飞飞：“公司担保案件司法裁判路径的偏失与矫正”，载《当代法学》2015年第2期。
[5] 吴飞飞：“公司担保案件司法裁判路径的偏失与矫正”，载《当代法学》2015年第2期。
[6] 高圣平：“公司担保相关法律问题研究”，载《中国法学》2013年第2期。

成担保人公司越权担保时的善意，而属于“相对人知道或者应当知道其超越权限”的情形，担保权人自不得主张适用表见代表，越权代表（担保）行为对公司不生效力。[1]他还指出，《公司法》第16条是对公司法定代表人代表权限的法定限制，不宜以《民法总则》第61条第3款关于法定代表人代表权的约定限制不得对抗善意相对人的规定为依据，否定相对人的审查义务。[2]

论证比较全面充分的是梁上上的观点。梁上上曾对公司对外担保案件中，债权人对提供担保之公司的公司章程及对外担保的相关决议的审查义务的必要性、合理性进行了详细论证，并将债权人的审查义务明确界定为形式审查义务。他提出的理由是：①法律规定与纯粹由公司章程规定是不同的。现行《公司法》第16条对公司担保的专门规定，意味着法律已经要求公司的对外担保应当经过董事会或者股东（大）会决议，否则其决策程序存在瑕疵。②在公司的经营活动中，存在普通经营活动与特殊经营活动的区分。公司对外担保不是常规经营活动，而是特殊的经营活动，是对公司有重大影响的经营活动。所以，需要对公司担保行为作出特别的规定，公司担保需要获得股东（大）会或者董事会同意。法律要求无须支付对价的接受方负担更高注意义务是符合一般法律原理的。③《公司法》第16条应该得到尊重。在法治国家，尊重法律是一项基本原则。法律已经公布，就意味着每个人都不能借口其不知道某一法律规范而不受该法律规范的约束。基于《公司法》第16条的明确规定，公司担保获得董事会或者股东（大）会同意已经成为一项商事交易规则，理性商人从事交易应当基于风险控制的必要，从注意义务出发履行基本的形式审查义务。[3]

然而，尽管学界多数学者赞同债权人应对提供担保之公司的公司章程及该公司涉及对外担保的相关决议履行审查义务，但在司法实践，对于公司担保案件中债权人是否存在审查义务，一直存在重大的分歧。甚至于连最高人民法院的判决例中也存在此种认识分歧现象。[4]这就给公司对外担保案件中，

---

〔1〕 高圣平：“公司担保相关法律问题研究”，载《中国法学》2013年第2期。

〔2〕 高圣平：“公司担保中相对人的审查义务——基于最高人民法院裁判分歧的分析和展开”，载《政法论坛》2017年第5期。

〔3〕 梁上上：“公司担保合同的相对人审查义务”，载《法学》2013年第3期。

〔4〕 对此问题的总结、分析，可参见高圣平：“公司担保中相对人的审查义务——基于最高人民法院裁判分歧的分析和展开”，载《政法论坛》2017年第5期。

债权人是否应履行审查义务这一问题带来了一定的困惑。

笔者认为，在公司对外担保案件中，债权人的确应当履行对提供担保之公司的公司章程及对外担保的相关决议的审查义务。原因在于：①公司对外担保不同于公司普通的经营活动。它涉及对公司资产的重大处置，涉及公司、股东、担保相对人（债权人）以及公司的其他债权人等多方主体的利益。[1]在存在这些复杂的法律关系、利益关系的背景下，如果认定债权人不应当履行审查义务，极有可能导致实践中出现大量的虚假担保，损及公司的、股东的、广大债权人的利益乃至公司对外担保相对人本身的利益。罗培新即指出，违背公司章程的规定而设定担保，处分了公司的财产权益，并且间接地损伤了公司其他债权人的利益。故而，在裁判公司担保行为的效力时，如果片面追求交易的效率，而忽视股东、其他债权人等多元法益的保护，难免给人以“一叶障目不见森林”之惑。[2]②在公司对外担保的情形下，担保合同的生效使得被担保的债权人通过提供担保公司的担保，能够直接获得较大的经济利益。这与公司在通常的经营活动中，通过缔结合同形成彼此的权利义务关系、通过等价交换实行共同盈利之目标，是存在一定的区别的。既然担保合同的生效与被担保的债权人的利益直接挂钩，那么，要求债权人对提供担保之公司的公司章程及法律所规定（或所要求）的相关决议履行必要的、在合理限度范围之内的审查义务，既合情合理，也有利于在真正意义上维护交易安全。允许一个将来极有可能损害提供担保的公司的利益、该公司广大股东的利益、被担保的债权人的利益，乃至提供担保的公司的其他债权人的利益的担保合同生效，极有可能引发广泛的矛盾纠纷，极有可能制造连锁性的诉讼，最终危害正常的市场经济秩序。

但与此同时，笔者认为对债权人的这种审查义务，不能直接理解为是基于《公司法》第16条明确规定的义务。因为，《公司法》第16条对这一义务本身其实并无明确的规定。我们最好将这一义务理解为是基于《公司法》第16条对公司对外担保的明确规定和《合同法》第50条关于表见代表的明确规定，可以推知的义务或推定的义务。而之所以说债权人的这种审查义务是

---

〔1〕 这里所说的债权人，包括无担保的债权人以及通过公司正常的、法定的对外担保程序获得了合法的公司对外担保的债权人，乃至于与一般的懈于履行审查义务的债权人相比，在接受公司对外担保时，履行了审慎的审查义务的债权人。

〔2〕 罗培新：“公司担保法律规则的价值冲突与司法考量”，载《中外法学》2012年第6期。

基于《公司法》第16条的规定和《合同法》第50条的规定推知或推定而来的义务，其法理在于：

其一，在存在《公司法》第16条的情况下，对于公司对外担保案件中出现的法定代表人、负责人超越权限订立担保合同的情形，已不能孤立地只从《合同法》第50条本身出发考虑问题，而必须将两个法律条文、法律制度综合起来考虑。例如，钱玉林一方面认为，《公司法》第16条的立法目的是规范公司内部的意思决定程序，所以第16条的调整对象是公司内部的法律关系，而非公司与第三人之间的外部法律关系。另一方面，他也指出，违反第16条规定的意思决定程序而作出的公司对外担保或投资行为本质上属于越权行为，依照《合同法》第50条之规定，在第三人善意的情形下应认定担保或投资合同有效，而第三人对违反第16条的规定这一法律事实是否知情就成为判断第三人是否善意的重要依据。尤其是，由于《公司法》第16条明确提示了公司对外投资或担保的内部意思决定程序，第三人更有可能通过公司章程、董事会决议或股东（大）会决议判断是否存在越权情形，因而第16条的存在对于认定第三人是否善意有一定的影响。〔1〕

其二，要证明超越权限订立担保合同的法定代表人、负责人构成表见代表，或者要证明相对人不存在知道或者应当知道提供担保的公司的法定代表人、负责人超越权限的情形，就必须结合《公司法》第16条之规定予以判断。一方面，要看看超越权限订立担保合同的法定代表人、负责人是否及时向相对人（债权人）出示了公司章程或者公司涉及对外担保的相关决议（因而使自身具有表见代表外观，也使相对人有理由相信其构成表见代表）；另一方面，还要看看作为相对人的债权人是否履行了必要的审查行为，是否尽到了一个应推知其了解法律的基本规定的民商事主体最起码的审查义务——因而使社会公众、司法机关有理由相信其的确不存在知道或者应当知道对方超越权限的情形，主观上构成善意。高圣平即曾指出，公司担保违反《公司法》第16条的，相对人是否尽到审查义务，对相对人是否具有善意、能否适用《合同法》第50条的表见代表规则具有重要意义。〔2〕

---

〔1〕 钱玉林：“公司法第16条的规范意义”，载《法学研究》2011年第6期。

〔2〕 高圣平：“公司担保中相对人的审查义务——基于最高人民法院裁判分歧的分析和展开”，载《政法论坛》2017年第5期。

在本案中，对于债权人招行东港支行对振邦股份公司法定代表人周建良提供的《股东会担保决议》是否负有审查义务，一审法院和二审法院均予以明确肯定，认为其法律依据是《公司法》第16条第2款和第3款之规定。再审法院即最高人民法院的判决中，也基本肯定了债权人招行东港支行对周建良提供的《股东会担保决议》负有审查义务。但最高人民法院的判决其实是在依据《合同法》第50条之规定探究周建良是否构成表见代表、招行东港支行是否善意时，分析招行东港支行是否尽到审查义务的。尽管原审法院、二审法院、再审法院都肯定了债权人招行东港支行对《股东会担保决议》负有审查义务，但它们实际上都没有紧密结合《公司法》第16条和《合同法》第50条之规定来考虑公司对外担保案件中债权人的审查义务问题。从中反映出：在司法实践中，《公司法》第16条与《合同法》第50条如何衔接适用确系一个难点。

五、本案债权人招行东港支行是否严格尽到审查义务

在肯定了作为相对人的债权人对提供担保之公司的公司章程及对外担保的相关决议具有审查义务后，还需要考虑债权人的审查义务应尽到何种程度这一问题。这一问题实则是债权人履行审查义务的标准问题。对此问题，学界有很多种观点。其中最具代表性的是所谓形式审查标准和实质审查标准之界分。

例如，高圣平曾指出：相对人的审查义务标准有实质审查与形式审查之分。实质审查要求相对人对提供担保的公司的公司章程、担保决议的真实性、合法性、有效性进行审查。比如，相关的董事会或股东（大）会是否召开，召开的会议是否存在程序瑕疵，董事或股东在担保决议上的签章真实与否。而形式审查义务，则只要求相对人对提供担保的公司的内部文件是否齐全、是否符合法定形式进行审查，即仅审查公司章程、担保决议等文件的形式要件，而对其真实性、有效性不作审查。〔1〕梁上上也指出：所谓形式审查，是指第三人仅对材料的形式要件进行审查，即审查材料是否齐全，是否符合法定形式，对于材料的真实性、有效性不作审查。例如，对于股东（大）会决

〔1〕 高圣平：“公司担保中相对人的审查义务——基于最高人民法院裁判分歧的分析和展开”，载《政法论坛》2017年第5期。

议文件的股东签字，形式审查只是要求签有该股东名字即可，至于是否真正由某一股东签字并不过问。也就是说，经办人员擅自伪造虚假的股东（大）会决议也可能符合形式审查的标准。而实质审查与此不同，是指第三人不仅要对材料的要件是否具备进行审查，还要对材料的实质内容是否符合条件进行审查。换言之，实质审查是核实材料的内容（即实质要件）是否真实、合法、有效。例如，对于股东（大）会决议文件的股东签字，实质审查就是要核实股东名字是否真正由该股东所签以及审核该签名是否具有法律效力。〔1〕

尽管存在形式审查与实质审查两种不同标准，多数学者还是认为债权人应当仅负有形式审查义务。例如，刘俊海认为，债权人履行审查义务时应当遵循形式审查标准，履行审慎的形式审查义务。具体来说，债权人要对公司章程、股东会或董事会决议的真实性与合法性进行合理审慎的审查，尽到具有普通伦理观念和通常智商的理性银行从业人员在同等或近似情况下应有的谨慎、注意、经验和技能。但不能苛求债权人具有一双火眼金睛，对公司章程和相关公司决议之外的法律事实和法律行为的真实性与合法性进行实质性审查。因为，实质审查标准不但会大幅提高商事交易的成本，而且超越债权人的审查能力。〔2〕高圣平认为，为避免加重相对人的审查负担、节约交易成本、权衡各方利益，实现《公司法》第16条的立法目的，相对人对公司章程、公司内部决议等仅负形式审查义务。〔3〕因为，相对人作为公司之外的人，很难全程到场监控公司担保决议的形成过程，也不可能参与公司内部整个决策过程。要求相对人进行实质审查对相对人要求过于严苛，容易滋生担保人随意以相对人未尽审查义务而否定担保合同效力的道德风险。〔4〕针对一些学者所持的课以相对人审查义务将增加交易成本、降低交易效率等观点，他认为担保交易本身就是一项复杂交易，自应付出一定的交易成本。赋予相对人以审查义务给交易成本、交易效率的影响，在一定程度上取决于审查义务的

〔1〕 梁上上："公司担保合同的相对人审查义务"，载《法学》2013年第3期。

〔2〕 刘俊海：《现代公司法》（第三版）（上册），法律出版社2015年版，第686页。

〔3〕 高圣平："公司担保中相对人的审查义务——基于最高人民法院裁判分歧的分析和展开"，载《政法论坛》2017年第5期。

〔4〕 高圣平："公司担保中相对人的审查义务——基于最高人民法院裁判分歧的分析和展开"，载《政法论坛》2017年第5期。

范围和标准，如果将审查范围确定为必要的文件材料，将审查标准确定为形式审查，这一影响尚在可以接受的范围之内。〔1〕吴飞飞也认为，担保合同相对人对公司章程、担保决议的审查应仅仅是形式上的审查，而不负实质审查义务。这种审查要求体现了法律的利益衡平考虑，以避免为了保障担保公司利益而损伤担保债权人利益。〔2〕

对于以上学者提出的债权人应当负有形式审查义务的观点，笔者表示赞同。而且笔者尤为认可刘俊海所说的债权人应履行“审慎的形式审查义务”这一观点。综合以上学者们的论述，笔者认为债权人的这种审慎的形式审查义务，应要求债权人对提供担保的公司的相关内部文件、决议是否齐全、是否符合法定形式进行审查，即仔细审查提供担保的公司的公司章程、担保决议的形式要件，但对其实质上的真实性、有效性（如相关文件、决议上的印章、签名是否真实，董事会、股东会或者股东大会是否真正召开，以及是否符合法定程序等）不作审查。

本案中，债权人招行东港支行对《股东会担保决议》的审查义务问题，是本案出现裁判理由争议、裁判结果反差的主要原因。一审法院和二审法院均认为债权人招行东港支行对振邦股份公司法定代表人周建良提供的《股东会担保决议》没有尽到形式审查义务，不构成“善意”。主要理由是招行东港支行对《股东会担保决议》中存在的一些明显瑕疵应能审查出来，结果却未审查出来。但最高人民法院则认为债权人招行东港支行已经尽到了合理的审查义务，理由是“《股东会担保决议》中存在的相关瑕疵必须经过鉴定机关的鉴定方能识别，必须经过查询公司工商登记才能知晓，必须谙熟公司法相关规范才能避免因担保公司内部管理不善导致的风险，如若将此全部归属于担保债权人的审查义务范围，未免过于严苛，亦有违合同法、担保法等保护交易安全的立法初衷”〔3〕。个中差异，可见一斑。

其实，在本案中，原审法院、二审法院和最高人民法院在判断债权人招

〔1〕 高圣平：“公司担保中相对人的审查义务——基于最高人民法院裁判分歧的分析和展开”，载《政法论坛》2017 年第 5 期。

〔2〕 吴飞飞：“公司担保案件司法裁判路径的偏失与矫正”，载《当代法学》2015 年第 2 期。

〔3〕 “招商银行股份有限公司大连东港支行与大连振邦氟涂料股份有限公司、大连振邦集团有限公司借款合同纠纷案”，载 http://gongbao.court.gov.cn/Details/b074b7e89d98ea5a25d89ed110d032.html，访问日期：2018 年 1 月 26 日。

行东港支行对振邦股份公司法定代表人周建良提供的《股东会担保决议》是否尽到形式审查义务的问题上，均存在一定的偏颇之处。但相对而言，原审法院和二审法院的判决，比最高人民法院的再审判决更好地把握住了公司对外担保案件中债权人的审查义务之判断标准。原审法院和二审法院的不当之处仅仅在于，它们将《股东会担保决议》上部分股东印章的真实性问题也纳入债权人招行东港支行的审查义务范围，这是不合适的。这无疑是要求债权人招行东港支行去对《股东会担保决议》中加盖的印章的真实性采取委托鉴定等方式去进行实质审查。这显然过分苛刻，已超越了形式审查义务的范围。但原审法院和二审法院在分析债权人招行东港支行对《股东会担保决议》是否尽到形式审查义务的问题时，着重指出《股东会担保决议》中存在的一些其他的明显瑕疵，特别是振邦集团公司作为振邦股份公司的股东，本不应参加此担保事项的表决，但《股东会担保决议》上却盖有振邦集团公司的印章，是值得肯定的。因为这一瑕疵明显使得涉案《股东会担保决议》仅从表面上看即不符合担保决议的形式要件。而且要审查出这一瑕疵，只需尽到程度非常之轻的注意义务。况且本案中债权人招行东港支行作为专门的商业机构，理应熟悉这一点，也完全有能力做到这一点。

相较之下，与原审法院和二审法院相比，最高人民法院的再审判决实际上明显存在对债权人形式审查义务的把握不当。的确，对于案涉《股东会担保决议》存在的部分股东印章虚假、使用变更前的公司印章等瑕疵，我们不应苛求债权人招行东港支行去进行实质审查。但对于被担保股东振邦集团公司出现在《股东会担保决议》中这一严重违背《公司法》规定的情形，最高人民法院竟然认为这一表面上的明显瑕疵是不重要的，甚至认为债权人对这一瑕疵“必须谙熟公司法相关规范才能避免因担保公司内部管理不善导致的风险，如若将此全部归属于担保债权人的审查义务范围，未免过于严苛，亦有违合同法、担保法等保护交易安全的立法初衷”。这无疑等于说：《公司法》第16条的规定与广大债权人毫不相关！

在中国光大银行深圳分行与创智信息科技股份有限公司借款保证合同纠纷上诉案中，最高人民法院曾提出：“创智股份应当提交给光大银行同意担保的董事会决议……对于该份董事会决议，光大银行仅负有形式审查的义务，即只要审查董事会决议的形式要件是否符合法律规定，银行即尽到了合理的注意义务。”〔1〕而在本案中，案涉的《股东会担保决议》不仅漏洞百出，甚至在形式上已经违反了相关法律规定。但就是这样一个没有做到在形式上符合法律规定的《股东会担保决议》，竟然被最高人民法院作为判定招行东港支行“在接受作为非上市公司的振邦股份公司为其股东提供担保过程中，已尽到合理的审查义务，主观上构成善意”的重要依据。这种裁判说理，实在难以令人信服。

按照本案再审判决的观点，债权人的审查义务似乎只限于看看提供担保的公司有没有提交该公司与担保相关的决议文件（即“有没有这类文件”），至于这类文件在形式上、实质上真不真实，都不重要。这种思路显然是错误的，是一种把债权人的审查义务无限降低的极端做法。高圣平即曾指出，对公司担保决议的形式要件的审查，不限于审查公司是否提交了股东或董事签署的公司担保决议，因为这无异于不审查。相对人应进一步与公司章程比对决议上签章的股东的一致性（但并不审查签章的真实性），计算签章股东所持表决权是否达到公司法或公司章程所定最低比例（董事会做出决议时无此要求）。〔2〕如果认同最高人民法院在本案中所持的这种债权人审查义务判断标准，在社会生活中将会有多少虚假担保？将会有多少公司、股东、善意债权人受到巨大损失？我们的法律和司法裁判，难道要为这样的违法的、根本不考虑提供担保的公司及其股东、善意债权人之利益的担保赋予“合法性”吗？

可以说，单纯地只是顾及债权人的利益，单纯地只是注重维护交易安全，不将《公司法》《合同法》《担保法》所确立的法律规则全面、综合起来考虑而是过于偏向于《合同法》，是本案再审法院在债权人招行东港支行的审查义务上出现说理不充分、违反学界已然公认的公司对外担保中债权人的审查义务的基本法理之现象的根源。

退一步讲，如果最高人民法院坚持认为招行东港支行主观上构成善意，也应对招行东港支行主观上具有善意的理由进行更充分的说明，证明其在履行审查义务方面不存在过失或者过失很轻，确属不知道或者不应当知道振邦股份公司法定代表人周建良超越权限订立抵押合同及不可撤销担保书。因为，

〔1〕“中国光大银行深圳分行与创智信息科技股份有限公司借款保证合同纠纷上诉案”，载百度文库 https://wenku.baidu.com/view/dc3939c75fbfc77da269b1dd.html，访问日期：2018 年 3 月 10 日。

〔2〕高圣平：“公司担保中相对人的审查义务——基于最高人民法院裁判分歧的分析和展开”，载《政法论坛》2017 年第 5 期。

按照一些学者的观点，《合同法》第50条不予保护的相对人既包括恶意相对人，也包括过失相对人。换言之，无论相对人出于恶意还是出于过失而与越权法定代表人签约，都不享受《合同法》第50条对善意相对人提供的法律保护。[1]虽然由于公司与超越权限对外做出担保的法定代表人之间的行为是内部行为，故而相比较而言，相对人利益更值得法律保护，但在某些特殊情况下，特别是合同相对人的不当行为具有某种归责理由时，不能过度地向相对人利益倾斜而无辜损害公司利益。因为法律只应当保护善意相对人。[2]而在本案中，要证明债权人招行东港支行完全不存在过失恐怕很难（故而可行的思路是证明债权人招行东港支行在履行审查义务方面的过失比较轻微），但再审判决中根本不承认债权人招行东港支行存在过失，实际上是回避了这个问题。故而，关于债权人招行东港支行是否已合格地履行审查义务，再审判决的说理并不充分。

六、结语

本案经由最高人民法院作出再审判决后，已经尘埃落定。但鉴于类似的公司对外担保案件今后还会发生，所以本案的判决仍然值得我们进行学理思考和分析。在以上的分析中，笔者虽然指出最高人民法院对本案中债权人招行东港支行是否已合格地履行审查义务的论证、说理存在一定的瑕疵，但这并不代表笔者试图否定最高人民法院的判决。笔者所作的批评只是学理上的，意在通过对本案的裁判文书进行评释，对公司对外担保案件如何更好地裁判作出某些思考。笔者深知，面对这样一个如此疑难和复杂、标的如此巨大的担保纠纷案件，最高人民法院最终判决振邦股份公司对振邦集团公司的债务承担连带担保责任，无疑经过了审慎的考虑、细致的利益衡量，能够经得起时间的检验。

今后，人民法院在裁判类似的公司对外担保案件时，应当意识到：在《公司法》第16条能够为公众周知的背景下，不能仅因为担保合同为公司法人代表所签署，就将责任、风险完全归之于其所属的公司。至少我们应当承认，被担保的公司（债权人一方）对提供担保的公司的相关担保决议是有一

〔1〕 刘俊海：《现代公司法》（第三版）（上册），法律出版社2015年版，第687页。

〔2〕 梁上上："公司担保合同的相对人审查义务"，载《法学》2013年第3期。

定的审查义务的。这种审查义务尽到了，即证明其为善意相对人；没有尽到，则不能认定其为善意相对人。至于债权人是否尽到审查义务，应以债权人的审查能力为判断基准。基本的原则是既不应对债权人有过高的、过分的要求，也不应让债权人的审查义务流于形式。相反，应要求债权人履行“审慎的形式审查义务”。如果债权人能够通过谨慎、小心的审查很轻易地发现相关担保文件中存在的形式上的瑕疵，却因为疏忽没有审查出来，对这样的债权人其实不值得予以法律保护。[1]因为，在保护债权人的利益时，也应兼顾可能同样不知情的作出担保行为的公司的广大股东及其他利益相关人的利益。如果一味地迁就于债权人的利益，可能恰恰会损害其他众多主体的利益。

严格来说，《公司法》第16条没有对债权人在接受公司担保时是否应对相对人的公司章程、相关决议负有审查义务作出明确规定，存在明显的法律漏洞。也正是这个法律漏洞，导致本条之规定不能为公司对外担保案件提供明确、完备的法律规则，在解释适用上存在困惑，甚至在司法实践中造成了诸多类案不同判的现象。这一法律漏洞，单纯地靠裁判惯例、司法解释、指导性案例已经很难奏效。加之此类案件往往标的巨大、涉及多方主体的利益，使得法官面临重大的价值判断，故而理应由立法机关制定实在的法律条文对之予以规范、制约。

为此，笔者建议立法机关未来在对《公司法》进行修改时，应当在第16条中明确规定：“公司在对外提供担保以及向其他企业投资时，交易相对人应当对提供担保或进行投资的公司的公司章程、相关决议进行必要的形式审查，确保此类文件在形式上完善、合法。”这对人民法院依法裁判公司对外担保、投资案件，实现《公司法》第16条与《合同法》第50条的衔接适用，引导广大企业依法进行对外担保、投资以促进社会经济的良性发展，将不无益处。

---

〔1〕 刘俊海即指出，倘若债权人对公司章程和公司决议文件进行了必要而合理的审慎审查，但未发现决议文件存在虚假或者无效的事实，未发现法定代表人越权的瑕疵，则债权人据此与担保公司签署的担保合同应为有效。倘若债权人明知或应知担保人公司的股东会或董事会决议在内容上或程序上存在法律瑕疵，却执意与担保公司签订担保合同，则担保合同对担保公司不具有约束力，债权人未获足额清偿也属咎由自取。参见刘俊海：《现代公司法》（第三版）（上册），法律出版社2015年版，第686~687页。

安理会制裁决议在中国的执行

王子畅*

摘　要：接受并履行安理会作出的决议，是《联合国宪章》第25条及第48条第1款明确给予联合国各会员国的一项法律义务。只要决议内容符合宪章精神，任何会员国都有义务执行决议内容，否则即构成对条约义务的违反。我国目前采用行政主导的方式在国内执行安理会决议。这种方式在高效的同时存在行政行为无法可依，或行政行为与现行法律相冲突等合法性问题。我国已有学者对解决此问题的路径进行了深入研究，其中，修宪或创立新法两种方式的被认可度最高。然而，无论以何种路径推进改革，立法成本都较为高昂。因此，在问题得到根本解决前，我们可以在对现行法律、法规进行充分解释、适用的基础上，对某一两部法律、法规进行简要增改，从而用最低的立法成本初步解决问题，使执行决议的行政行为合法化。

关键词：安理会；制裁决议；国内执行

2017年12月22日，联合国安理会通过了针对朝鲜的第2397（2017）号制裁决议，决定减少朝鲜的成品油年进口量、原油进口量，限制进口部分工业机械品、运输车辆、铁、钢等金属，限期遣返朝鲜海外务工人员，并作出了限制朝鲜个别人物人身自由的旅行禁令，以及限制朝鲜部分个人与实体财产的资产冻结令。据该决议前言，朝鲜在2017年11月28日进行的弹道导弹发射试验是这次制裁的原因。安理会据此认定朝鲜违反了安理会自2006年以

---

* 王子畅，首都经济贸易大学法学院研究生，中银律师事务所律师助理。

来作出的一系列针对朝鲜核问题的制裁决议，[1]并且对《不扩散核武器条约》和旨在加强全球不扩散核武器机制的国际努力构成了挑战，给东亚地区的和平与稳定带来了危险。第2397号决议是安理会在该年度针对朝鲜问题通过的第四次制裁决议，此前三次分别为第2356（2017）号决议、第2371号决议以及第2375（2017）号决议。[2]决议作出后，中国立即采取行动以在国内落实安理会制裁决议的相关内容，目前我国采取的是行政主导的执行方式。就安理会决议在我国国内的执行，无论是在理论上还是在实践中都存在着不同的认识和争论。本文拟结合安理会决议在我国的执行情况，探讨构建安理会决议在我国的执行机制。本文立足于国内实践，并适当对国外实践经验进行批判性吸收，在总结积极经验的同时，对存在的问题进行分析与讨论，以期使我国执行制裁决议的方式在高效性与合法性两个价值目标之间得到平衡。本文所谈及的“国内执行”，其范围仅局限于大陆内地，而不包括香港、澳门特别行政区与台湾地区。

一、安理会制裁决议的意涵

（一）安理会制裁决议的界定

自1945年至今，安理会通过了许多决议，但并非所有决议都属于制裁性的决议。本文所说的制裁决议（decision），意指安理会根据《联合国宪章》第7章第39条和第41条的授权而采取的非武力性质的制裁措施，而不包括未明确表示对会员国进行拘束的决议，如建议性决议（recommendations）、授权性决议（authorizations）等，也不包括根据宪章第42条的授权所采用的军事行动。

安理会在2017年共作出61项决议，[3]其中大部分都是未明确表示拘束

〔1〕据S/RES/2397（2017），安理会认为朝鲜发射弹道导弹的行为违反S/RES/1718（2006）、S/RES/1874（2009）、S/RES/2087（2013）、S/RES/2094（2013）、S/RES/2270（2016）、S/RES/2321（2016）、S/RES/2356（2017）、S/RES/2371（2017）和S/RES/2375（2017）等制裁决议的内容。

〔2〕资料来源：联合国官网 http://www.un.org/zh/sc/documents/resolutions/2017.shtml，访问日期：2018年1月13日。S/RES/2345（2017）同样是针对朝鲜作出的决议，但其内容意在延长专家小组的任务期限，而非对朝鲜进行制裁。

〔3〕资料来源：联合国官网 http://www.un.org/zh/sc/documents/resolutions/2017.shtml，访问日期：2018年1月30日。

会员国意图的建议性决议与授权性决议。这些决议的目的或是为“重申”安理会就某问题曾提出的观点，或是安理会为应对某问题而设立某特派团或专家小组而作出的说明等，不一而足。在这些决议中，安理会在正文部分多采用“欢迎”“鼓励”“促请”等字眼以表达自身在相关问题上的态度，但不会对会员国提出强制性的要求。如安理会在2017年12月21日作出的第2395号关于“恐怖主义行为对国际和平与安全的威胁”的决议中，便指出“鼓励会员国考虑……制定……国家反恐战略和有效的执行机制……进一步鼓励反恐执行局应会员国、国际、区域和次区域组织及其他相关伙伴的请求与它们合作……确保作出协调一致和相辅相成的努力……”〔1〕，此即较为明显的建议性决议。此外，安理会的“决定（decision）”意在表示其对某一事项作出了实质性的决断，并不当然等于安理会作出了制裁。如安理会作出的第2396（2017）号关于“中东局势”的决议中提出“决定会员国应在遵守国内法和国际法，包括人权法的情况下，建立已知和疑似恐怖主义分子包括外国恐怖主义作战人员的监控名单或数据库，供执法、边界安全、海关、军事和情报机构使用……”〔2〕，可以看出，安理会虽然在此条款中作出了一项“决定”，但是并没有明确作出具体的制裁措施以指向具体的人或实体，而仅代表其对会员国提出了一项具有实质意义的要求，因此该决定也不具制裁性。在本文所述的制裁决议中，安理会除大量使用“决定”字眼之外，还可明显看出这些决定是针对特定的国家、国际组织或个人作出的，且决定中的内容对会员国来说具有明显的可操作性，而对制裁对象来说则有明显的惩戒性。仍以第2397（2017）号决议为例，该决议第4款指出“决定所有会员国应禁止经由本国领土或由本国国民……直接或间接向朝鲜供应、销售或转让所有原油……”，由此条款可以看出，条款对会员国设定的义务具有明显的可操作性和针对性，其惩戒对象明显是朝鲜民主主义人民共和国，且使用的是“非武力性”的强制措施。本文所称的制裁决议，即是和第2397（2017）号决议性质相同的决议，或包含于整体上属建议性或授权性决议中的制裁性条款。

（二）安理会制裁决议的发展趋势

近30年来，伴随着国际政治格局的深刻变化，以及安理会制裁经验的逐

〔1〕 S/RES/2395（2017）.

〔2〕 S/RES/2396（2017）.

渐积累，制裁决议出现了新的发展趋势。这些趋势对我国执行方式的改革方向具有一定程度的影响。

1. 实施频率高频化

20 世纪 90 年代之前，受美苏对峙的影响，安理会经常难以形成一致的制裁决议，因而总共只实施过两次经济制裁，其对象分别为南罗得西亚与南非。冷战结束之后，安理会自身受到的政治压力骤然减轻，因而使用制裁方式以制止国际主体违反国际法的频率也逐渐增高。仅 2017 年，安理会便通过了 13 次制裁决议（包括以制裁“决定”为主要内容的决议，以及以建议性等未明确表示拘束性的决议内容为主，但包含了明确执行内容的制裁“决定”的决议），具体如下：

表 1　联合国安理会 2017 年制裁决议统计表

时间	决议编号	名称
2017 年 1 月 27 日	第 2339（2017）号决议	中非共和国局势
2017 年 2 月 23 日	第 2342（2017）号决议	中东局势
2017 年 5 月 24 日	第 2353（2017）号决议	秘书长关于苏丹和南苏丹的报告
2017 年 6 月 2 日	第 2356（2017）号决议	不扩散/朝鲜民主主义人民共和国
2017 年 6 月 13 日	第 2357（2017）号决议	利比亚局势
2017 年 6 月 21 日	第 2360（2017）号决议	刚果民主共和国局势
2017 年 6 月 29 日	第 2362（2017）号决议	利比亚局势
2017 年 7 月 20 日	第 2368（2017）号决议	恐怖主义行为对国际和平与安全造成的威胁
2017 年 8 月 5 日	第 2371（2017）号决议	不扩散/朝鲜民主主义人民共和国
2017 年 9 月 5 日	第 2374（2017）号决议	马里局势
2017 年 9 月 11 日	第 2375（2017）号决议	不扩散/朝鲜民主主义人民共和国
2017 年 11 月 14 日	第 2385（2017）号决议	索马里局势
2017 年 12 月 22 日	第 2397（2017）号决议	不扩散/朝鲜民主主义人民共和国

表格来源：笔者整理；如有疏漏请批评指正。

资料来源：联合国官网 http://www.un.org/zh/sc/documents/resolutions/，访问日期：2018 年 1 月 15 日。

由上表可见，安理会平均每个月都会实施一次制裁决议，两次制裁决议之间的间隔最长为90个自然日，最短的仅为6个自然日。安理会在6月份实施的制裁决议最多，一共实施了4次。制裁决议通过的频率增高，就在客观上对会员国在国内执行决议的效率提出了要求。在实践中，会员国经常选择调整现有法律规范，或制定新法以适应制裁内容。[1]然而在制裁频出的情况下，会员国就不能仅仅考虑如何将决议内容转化为国内法等合法性问题，还应考虑到这种转化过程的时间不能过长，以保证其执行效率。

2. 措施种类多样化

《联合国宪章》第41条明文规定了9种非武力的强制措施，即“经济关系、铁路、海运、航空、邮、电、无线电、及其他交通工具之局部或全部停止，以及外交关系之断绝”。上述9种措施仅属宏观规定，其中可以分化出众多子措施。如，安理会在针对朝鲜作出的第2397（2017）号决议中，其“产业”部分的相关内容可以包含在“经济关系”之中，但其具体措施则包括限制进口原油、精炼石油、农产品、交通工具、金属、限期遣返朝鲜海外务工人员等。此外，由于第41条的表述是“得包括（may include）”，因此安理会可以采取的措施并不限于此9种。如第2397（2017）号决议附件部分规定的“旅行禁令”，这是一种限制个人人身自由的制裁措施，此措施便并未规定于《联合国宪章》之中。多样的制裁措施意味着在国内执行时需要多政府部门进行合作才能使制裁决议得到有效落实，仅第2397（2017）号决议，便至少关联外交部、商务部、海关总署、中国人民银行、公安部等行政机关的相应职权。这进一步决定了中国在将制裁决议的内容进行国内法转换的过程中，需要将之转换为层级较高的法律才可能保证决议得到合法的落实。

3. 制裁对象精确化

目前，安理会的制裁对象不限于国家，还包括组织与个人。后两者是在前者的基础上扩展而来。传统的制裁对象通常是国家，然而，以国家为制裁对象具有引发人道主义危机，使第三方利益受损等缺点。以安理会对伊拉克作出的制裁决议为例。自1991年以来，安理会针对伊拉克局势作出了一系列制裁决议，其中非武力的制裁决议主要包括第687（1991）号、第705（1991）

[1] See Clara Portela, “National Implementation of United Nations Sanctions”, *International Journal*, vol. 65, 1 (2009-2010), pp. 13-30.

号以及第706（1991）号决议。在这些决议中，安理会决定限制会员国从伊拉克进口石油产品的数量，禁止向伊拉克出售或供给非医药或卫生用品的商品或产品，并禁止与此相关的金融交易，并设立武器禁运。[1]安理会以伊拉克这一国家整体为制裁对象作出的这一系列制裁导致400万伊拉克人的生活处于极度贫困的状态。其中，受影响最大的是老人、妇女、儿童等最弱势而无辜的群体。[2]自20世纪90年代后，安理会逐渐突破传统的限制，将制裁决议的对象从国家精确到组织与个人，实现了传统制裁向精准制裁的让位。更为准确地说，是将对象精准到对构成国际不法行为，或引起不安全因素负直接责任的非国家实体与个人，他们通常是某政权或组织的领导和上层人物，或者支持此类人物的组织和个人。这种更为精准的制裁被称作“定向制裁”“瞄准制裁”或“聪明制裁”。制裁对象的转变，同样对国内执行制裁决议的法律依据的层级提出更严格的要求。由于安理会对个人的制裁多关涉资金冻结、旅行禁令等内容，此类内容对应至我国国内法，则是关乎公民的财产权与人身自由权等被法律所重点保护的基本人权。从这个角度出发，为了合法地在国内执行此类决议内容，同样需要以较高层级的法律作为执行制裁决议的法律依据。

二、中国执行安理会制裁决议的法律依据

中国执行安理会制裁决议的现行法依据，宏观上可以从两方面来考察，其一是宪法，其二是基本法。然而，纵观宪法和各项基本法，可以发现其中并无对国际组织决议在我国的法律地位进行确认的条款。仅有部分基本法在其各自所调整的社会关系领域，对国际条约在我国的法律地位进行了规定。

（一）宪法依据

我国宪法没有规定国际条约和国际组织决议的法律地位，仅规定了我国有权进行条约缔结及批准的主体。《宪法》第67条第14款、第81条、第89条第9款构成的规则体系反映了我国缔结条约的具体程序，即国务院缔结条约，[3]

---

〔1〕 S/RES/687（1991），S/RES/705（1991），S/RES/706（1991）.

〔2〕 李薇薇：“论联合国经济制裁中的人权保护——兼评联合国对朝鲜的经济制裁”，载《法律科学（西北政法学院学报）》2007年第2期。

〔3〕《中华人民共和国宪法》第89条第9款。

全国人民代表大会常务委员会决定条约的批准和废除，[1]中华人民共和国主席根据全国人民代表大会常务委员会的决定宣布批准和废除条约。[2]然而，这些条款却并没有明确国际条约和国际组织决议在我国法律体系中所处的地位。有的学者认为，我国缔结国际条约的程序和国内法的制定程序基本相同，因而可以得出宪法已授予国际条约在我国与基本法效力相同的结论。还有的学者认为，从上述三款宪法条文可以推定出，因为国际条约和重要协定必须由全国人大常委会批准和废除，所以它们便同且仅同人大常委会制定的法律有同等效力，即其效力低于基本法。如果单从对宪法进行解释的角度来考察条约和我国基本法的关系，这种结论或许具有一定参考价值。然而，如统观我国法律体系，不难发现一些基本法已经对国际条约所规定的权利义务规则在这些基本法所调整的社会关系领域的地位进行了确认。在此基础上，如果认可上述理论，则会得出宪法对"条约和国内法"关系的解释与基本法对此关系的规定相矛盾的结论，这无疑不可取。因而，本文认为，不能用推定的方式在宪法规则中寻求条约与基本法的关系，而应从明确的规定中得出明确的结论，即：我国宪法没有对条约和国际组织决议在我国的法律地位作出规定，也没有对我国遵守条约和国际组织决议作出义务性要求。如此，虽不能从宪法中寻得条约在国内执行的法律依据，却能避免歧义。

（二）其他法律依据

由于宪法缺乏相应的规定，在实践中，遇到需要在我国执行国际法的情况时，我国通常根据具体情况制定相应的国内立法或以现有法律为依据直接适用。[3]纵观我国各项基本法，可以发现其中不乏对"国际条约和国内法"之间关系进行界定的规则。由于这些基本法的制定主体是全国人民代表大会，因而即使基本法的效力不如宪法，但其规则依然体现了我国对待国际条约效力的态度，可以作为我国在国内特定社会关系领域执行国际条约的法律依据。

在各项基本法的相关规则中，《民法通则》第142条第2款被讨论的最为广泛，该条规定，"中华人民共和国缔结或者参加的国际条约同中华人民共和国的民事法律有不同规定的，适用国际条约的规定……"。虽然在2017年10

[1] 《中华人民共和国宪法》第67条第14款。

[2] 《中华人民共和国宪法》第81条。

[3] 曾炜、张艾清主编：《国际公法》，法律出版社2016年版，第23页。

月 1 日起施行的《民法总则》中，此类规定并没有被沿袭下来，但由于迄今为止，《民法通则》依然有效，因而此条文现在仍是国际条约在我国民事领域得到适用的重要法律依据。[1]此外，我国《民事诉讼法》第 260 条、《行政诉讼法》第 72 条，都做出了与《民法通则》第 142 条第 2 款类似的规定。因而，目前为止，在我国民事、民事诉讼以及行政诉讼领域，如果相关条约的内容未被我国声明保留，则其效力优先于相应领域的国内法规则，且可以作为法官裁判案件的法律依据得到直接的适用。[2]除此以外，我国 1985 年《继承法》、1982 年《商标法》、1986 年《渔业法》第 8 条、1986 年《国境卫生检疫法》第 25 条，以及《外交特权与豁免条例》《领事特权与豁免条例》《野生动物保护法》等，虽然有不同的表述方式，却都在各自调整的社会关系领域确定了条约的法律地位。[3]

然而，由于以上相关条文在所调整的社会关系上局限于有限领域，主体范围又多局限于国际条约与国际协定，故而无法作为安理会等国际组织的决议在中国得到承认与执行的直接依据。但是，由于“接受并履行安全理事会之决议”是《联合国宪章》第 25 条及第 48 条第 1 款给予各会员国的条约义务，因此，安理会作出的决议的法律地位即随着《联合国宪章》这一国际条约的法律地位得到确认而得到了附随确认。这一观点在“洛克比空难案”中已得到国际法院的认可。[4]由此，上述基本法的相应条款可作为在其调整的社会关系领域执行安理会制裁决议的间接性法律依据。

三、我国执行安理会制裁决议的现状

（一）现行执行方式

长时间以来，我国一直通过行政主导的方式以执行安理会的制裁决议。具体而言，当安理会的制裁决议作出后，外交部以通知函的方式告知各相关

---

〔1〕 宋建立：“国际条约国内适用的若干问题”，载《人民司法》2015 年第 5 期。

〔2〕 罗国强：“论国际条约的国内适用问题”，载《兰州学刊》2010 年第 6 期。

〔3〕 王虎华主编：《国际公法学》，北京大学出版社 2015 年版，第 35 页。

〔4〕 在“洛克比空难案”中，国际法院认为，作为联合国的会员国，利比亚和美国都有义务接受和执行安理会依据《联合国宪章》第 25 条作出的决定。这个义务初步看来也包括接受和执行安理会 748 号决议中的决定。根据《联合国宪章》第 103 条，会员国对于安理会作出的决定的义务优于他们依任何其他国际条约包括《蒙特利尔公约》所承担的义务。” 参见梁淑英主编：《国际法学案例教程》，知识产权出版社 2003 年版，第 166 页。

行政单位，标题通常为“关于执行联合国安理会第XXXX号决议的通知”，其抬头通常是“国务院各部委、各直属机构，各省、自治区、直辖市人民政府外事办公室”，此后的内容，通常是外交部对决议内容进行的提炼与概括。由于安理会的制裁决议通常以英文为作准文本，且较为晦涩，因而外交部专业人员对决议内容的提炼便十分利于各相关政府部门的执行工作。以“关于执行联合国安理会第1343号决议的通知”为例，外交部将安理会第1343（2001）号决议的25点内容概括成为3点核心内容，〔1〕其文字也由晦涩拗口变为简明易懂。这种实践经验十分值得保留。在正文末尾，外交部通常作出要求各单位在执行决议的过程中，如果遇到难以解决的“重大问题”，应及时与外交部进行会商的规定。

各中央及省级行政机关收到外交部的通知后，通常会采用两种方式进行具体落实：

其一，转发外交部的通知。如银监会在2017年12月5日，便发布了文号为“银监办发［2017］158号”的《中国银监会办公厅转发外交部关于执行联合国安理会第2368号决议及“伊斯兰国”和基地组织制裁委员会制裁名单的通知》。〔2〕其中，内含外交部的两份文件，分别是《关于执行联合国安理会“伊斯兰国”和基地组织制裁委员会制裁名单的通知》与《关于执行联合国安理会第2368号决议的通知》。

其二，在外交部所发通知的基础上新发通知。这种方式通常发生于具体落实程序较为复杂的部门，而在省级行政机关新发通知后，通常还会要求下一级的行政机关再次转发或新发通知，以通知其下级行政机关。如人民银行在2017年9月11号发布的文号为“银发［2017］187号”的《中国人民银行关于落实执行联合国安理会相关决议的通知》〔3〕，在此文件中，人民银行对金融业应如何执行制裁决议作出了九点具体规定，并且对“金融交易”和“金融资产”的概念做出了具体界定。在文件的最后，人民银行作出了提请

〔1〕《关于执行安理会第1343号决议的通知》，文件来源：国务院官网 http://www.gov.cn/gongbao/content/2001/content_60864.htm，访问日期：2018年1月13日。

〔2〕文件来源：银监会官网 http://www.cbrc.gov.cn/govView_4621E301105D41C4BEE8FB9231622B82.html，访问日期：2018年1月13日。

〔3〕文件来源：人民银行官网 http://www.pbc.gov.cn/zhengwugongkai/127924/128038/128109/3378024/index.html，访问日期：2018年1月13日。

"……各副省级城市中心支行将本通知转发至辖区内……金融机构和特定非金融机构"的要求。

从历史经验来看，这种行政主导的执行方式效率非常高。以本文开头提到的第2397号决议的执行为例，虽然截至本文成文之日，外交部并未公布执行第2397（2017）号决议的通知函，但是，商务部和海关总署在2018年1月5日便联合发布了文件号为"2018年第4号"的《关于执行联合国安理会2397号决议的公告》。[1]由此可知，从外交部接到安理会作出的制裁决议，到外交部向各行政单位发送"通知函"，再到各单位向下级单位发布执行决议的具体通知，这一系列行政行为所花费的总时间不多于13个自然日。

但是，这种方式在高效的同时，也存在着明显的法律漏洞。我国《宪法》并未明确条约和国际组织决议在我国法律体系中的地位，此类规定被分散于诸多基本法之中。在实践过程中，执行决议内容的各相关政府机关通常提及的执行依据即是外交部所发送的"通知函"。然而，"通知函"本身却不属于我国《立法法》第2条所规定的法律，从而使我国行政机关执行决议内容的行为在事实上成了无法可依的行政行为。更进一步说，随着安理会实施"聪明制裁"的次数逐渐增多，有关限制个人人身自由权和财产权的规定越来越多地体现于决议内容之中。在第2397（2017）号决议中，安理会便对CH'OE SO'K MIN等16个个人以及"人民武装力量省"实施了"聪明制裁"，以"旅行禁令"的方式限制上述16人的人身自由，并以"资产冻结"的方式限制上述16人以及人民武装力量省的财产。[2]由于人身自由权、财产权等都属于被我国宪法及诸多基本法所保护的基本人权，因而在行政机关执行决议的法律依据缺位，或不充分的情况下，其执行决议的相关行政行为有可能直接违反我国法律，成为违法行政行为。

（二）有关现行方式"合法性"的争论

这种行政主导的模式，其优点在于可以非常迅速的对安理会的制裁决议做出反应，具有简便、易行的特点。然而，这种模式最为根本的问题在于其合法性无法得到保证，这与我国依法治国的大环境无疑是不相宜的。具体说，

---

〔1〕 资料来源：商务部官网 http://www.mofcom.gov.cn/article/b/c/201801/20180102694903.shtml，访问日期：2018年1月13日。

〔2〕 S/RES/2397（2017）.

行政函件模式的合法性问题至少包含两个方面。

第一，外交部用“通知函”提请相关政府部门进行行政行为的正当性问题；外交部的通知函中往往包含内容类似“请各单位采取措施，严格执行决议”的条款，然而，在缺乏上位法授权的情况下，外交部函件中对各单位提出的“采取措施，执行决议”的要求不能对各单位产生法律上的拘束力，而在产生实质拘束力的情况下，这种拘束力的基础也是脆弱的。

根据外交部官方网站所提供的《中华人民共和国外交部主要职责》，其中与在国内执行安理会制裁决议最为相关的规定有三款，分别是第 4 款、第 7 款、第 14 款。〔1〕由此可以看出，外交部在履行有关国际条约在国内执行的相关职责时，其职能在于“组织”与“协调”，而不在于制定拘束其他政府部门的规则。因而，外交部通知函中包含的“请各单位采取措施”的条款，其性质上仅属于一种希望各部门进行协调工作的请求。其他政府部门是否采取措施执行决议内容，采取何种措施执行决议内容，完全属于其自由裁量范围，外交部的函件并不能对其直属机构和下级机构以外的政府部门的行为产生实质上的法律拘束力。〔2〕此外，我国香港、澳门地区在执行安理会制裁决议前，也由外交部向特别行政区政府发出公函，对执行问题做出指示。〔3〕而依据香港和澳门特别行政区的基本法，只有国务院才有权力对就港澳有关的外交事务进行管理，外交部并不具备此权限。

第二，在行政函件本身不属于法律的情况下，各相关机关对公民或实体的权利进行限制的合法性问题；虽然从理论上说，各部门没有义务按照外交部函件的要求执行安理会的制裁决议，然而在实践中，各政府部门大都按照函件的要求采取了措施。然而，这种对公民和其他实体的权利进行限制的行为是否合法，也是值得商榷的。

我国《立法法》对我国法律的类型做出了明确的规定，我国法律的类型可以分为：宪法、法律、行政法规、地方性法规、自治条例和单行条例、规

---

〔1〕《中华人民共和共外交部主要职责》第 4 款“起草外交工作领域相关法律法规草案和政策规划”；第 7 款“……组织协调有关我国履行国际公约、协定工作”；第 14 款“指导、协调地方和国务院各部门外事工作……”。载 http://www.fmprc.gov.cn/web/wjb_673085/zyzz_673087/，访问日期：2017 年 11 月 1 日。

〔2〕吴燕妮：“论联合国制裁措施在香港特区的执行问题：争议与实践”，载《法学评论》2015 年第 3 期。

〔3〕邵沙平主编：《国际法专题研究》，中国人民大学出版社 2009 年版，第 185 页。

章。可以看出，外交部的行政函件从其效力来讲，不属于法律的范畴，而仅可属于我国国务院所属部门向其他政府机关发送的通报性文件，其意义仅仅在于将安理会的制裁决议内容对国内相关的政府机关进行告知。[1]在安理会的决议不能在我国自动生效，而外交部的行政函件也没有经过我国相关立法程序确认效力的情况下，外交部的函件却在实质上对政府部门提出了动用职权以限制公民或其他实体的权利的要求，这存在着与我国《宪法》《立法法》等法律相抵触的可能。

我国《宪法》明确提出了保护公民的人身自由和财产权。《宪法》第37条规定："中华人民共和国公民的人身自由不受侵犯……"同时，第13条规定："公民的合法的私有财产不受侵犯……"除此以外，我国《民法通则》第75条、《物权法》第64条等均对保护公民合法的私有财产做出了规定；《刑法》第238条、《消费者权益保护法》第5条等均体现了我国法律保护公民人身自由的态度。除此以外，我国《立法法》第88条规定："法律的效力高于行政法规、地方性法规、规章……"由此可见，部门规章的效力在我国法律层级中应是较低的，而"通知函"等行政函件甚至不能作为被《立法法》所认可的法律而存在。因此，类比"举重以明轻"的法律原则，如果法律对规章的效力做出了限制，则这种限制一般也应拘束行政函件。我国《立法法》第80条对部门规章的内容做出了明确的约束，其规定："……没有法律或者国务院的行政法规、决定、命令的依据，部门规章不得设定减损公民、法人和其他组织权利或者增加其义务的规范……"据此，我们可以做出如下推定：如果没有法律或国务院的行政法规、决定、命令作为依据，部门规章尚且无权减损公民、法人和其他组织的权利或增加义务，那么，在没有上述法律依据的情况下，比规章效力还要低的行政函件就更不能作为限制我国公民、法人和其他组织的权利，或增加其义务的依据。

四、安理会制裁决议在中国的执行：目标与建议

我国学者早在十余年以前就开始关注上述问题，并对解决问题的路径进行了深入研究。总结下来，被认可度较高的路径有两种：第一，在《宪法》中明确条约和国际组织决议的法律地位。第二，仿效美国，构建"框架型立

---

〔1〕黄风："联合国安理会金融制裁措施的国内法实施程序"，载《法学》2006年第4期。

法机制”，即创立一部概括性的法律，并在该法中授权行政机关就具体执行事项制定行政法规以灵活适应制裁决议的具体内容。此两种方式虽可从根本上解决问题，但所需的立法成本都较为高昂，实现恐非一时之功。因而，本文认为，在向上述方式进行努力的同时，可以考虑在通过对现行法律、法规进行充分解释、适用的基础上，对某一两部法律、法规进行简要增改，从而用最低的立法成本初步解决问题，使执行决议的行政行为合法化。

（一）条约入宪：明确国际条约的法律地位

刘筱萌、吴燕妮、郑远民、李小弟等学者均在文章中提及了在《宪法》中明确国际条约的法律地位的必要性。在当今国际社会中，虽然各国多不愿在国内给予国际法高于本国宪法的效力，〔1〕但在宪法中明确国际条约的效力等级却是较为普遍的。〔2〕如《俄罗斯联邦宪法》第15条第4款规定：“普遍公认的国际法原则和准则及俄罗斯联邦条约是俄罗斯联邦法律体系的组成部分。”〔3〕日本〔4〕、意大利〔5〕等国的宪法中均有类似的规定。德国〔6〕、希腊〔7〕等国甚至在宪法中明确规定国际法的效力高于一般法律。由于执行安理会的决议是《联合国宪章》给予会员国的法律义务，在此基础上，由于《联合国宪章》的法律地位得到了会员国国家宪法的确认，则安理会决议的法律地位就附随着得到了确认。

更有国家，如西班牙、荷兰等国，则直接在宪法中对国际组织所做决议的法律地位进行了确认，从而直接使安理会制裁决议的国内执行得到了法律基础。《西班牙宪法》第92条规定：“……这些条约以及被授权的国际机构或跨国机构所作决议在不同情况下分别由总议会或政府保障执行。”〔8〕根据该条款的规定，当西班牙作为成员国的国际组织做出一项对会员国有拘束力的决议时，其效力在西班牙国内可以等同西班牙所缔结的条约，只要经过该国的

〔1〕 邵沙平主编：《国际法》（第三版），高等教育出版社2017年版，第19页。
〔2〕 王丽华主编：《国际法学》（第二版），中国政法大学出版社2017年版，第19页。
〔3〕 1993年《俄罗斯宪法》第15条第4款。
〔4〕 1947年《日本宪法》第98条，第2款。
〔5〕 1947年《意大利宪法》第10条第1款。
〔6〕 1949年《德国宪法》第25条。
〔7〕 1975年《希腊宪法》第28条第1款。
〔8〕《西班牙宪法》第92条。

国家公报的公布，即可在其国内产生法律拘束力。[1]如果中国可以在《宪法》中明确国际条约甚至国际组织决议的法律地位，那么问题的确可以迎刃而解。但是，新中国成立以来的历史经验同样表明，修宪的频率与宪法的权威性成反比。[2]2018年全国人民代表大会通过的《宪法修正案》中，同样没有看到关于确立国际条约法律地位的规定，以入宪方式为执行制裁决议提供法律依据的道路依然遥远。

（二）构建框架性立法机制

另一种被认可度较高的方式是仿效美国，构建“框架型立法机制”。即由全国人民代表大会通过一部类似于美国《联合国参与法》的法律，[3]以“一般授权”的方式，授权国务院制定行政法规以启动执行程序。我国创立的法律可以命名为《中华人民共和国条约执行法》（以下简称《条约执行法》）。之所以采用一般授权，是考虑到“个案授权”的立法成本较大，而对授权范围进行具体规定，虽控制了行政机关的权限，却存在难以满足安理会制裁手段多样化的潜在问题。而将国务院作为授权对象，是考虑到国务院是我国最高级别的行政机关，由其制定的行政性法规的权威较高。以此，人大通过的条约执行法和国务院就安理会每个单独的决议作出的具体行政法规将共同作为制裁决议在中国执行的法律基础。

在构建“框架型立法机制”方面，我国香港地区已有了较为成熟的范例，可以作为大陆构建相应法律机制的参考。1997年7月16日，香港立法会通过了《联合国制裁条例》（The United Nations Sanctions Ordinance），其目的在于“对《联合国宪章》第7章所引起的对中华人民共和国以外的地方施加制裁而制定条文……”。[4]在实践中，当安理会作出一项制裁决议后，首先会由我国

---

〔1〕［意］安东尼奥·卡塞斯：《国际法》，蔡从燕等译，法律出版社2009年版，第310页。

〔2〕唐颖侠：“国际法与国内法的关系及国际条约在中国国内法中的适用”，载《社会科学战线》2003年第1期。

〔3〕截至目前，笔者收集到的我国谈及上述观点的文章有：刘筱萌：“联合国制裁措施的国内执行研究”，武汉大学2012博士学位论文；吴燕妮、刘筱萌：“联合国制裁措施国内执行的法律框架及实践困境”，载《华南理工大学学报（社会科学版）》2014年第4期；郑远民、李小弟：“我国执行联合国经济制裁决议的立法探讨”，载《深圳大学学报（人文社会科学版）》2016年第2期。此外，值得注意的是黄风在《联合国安理会金融制裁措施的国内法实施程序》一文中，提出可以由全国人大常委会以决议的方式对安理会的制裁决议进行转换。这种方式与授权国务院以行政法规方式完成国内法转换具有相似之处。

〔4〕《香港法例》第537章，《联合国制裁条例》序言。

外交部以“通知函”的方式将制裁决议的内容通知香港的行政长官，行政长官在接到通知函后，根据制裁决议的具体内容，制定和颁布相应的“规例”（regulation）以实现域内制裁，而行政长官制定“规例”的依据就是立法会通过的《联合国制裁条例》。和美国类似，在具体决议内容的落实上，香港给予最高行政长官宽泛的行政立法权，[1]根据《联合国制裁条例》的授权，香港行政长官甚至可以设立刑事罪名和罚则。[2]在经过简易程序对犯罪嫌疑人进行定罪之后，香港的行政长官有权设定“不超逾 50 万港币的罚款及不超逾 2 年的监禁”，在经过公诉程序对嫌疑人进行定罪后，行政长官有权设定“无限额的罚款及不超逾 7 年的监禁”。[3]《条约执行法》同样可以给予国务院宽泛的立法权力，使国务院可以根据安理会制裁决议的具体内容灵活制定相应行政法规。然而，我国《立法法》明确作出了“限制人身自由的强制措施和处罚”只能通过法律限制的规定，[4]因而执行制裁决议中类似“旅行禁令”等限制人身自由的规定时，便不能寄希望于将国务院的行政法规作为国内法依据。本文将在后文中对此问题进行讨论。

值得注意的是，《联合国制裁条例》是香港在域内执行安理会制裁决议的基本域内法律依据，在此基础上，香港特区立法会在“反恐”领域专门制定了《联合国（反恐怖主义措施）条例》以对安理会关于国际恐怖组织的制裁决议的执行方式做出了特别的规定。根据特别法优于普通法的原则，在与反恐相关的问题上，香港地区优先采用该条例的规定对相关决议的内容进行执行。

（三）构建中国执行安理会制裁决议的暂行方式

本文认为，我国可以《立法法》第 9 条的规定为基础，构建执行安理会制裁决议的暂行方式。其主要原因在于，我国《立法法》已在一定程度上完成了《条约执行法》需要完成的核心任务。

在“概括型立法机制”模式下，在国内执行安理会决议的具体法律依据最终仍需回归行政法规，这是由制裁决议的具体性，以及通过的高频性所决

---

〔1〕王佳：“联合国安理会反恐决议实施问题研究”，载《学理论》2016 年第 6 期。

〔2〕吴燕妮、刘筱萌：“联合国制裁措施国内执行的法律框架及实践困境”，载《华南理工大学学报（社会科学版）》2014 年第 4 期。

〔3〕《香港法例》第 537 章，《联合国制裁条例》第 3 条。

〔4〕《立法法》第 8 条。

定的。《条约执行法》的核心任务，在于以法律的方式对行政机关进行授权。然而，对行政机关进行授权的任务，已经基本被我国《立法法》所完成了。我国《立法法》第9条，已经做出了全国人大和常委会可以授权国务院就法律尚未规定的事项制定行政法规、决定、命令的规定。[1] 因而在《条约执行法》出台前，人大常委会可以《立法法》第9、10条为依据，以决定的形式授权国务院制定行政法规[2]来为行政机关执行安理会决议提供法律依据。待《条约执行法》通过之后，终止该项对国务院的立法授权。这种操作方式同样符合《立法法》第11条的规定。

然而，尽管上述法律条款可以作为国务院制定执行制裁决议的行政法规的依据，但制定行政法规的程序却受《立法法》和国务院发布的《行政法规制定程序条例》（以下简称《程序条例》）的限制。这种程序性的限制会制约行政法规的发布速度，从而对制裁决议的国内法转化速度构成直接的影响。《立法法》第66条至第71条对行政法规的制定程序作出了概括性的要求，此类要求对行政法规制定速度的影响不是绝对的。对行政法规制定速度形成直接约束的是国务院自身颁布的《程序条例》。2017年12月22日，国务院通过了《国务院关于修改〈行政法规制定程序条例〉的决定》，新的《程序条例》于2018年5月1日实施。根据《程序条例》第7、8条，国务院需要在每一年的年初编制当年的立法计划，[3]而外交部等国务院部门如认为某事项需要制定行政法规，需要在国务院的年度立法计划编制前向国务院进行立项报请。[4] 由于是否需要行政法规对制裁决议进行转化取决于安理会是否作出相应决议，而安理会是否实施制裁决议又取决于其对国际安全形势的判断。在国际安全形势充满变数的客观条件下，要求外交部在年初即向国务院报请一年的立项计划明显不切实际，因而需要对《程序条例》作出相应修改，准许外交部在安理会作出制裁决议后即时向国务院作出行政法规的立项报请。此外，《程序条例》第13、20、29条的规定都对行政法规的通过时间作出了限制，但由于这些限制条款不属强制性规则，因而不会造成决定性的影响。

在上述问题得到解决后，国务院即可根据《立法法》第9条，制定相关

---

〔1〕《立法法》第9条。

〔2〕《立法法》第10条。

〔3〕《行政法规制定程序条例》第7条。

〔4〕《行政法规制定程序条例》第8条。

行政法规对安理会的制裁决议进行落实。由于我国落实安理会决议的工作一直以来都由外交部负责，故而可以令外交部负责行政法规的起草工作，在国务院法制机构审查后，交付国务院审批并公布。然而，即便如此，仍无法妥善解决行政法规不能限制人身自由，而限制人身自由的规定在安理会制裁决议中又大量存在的问题。根据《联合国宪章》第41条，安理会传统的制裁方式可以概括为要求会员国停止对制裁对象的经济关系及外交关系。这些手段主要针对制裁国家而设，在这些制裁范围之内，国务院基本可以制定相应的行政法规在国内对决议进行落实。然而，在制裁对象扩大到个人，新型制裁手段频出的情况下，制裁决议中如“旅行禁令”等对制裁对象人身自由进行限制的内容已完全超出了国务院的行政性法规所能约束的范围。《立法法》第8、9条、《行政处罚法》第9条等均作出了只能由法律设定限制人身自由条款的规定。解决上述问题的途径，从理论上来说，本文认为有四种：

第一，对《立法法》《行政处罚法》等法律进行修改，授权行政法规可以制定限制人身自由的条款。然而，这种方式将严重降低我国法律对公民人身自由的保护程度，而人身自由权是被我国法律所重点保护的基本人权，因而这种方式不具现实上的可行性。

第二，仿效意大利等国，采用“特别立法机制”。显然，我国不可能对《立法法》等基本法中关于设定“人身自由”类处罚条款的主体进行修改，那么，一种理论上可行的方式是仿照意大利的模式，采用特别立法机制。即将每一项安理会的制裁决议都经立法程序进行确认，转换为法律。但是，由于立法程序的启动十分复杂且耗时极长，而安理会发布制裁决议的频率又很高，因而这种模式也不具现实上的可行性。

第三，仿效日本等国，采用“既存立法机制”。此方式意在通过对涉及安理会制裁决议内容的法律进行逐一修改，分别在各项法律中确定国际条约及国际组织决议的法律地位。但本文认为，此方式的立法成本高昂，且相对欠缺灵活性，因而不推荐施行。

第四，仍以国务院制定的行政法规为主，在此基础上，对个别法律稍作修改，在其中确认国际条约、国际组织决议的法律地位。由上文可知，国务院有权针对安理会制裁决议中的大部分内容制定相关行政法规。问题的关键在于有关限制人身自由的条款应如何处理。于此，笔者整理了2015年至2017年间，与中国相关的，涉及限制人身自由条款的安理会制裁决议，可以总结出其性质及我国相对应的法律如下：

表 2　安理会涉及"限制人身自由"条款的制裁决议（2015~2017）

时间	决议编号	决议名称	条款性质	我国相关法律
2015 年 1 月 22 日	第 2196（2015）号决议	中非共和国局势	旅行禁令	《出入境管理法》
2015 年 3 月 3 日	第 2206（2015）号决议	秘书长关于苏丹和南苏丹的报告	旅行禁令	《出入境管理法》
2015 年 12 月 17 日	第 2253（2015）号决议	恐怖主义行为对国际和平与安全造成的威胁	旅行禁令	《出入境管理法》、《中华人民共和国反恐怖主义法》
2015 年 12 月 21 日	第 2255（2015）号决议	恐怖主义行为对国际和平与安全造成的威胁	旅行禁令	《出入境管理法》、《中华人民共和国反恐怖主义法》
2016 年 1 月 27 日	第 2262（2016）号决议	中非共和国局势	旅行禁令	《出入境管理法》
2017 年 1 月 27 日	第 2339（2017）号决议	中非共和国局势	旅行禁令	《出入境管理法》
2017 年 7 月 20 日	第 2368（2017）号决议	恐怖主义行为对国际和平与安全造成的威胁	旅行禁令	《出入境管理法》、《中华人民共和国反恐怖主义法》
2017 年 9 月 5 日	第 2374（2017）号决议	马里局势	旅行禁令	《出入境管理法》
2017 年 9 月 11 日	第 2375（2017）号决议	不扩散/朝鲜民主主义人民共和国	入境许可	《出入境管理法》

表格来源：笔者整理；如有疏漏请批评指正。

资料来源：联合国官网 http://www.un.org/zh/sc/documents/resolutions/，访问日期：2017 年 11 月 13 日。

由上表可以看出，安理会制裁决议中涉及人身自由限制的条款多表现为旅行禁令，而旅行禁令中的内容大致是限制制裁委员会所指认的特定人等出入境。在我国的法律中，与此类决议内容相关的法律关系由《出境入境管理法》调整。由于特定对象中包含恐怖分子等特殊主体，故而一部分内容也可以由《反恐怖主义法》调整。考察上述两部法律，我们可以发现，它们均未对国际条约以及国际组织决议的效力进行确定。然而，《反恐怖主义法》第11条已明确了我国对国际恐怖主义的普遍管辖权，其规定“对……实施中华人民共和国缔结、参加的国际条约所规定的恐怖活动犯罪，中华人民共和国行使刑事管辖权……”。由此，针对制裁决议中所确认的施行恐怖行为的或有施行恐怖行为嫌疑的人，我国在实践中可以依据《反恐怖主义法》第11条对其行使管辖权。其后，依据《反恐怖主义法》第53条[1]便可在实质上落实安理会相关制裁决议的内容。但是，如需限制其他人等的出入境自由，我国最适合引用的法律本应是《出境入境管理法》。但是，该法目前却没有可以直接引用的条款。因而，比较妥当的办法或是对《出境入境管理法》进行适当的修改，于其中增添类似如下内容的条款：“中华人民共和国缔结或者参加的国际条约对出境、入境等问题有特殊规定的，适用其规定，但中华人民共和国声明保留的条款除外；联合国相关决议中对出境、入境等问题有特殊规定的，适用其规定。”

〔1〕《反恐法》第53条：“公安机关……可以……责令恐怖活动嫌疑人员遵守下列一项或者多项约束措施：……（六）将护照等出入境证件、身份证件、驾驶证件交公安机关保存。……”